普通高等教育通识类课程"十三五"规划教材

创新教育与创业基础

龚德良　魏莉　龚灿　汪秀云　编著

·北京·

内 容 提 要

本书以提升学生创新精神、创业意识和创业能力为核心,系统地介绍了创新创业基本思维方式以及相关技能的训练方法。

本书主要包括创新教育与创业基础两个部分。其中创新教育包括创新导论、创新能力与创新人才培养、培养创新人才的课堂教学方法等,创业基础包括创业导论、创业者与创业团队、创业机会、创业风险、商业模式、创业营销策略、创业融资、创业计划、开办新企业、新企业的成长等。本书符合高等院校转型发展的应用型创新人才培养需要,既可作为普通高等本科院校"创新创业"课程的教材,也可作为创新创业教育教学改革研究的参考用书。

图书在版编目(CIP)数据

创新教育与创业基础 / 龚德良等编著. -- 北京：中国水利水电出版社,2019.6(2020.8 重印)
普通高等教育通识类课程"十三五"规划教材
ISBN 978-7-5170-7814-2

Ⅰ. ①创… Ⅱ. ①龚… Ⅲ. ①创造教育－高等职业教育－教材 Ⅳ. ①G718.5

中国版本图书馆CIP数据核字(2019)第136663号

策划编辑：周益丹　责任编辑：周益丹　加工编辑：何清文　封面设计：李 佳

书　名	普通高等教育通识类课程"十三五"规划教材 创新教育与创业基础 CHUANGXIN JIAOYU YU CHUANGYE JICHU
作　者	龚德良　魏莉　龚灿　汪秀云　编著
出版发行	中国水利水电出版社 (北京市海淀区玉渊潭南路 1 号 D 座　100038) 网址：www.waterpub.com.cn E-mail：mchannel@263.net(万水) 　　　　sales@waterpub.com.cn 电话：(010)68367658(营销中心)、82562819(万水)
经　售	全国各地新华书店和相关出版物销售网点
排　版	北京万水电子信息有限公司
印　刷	三河市航远印刷有限公司
规　格	170mm×240mm　16 开本　19 印张　352 千字
版　次	2019 年 6 月第 1 版　2020 年 8 月第 2 次印刷
印　数	5001—10000 册
定　价	49.00 元

凡购买我社图书,如有缺页、倒页、脱页的,本社营销中心负责调换

版权所有·侵权必究

前　　言

科学技术从来没有像今天这样，以巨大的威力和人们难以想象的速度深刻影响着人类经济和社会的发展。在知识经济时代，一种全新的经济正在形成和发展，爆炸式地向全球扩张，把人类带进一个全新的世界。这种经济是以不断创新的知识为主要基础发展起来的，它依靠新的发现、发明和研究，是一种知识密集型和智慧型的经济，其核心在于创新。它强调劳动者的创新素质是经济发展的主要增长因素，认为创造性的智慧能够带来经济的可持续和稳定发展，并带来巨大的物质财富，以及民族和国家的富强。当前，创新能力对知识经济的贡献已日益显露出其独特的地位和价值，这是由知识经济时代特殊的经济增长方式决定的。可以说，没有创新，知识经济的主体便失去了生命力。

一个国家需要创新，一个民族需要创新。创新来源于人才，人才来源于教育。国务院在《关于深化教育改革，全面推进素质教育的决定》中强调："高等教育要重视培养学生的创新能力、实践能力和创业精神，普遍提高大学生的人文素质和科学素养。"2005年时任国务院总理温家宝在看望著名物理学家钱学森时，钱老曾发出这样的感慨："为什么我们的学校总是培养不出杰出人才？"钱老所说的"杰出人才"是指有创新能力的人才。培养创新人才是21世纪中国教育的主旋律。

本书围绕创新概念、创新能力、创新人才培养、创业概念、创业者与创业团队、创业机会、创业风险、商业模式、创业营销策略、创业融资、创业计划、开办新企业、新企业的成长等论述了创新教育教学方法和创业基础技法，内容丰富，案例新颖翔实，可操作性强，是一本培养高校应用型创新人才的教材和开展创新创业教育教学改革研究的参考书。

本书编著负责人龚德良教授是湖南省第二届创业服务专家咨询团成员，团队成员魏莉、龚灿、汪秀云、张宁丹、王鲁达、盛梦良、肖敏、方芳等都是长期从事创新创业实践指导的骨干教师。

本书参考了国内外有关创新创业教育方面的著作和教材，同时还吸收了有关专家学者在创新创业教育方面的研究成果，以及创业者的成功经验与教训，由于篇幅有限，未能一一标注，在此深表歉意和谢忱。同时，本书获得湖南省校企合作创新创业教育基地项目和湘南学院教学科研项目资助。

  由于时间仓促，编者能力与水平有限，书中可能存在这样或那样的不足与疏漏，敬请同行专家和广大读者多提宝贵意见，不吝赐教！

编 者

2019 年 5 月

目　　录

前言

第一部分　创新教育

第1章　创新导论 2

1.1　创新 2
- 1.1.1　创新的概念 2
- 1.1.2　创新的基本特征 4

1.2　创新类别 5
- 1.2.1　按创新内容分类 5
- 1.2.2　按创新过程分类 6

1.3　创新的价值 7
- 1.3.1　创新的经济价值 7
- 1.3.2　创新的社会价值 8

1.4　创新原则 8
- 1.4.1　遵守科学原则 9
- 1.4.2　市场评价原则 9
- 1.4.3　相对创新原则 9
- 1.4.4　机理简单原则 10

1.5　创新方法 10
- 1.5.1　系统分析创新技法 10
- 1.5.2　组合创新技法 11
- 1.5.3　联想创新技法 11
- 1.5.4　类比创新技法 11
- 1.5.5　仿生创新技法 12
- 1.5.6　移植创新技法 13

1.6　创新过程 13

1.7　创新教育 14
- 1.7.1　创新人才应具备的基本知识结构 15
- 1.7.2　创新教育与创业教育 17

    1.8 创新案例 18
        1.8.1 乔布斯与苹果公司 18
        1.8.2 盖茨与微软公司 21
        1.8.3 马云与阿里巴巴 23
  小结 26

第 2 章 创新能力与创新人才培养 27
    2.1 唤醒学生的创新意识 27
        2.1.1 创新意识概述 28
        2.1.2 激发创新动机 28
    2.2 训练学生的创新思维 30
        2.2.1 创新思维概述 31
        2.2.2 扩展创新思维视角 33
        2.2.3 创新思维的重要形式 34
    2.3 提升学生的创新能力 38
        2.3.1 创新能力概述 38
        2.3.2 创新性学习能力提升 40
        2.3.3 创新团队能力提升 43
        2.3.4 创新实践能力提升 45
  小结 47

第 3 章 培养创新人才的课堂教学方法 48
    3.1 启发式教学 48
        3.1.1 什么是启发式教学 48
        3.1.2 如何运用启发式教学 49
        3.1.3 启发式教学应注意的问题 50
    3.2 探究式教学 51
        3.2.1 什么是探究式教学 51
        3.2.2 探究式教学的主要环节 52
    3.3 讨论式教学 53
        3.3.1 什么是讨论式教学 53
        3.3.2 讨论式教学的操作 53
        3.3.3 讨论式教学应注意的问题 54
    3.4 参与式教学 56
        3.4.1 什么是参与式教学 56

  3.4.2 如何实施参与式教学 56
3.5 情境教学法 57
  3.5.1 什么是情境教学法 57
  3.5.2 创设学习情境的途径 58
3.6 头脑风暴教学 58
  3.6.1 什么是头脑风暴教学 58
  3.6.2 头脑风暴教学的实施过程 59
  3.6.3 头脑风暴教学的注意要点 60
  3.6.4 头脑风暴教学案例 61
小结 62

第二部分 创业基础

第 4 章 创业导论 64
4.1 创业的概念 65
4.2 创业的类型 66
  4.2.1 按创业动机分类 67
  4.2.2 按创业内容分类 67
  4.2.3 按创业主体分类 67
4.3 创业的意义 68
  4.3.1 是人生发展的需要 69
  4.3.2 缓解与日俱增的就业压力 72
  4.3.3 有利于实现大学生的人生价值 72
  4.3.4 有利于塑造我国未来的企业家群体 73
小结 73

第 5 章 创业者与创业团队 76
5.1 创业者 77
  5.1.1 创业者的概念及类型 78
  5.1.2 创业者应具备的能力 80
5.2 创业团队 85
  5.2.1 创业团队的概念 85
  5.2.2 创业团队的类型 86
  5.2.3 创业团队的基本构成 87

5.3 组建创业团队 90
 5.3.1 团队组建原则 90
 5.3.2 树立正确的团队理念 91
 5.3.3 确立团队的发展目标 91
 5.3.3 建立责、权、利统一的团队管理机制 95
小结 97

第6章 创业机会 99
6.1 创业机会的概念及特征 100
6.2 创业机会的来源 102
6.3 创业机会的识别 106
 6.3.1 影响创业机会识别的因素 107
 6.3.2 创业机会识别的过程 109
 6.3.3 创业机会识别的方法 110
6.4 创业机会的评估与评价 112
 6.4.1 建立评价指标体系应遵循的原则 113
 6.4.2 机会评价指标体系 114
 6.4.3 机会评价方法 118
小结 119

第7章 创业风险 121
7.1 创业风险的概念及特征 123
 7.1.1 创业风险的概念 125
 7.1.2 创业风险的特征 125
7.2 创业风险的来源 126
7.3 创业风险的类型 128
7.4 创业风险的规避 131
 7.4.1 培养风险意识，敢于面对风险 132
 7.4.2 预测风险，谨慎决策，理性分析 133
 7.4.3 控制风险，建立风险处理和防范机制 133
 7.4.4 寻求合作，共享收益，共担风险 134
 7.4.5 分散风险，多元化运作，多层次开发 135
 7.4.6 转移风险，以退为进 135
 7.4.7 规避风险，果断退让，走为上策 136
小结 137

第 8 章 商业模式 139
8.1 商业模式概述 141
8.1.1 商业模式的概念 141
8.1.2 商业模式的核心要素 143
8.1.3 商业模式的评价 144
8.2 成功商业模式的特征 145
8.3 商业模式设计的注意事项 148
8.3.1 核心战略 149
8.3.2 核心资源 150
8.3.3 核心伙伴 151
8.3.4 顾客界面 153
8.4 我国大学生的创业模式 154
8.4.1 互联网创业 155
8.4.2 加盟创业 156
8.4.3 兼职创业 161
8.4.4 团队创业 162
8.4.5 概念创业 163
8.4.6 工作室创业 164
小结 172

第 9 章 创业营销策略 175
9.1 选择创业的营销目标市场 176
9.1.1 市场细分 176
9.1.2 选择创业的目标市场 179
9.1.3 创业市场定位策略 181
9.2 创业营销策略 182
9.2.1 产品差异化策略 183
9.2.2 价格制定策略 184
9.2.3 分销渠道设计策略 185
9.2.4 促销设计策略 188
9.3 创业营销控制 192
9.3.1 营销控制的含义 192
9.3.2 营销控制的类型 193
9.3.3 营销控制的必要性 194
小结 196

第 10 章 创业融资 ... 197

10.1 创业融资概述 ... 199
10.1.1 创业融资的概念 ... 199
10.1.2 创业融资的注意事项 ... 200
10.1.3 创业融资的意义 ... 201
10.1.4 创业融资的基本原则 ... 202

10.2 创业融资的方式 ... 203
10.2.1 权益融资和债权融资 ... 203
10.2.2 内部融资和外部融资 ... 204

10.3 大学生创业融资的渠道 ... 205

10.4 创业融资的程序 ... 215
10.4.1 融资前准备 ... 215
10.4.2 融资方案策划 ... 216
10.4.3 融资资料准备与谈判 ... 218

小结 ... 224

第 11 章 创业计划 ... 225

11.1 创业计划概述 ... 227
11.1.1 创业计划的概念 ... 227
11.1.2 创业计划的作用 ... 227
11.1.3 撰写创业计划前的准备工作 ... 228

11.2 创业计划书撰写步骤及原则 ... 229

11.3 创业计划书撰写规范 ... 231

11.4 创业计划书的推广 ... 241

11.5 创业计划书的评价 ... 242
11.5.1 评价要素 ... 243
11.5.2 评价标准 ... 243

小结 ... 246

第 12 章 开办新企业 ... 248

12.1 新办企业的法律形式 ... 251

12.2 创业者选择企业法律形式的方式 ... 254
12.2.1 根据创业者数量 ... 254
12.2.2 根据创业者所具备的资金条件 ... 255
12.2.3 根据创业者的风险偏好 ... 256

12.3　新企业注册登记时应准备提交的文件 ... 257
12.4　创业项目进入市场的特殊模式 ... 259
　　12.4.1　通过新建企业进入市场 ... 259
　　12.4.2　通过并购现有企业进入市场 ... 261
　　12.4.3　特许经营 ... 264
12.5　新企业的社会责任 ... 270
　　12.5.1　企业社会责任的内涵 ... 270
　　12.5.2　企业社会责任的承担 ... 271
小结 ... 272

第 13 章　新企业的成长 ... 273
13.1　企业成长的生命周期管理 ... 274
　　13.1.1　企业成长的概念 ... 274
　　13.1.2　企业成长的生命周期 ... 275
　　13.1.3　企业生命周期的特征 ... 276
13.2　新企业的成长战略 ... 278
　　13.2.1　成本控制战略 ... 278
　　13.2.2　重点集中战略 ... 279
　　13.2.3　创业企业的发展战略 ... 280
13.3　新企业文化 ... 282
　　13.3.1　创业企业文化的内涵 ... 283
　　13.3.2　创业企业文化对企业发展的作用 ... 283
小结 ... 289

参考文献 ... 291

第一部分

创新教育

第1章 创新导论
第2章 创新能力与创新人才培养
第3章 培养创新人才的课堂教学方法

第 1 章　创新导论

1.1　创新

【课程目标】

使学生了解创新概念，理解创新基本原则，掌握基本的创新方法，熟悉创新过程。

【知识点】

1．创新概念
2．创新原则
3．创新方法
4．创新过程

【技能点】

1．理解基本创新原则。
2．掌握基本创新方法。
3．熟悉创新的基本过程。

1.1.1　创新的概念

创新（innovation）已成为国内外使用频率很高的词语，但学术界对创新概念却没有统一的定义。准确把握创新概念的要义，已成为世界各国制定各自的创新战略和相关政策的关键，也是实施好创新教育的关键。

中国社会科学院葛霆研究员对创新的定义为：创新是把睿智和创造（技术与非技术的）转化为具有经济和社会价值的产品（物质与非物质的）和过程方法（技术与非技术的、市场与非市场的）的过程[1]。

---

[1] 金吾伦．创新的哲学探索[M]．上海：东方出版中心，2010：43．

（1）"新"是创新的起点。我国三国时期的一部百科词典《广雅》中有："创，始也。"新，与旧相对。创新一词出现很早，如《魏书》有"革弊创新"，《周书》中有"创新改旧"。在当今中国，创新概念已不再局限于经济领域，它已遍布政治、军事、经济、文化、科技及社会生活的各个领域。中国共产党始终坚持把马克思主义基本原理同中国具体实际相结合，以大无畏的精神和勇气，积极推进理论、实践和体制等一系列创新，探索出了发展中国特色社会主义、实现中华民族伟大复兴的必由之路。历史雄辩地证明，创新是改革开放的生命源泉。

（2）"价值"是创新的归宿。强调创新的价值实现尤其重要。事实上"新"并不意味着"好"，许多新事物是消极的，甚至有害于社会，如新的毒品和兴奋剂、网络垃圾信息等。所以，是否具有可实现的社会和经济价值是检验创新的标准。

创新是一种活动，最终要实现价值，这是创新的归宿。例如：科技创新，就是指科学技术的发明与应用，其价值是提高生产力，产生新的经济效益；政治理论创新，就是对原有理论体系或框架的新突破，对原有理论和方法的新修正、新发展，对理论禁区和未知领域的新探索，其价值就是指导社会实践，推动社会进步；管理创新，就是将新的管理要素（方法、手段、模式等）引入企业管理过程，其价值是有效地实现组织管理目标；教学创新，就是将新的教学手段、教学方法应用于教学过程中，其价值就是提高教学质量。

（3）创新与发明。发明只是一种新设想或新产品，它可以发明专利的形式显现，但只有被企业家引入生产，产生新的经济效益，才能称为创新。

创新的本质不是科学，也不是技术，而是价值。例如：企业中的创新必须始终以市场为中心，如果创新以产品为中心，很可能产生一些技术上的奇迹，而报酬却令人失望。如果将技术发明专利束之高阁，实现不了市场价值，这也就谈不上是创新。所以，创新不是以科学中的发现或技术上的发明作为其评判标准，而是以实现价值作为其评判标准，包括社会价值、经济价值、认知价值、文化价值等。

不要误以为有了发明就有了创新，只有当发明专利实现了产业化应用，才称得上是真正意义上的创新。技术的发明固然很难，但发明专利产业化可能更难，它所付出的劳动以及所花的代价比发明要大得多，困难得多。美国硅谷之所以是创新的摇篮，不仅因为发明众多，而且因为对这些发明进行了开发、利用并将其推向市场。

1.1.2 创新的基本特征

不管何种类型的创新，除了前面所述的新颖性与价值性这两个基本特征外，创新过程还都具有不确定性、知识密集性及有争议性三个基本特征①。

（1）创新过程是不确定的。科学发现或技术发明有不确定性，其结果并不能事先预测或保证一定成功，在这种意义上发现与发明也有风险。美国著名创新研究专家罗森伯格在谈到创新的不确定性与风险时，特别强调创新的尝试大多数以失败告终，并指出了财务风险的九大形式。

由于创新的不确定性因素非常之多，失败的可能性就很大。"即使是能够正确预测当代95%的技术后果的3M公司，也承认其50%的非相关产品都失败了。吉列（Gillette）公司每三个上市产品中只有一个能取得市场成功，而这三个产品是从100项前期技术研究中得到的。"②可见，创新的风险是很大的。而且创新的不确定性和风险与创新主体的期望值成正比，即期望值越高、规模越大，风险就越大。

毫无疑问，发明有风险，要付出代价，但比起创新活动，风险会小得多。因为创新还必须与市场相联系，而市场的风险比起实验室内的发明可能遇到的风险要大得多。

（2）创新过程是知识密集的。知识密集型产品是指在生产要素的投入中需要使用复杂、先进而又尖端的科学技术才能进行生产的产品，或者在作为生产要素的劳动中知识密集程度高的产品。在创新过程中，需要大量科技人员，需要先进的科研设备，需要密集性知识。因为创新需要应用知识，同时创新过程也需要集中地产生新的知识，它依赖于个别人的智慧和创造力，以及相互作用的学习。尤其是因为创新过程是一个知识转移和知识转换的过程。

（3）创新过程是有争议的。首先，创新方案常伴有可选方案之间的竞争；其次，一个有潜力的创新会对既得利益构成威胁。试想，历史上任何一项改革方案或学术成果出台，民众都是有争议的。所以，创新过程一定是有争议的，没有争议的行为肯定不是创新，没有争议的人物肯定不是创新者。

著名学者余秋雨于2006年12月14日在其主持的节目《秋雨时分》（新浪视频）中说："创新既然是对已有成果的挑战，必然是对以往信条的否定，必然是对

---

① 金吾伦. 创新的哲学探索[M]. 上海：东方出版中心，2010：44-50.
② 金吾伦. 创新的哲学探索[M]. 上海：东方出版中心，2010：46.

公众公认秩序的撼动，必然是对原定规则的触犯。因此，也必然会引来一大堆争议，而且极可能形成包围，构成围猎或者围啄。所以，可以肯定地说，没有争议的创新不是创新。"

1.2 创新类别

创新分类主要按创新内容和创新过程分类。

1.2.1 按创新内容分类

创新涵盖众多领域，包括政治、军事、经济、社会、文化、科技等领域。因此，按创新内容分类，创新可分为理论创新、科技创新、管理创新、文化创新、艺术创新、商业创新等。下面重点讨论理论创新、科技创新、管理创新。

（1）理论创新。理论创新（theory innovation）是指人们在社会实践活动中，对出现的新情况、新问题作新的理性分析和理性解答，对认识对象或实践对象的本质、规律和发展变化的趋势作新的揭示和预见，对人类历史经验和现实经验作新的理性升华。简单地说，就是对原有理论体系或框架的新突破，对原有理论和方法的新修正、新发展，以及对理论禁区和未知领域的新探索。

"一个民族想要站在科学的最高峰，就一刻也不能没有理论思维。"[①]坚持用科学理论指导实践，是中国共产党的一贯作风。而坚持理论创新是中国共产党最突出也最富有成果的特点之一。近100年来，在领导民族独立和人民解放的艰辛探索中，在领导改革开放和现代化建设的伟大实践中，中国共产党坚持理论创新，相继创立了毛泽东思想、邓小平理论、"三个代表"重要思想、科学发展观和习近平新时代中国特色社会主义思想等一系列重要理论成果，成为指导中国革命、建设和改革取得胜利的根本保证。

（2）科技创新。科技创新（science and technology innovation）是指创造和应用新知识、新技术、新工艺，采用新的生产方式和经营管理模式，开发新产品，提高产品质量，提供新的服务的过程。简单地说，科技创新主要是指科技成果转化为生产力的过程。

20世纪是科技创新的辉煌世纪，1900年，德国物理学家普朗克提出了量子假

---

① 中共中央马克思恩格斯斯大林著作编译局. 马克思恩格斯选集（第三卷）[M]. 北京：人民出版社，2012：465.

说，开启了物理学的新革命；1905 年，爱因斯坦的狭义相对论问世；1929 年，天文学家哈勃发现了宇宙膨胀现象，此后，天文学家提出了宇宙大爆炸模型；1953 年，沃森、克里克发现脱氧核糖核酸（DNA）的双螺旋结构及其对生物遗传信息传递的意义。科技创新使科技成果转化为生产力，从而加快经济与社会的发展。

（3）管理创新。管理创新（management innovation）是指企业把新的管理要素（方法、手段、模式等）或要素组合引入企业管理系统以更有效地实现组织目标的创新活动。管理创新涉及方方面面，但主要包括管理观念创新、管理组织创新、管理制度创新等。

1）管理观念创新。一定的管理观念必定受到一定社会的政治、经济、文化的影响，是企业战略目标的导向、价值原则，同时管理的观念又必定折射在管理的各项活动中。从 20 世纪 80 年代开始，经济发达国家的许多优秀企业专家提出了许多新的管理思想和观念，如知识增值观念、知识管理观念、全球经济一体化观念、战略管理观念、持续学习观念等。

2）管理组织创新。企业系统的正常运行要求有合理的组织形式。企业机构设置和结构的形成要受到企业活动的内容、特点、规模和环境等因素的影响，因此，不同的企业有不同的组织形式，同一企业在不同的时期，随着经营活动的变化，也要求组织的机构和结构不断调整。组织创新的目的在于通过组织管理人员的努力，来更合理地提高管理劳动的效率。

3）管理制度创新。制度是企业运行的主要原则。制度创新就是企业根据内外环境需求的变化和自身发展壮大的需要，对企业自身运行方式、原则规定的调整和变革。制度创新要以反映经济运行的客观规律、体现企业运作的客观要求、充分调动组织成员的劳动积极性为出发点和归宿。企业制度创新的方向是不断调整和优化企业所有者、经营者、劳动者三者之间的关系，使各个方面的权利和利益得到充分体现，使组织的各种成员的作用得到充分发挥。

1.2.2　按创新过程分类

根据创新的过程是量变还是质变，创新可分为渐进型创新和突变型创新。渐进型创新的特征是采取下一逻辑步骤，让事物越来越美好；突破型创新的特征是打破陈规、改变传统和大步跃进。

（1）渐进型创新。渐进型创新（incremental innovation）是指通过不断的、渐进的、连续的小创新，最后实现大创新。例如，对现有产品的元件进行细微的改变，强化并补充现有产品设计的功能，至于产品架构及元件的连接则不作改变。

日本的企业多采用这种渐进式创新策略,日本政府在公务员改革过程中也采用了这种策略。通过有计划地每年逐渐减少公务员数量的办法,加以编制法定化的配套措施,日本的公务员改革取得了成功,值得我国在制订机构改革的方案时加以学习借鉴。

(2)突变型创新。突变型创新(radical innovation)又称激变型创新或颠覆性创新。突变型创新顾名思义就是突破性的创新,不经常发生,一般是指采用全新的产品、服务、过程、方法代替原有的产品、服务、过程、方法。成功的突变型创新往往会创造新的绩效基础、新的竞争力和新的业务模式,从而促使企业再造或产业升级。

1.3 创新的价值

1.3.1 创新的经济价值

在知识经济时代,创新的经济价值是不容置疑的,主要表现在以下两个方面:

(1)创新是知识经济时代的主要发展动力。创新的意义不仅仅在于获得诺贝尔奖,其真正意义在于促进经济社会的发展和综合国力的增强。如日本在农业经济和工业经济时代,一度奇迹般地迅速崛起,大有称霸世界之势,但在知识经济时代,由于其经济发展缺乏自身的创新机制,便失去了稳定的基础,以致在亚洲金融危机中遭受巨大损失。

创新的过程一头连着科学研究,一头连着产业经济。近年来,一批科技型企业不仅承担了航天、探月、对地观测、深海探测等重大战略任务,取得了一批举世瞩目的战略高技术成果,如"天宫一号"与"神舟九号"成功对接,"嫦娥一号""嫦娥二号"探月成功,深海探测器成功潜入7000米海底等,还把高新科技成功转化为市场产品,实现了科技创新。移动互联网、智能终端、大数据、云计算、高端芯片等新一代信息技术的发展,将带动众多产业的变革和创新;3D打印技术、人机共融的智能制造模式正成为新的热点;生命科学、生物技术方兴未艾,带动健康产业、现代农业、生物能源、生物制造、环保产业不断壮大。这一切都表明,科技创新是知识经济时代的主要发展动力。

(2)创新决定着企业的生存和发展。企业创新包括产品创新、生产工艺创新、市场营销创新、企业文化创新、企业管理创新等。在市场竞争激烈、产品生命周期短、技术突飞猛进的今天,不创新,就会灭亡。创新是企业生存的根本,是发展的动力，是成功的保障。

浙江吉利控股集团有限公司是中国汽车行业十强企业，自1997年进入轿车领域以来，凭借灵活的经营机制和持续的自主创新，取得了快速的发展。集团投资数亿元建立了吉利汽车研究院，目前已经形成较强的整车、发动机、变速器和汽车电子电器的开发能力，每年可以推出4~6款全新车型和机型；自主开发的4G18CVVT发动机，功率达到57.2kW，处于"世界先进，中国领先"水平；自主研发并产业化的Z系列自动变速器填补了国内汽车领域的空白，并获得中国汽车行业科技进步一等奖；自主研发的EPS开创了国内汽车电子智能助力转向系统的先河；同时在BMBS爆胎安全控制技术、新能源汽车等高新技术应用方面取得重大突破。目前拥有各种专利1600多项，其中发明专利110多项，国际专利20多项。

1.3.2 创新的社会价值

社会价值是指个人及社会组织通过自身的自我实践活动，对社会需求的满足和对社会进步的贡献。创新的社会价值主要表现在以下两个方面：

（1）创新是人类社会进步和发展的钥匙。纵观当今世界发展，人类从愚昧时代到今天的科技文明，其进步和发展的前提就是不断地创新。正是人类社会一个又一个的创新活动构成了人类从愚昧走向科学、从野蛮走向文明的辉煌发展历程。

（2）创新是中华民族复兴的必由之路。当19世纪西方列强以大炮船舰敲开中国大门后，中国人猛然发现中华民族在世界上衰落了，痛心疾首后国人开始寻求复兴之路。路漫漫其修远兮，经历了无数次的失败后，有人甚至开始怀疑中华文明是否已经走到了尽头，答案自然是否定的。经历了一系列艰苦卓绝的斗争后，中华民族终于开始复兴。

要实现中华民族伟大复兴的"中国梦"，出路在创新。只有以破釜沉舟的勇气自主创新，才能打破限制，不受威胁，闯出中华民族的一片天地。中华民族要想不再落后，只能坚持不懈地走自主创新的道路。

1.4 创新原则

创新原则就是在创新活动中要注意并切实遵循的规则，这是根据千百年来人类创新活动成功的经验和失败的教训提炼出来的，是创新智慧和方法的结晶。它体现了创新的规律和性质，按创新原则去从事创新活动并非束缚思维，而是把创新活动纳入安全可靠、快速运行的大道上来。

1.4.1 遵守科学原则

创新必须遵循科学技术原理，不得违科学发展规律。因为任何违背科学技术原理的创新都是不能获得成功的。为了使创新活动取得成功，在进行创新构思时，必须做到以下几点：

（1）对发明创造设想进行科学原理相容性检查。创新的设想在转化为成果之前，应该先进行科学原理相容性检查。如果关于某一创新问题的初步设想，与人们已经发现并获实践检查证明的科学原理不相容，则不会获得最后的创新成果。例如，近百年来，许多才思卓越的人耗费心思，力图发明一种既不消耗任何能量又可源源不断对外做功的"永动机"。但无论他们的构思如何巧妙，结果都逃不出失败的命运，其原因在于他们的创新违背了"能量守恒"的科学原理。

（2）对创新设想进行方法可行性检查。任何事物都不能离开现有条件的制约。在设想变为成果时，还必须进行技术方法可行性检查。如果设想所需要的条件超过现有技术方法的可行性范围，则在目前该设想还只能是一种空想。

（3）对创新设想进行方案合理性检查。任何创新的新设想，在功能上都有所创新或有所增强。但一项设想的功能体系是否合理，关系到该设想是否具有推广应用的价值。因此，必须对其合理性进行检查。

1.4.2 市场评价原则

创新的最终归宿是实现价值，实现价值就要接受市场的评价。例如：在理论创新过程中，新理论要接受实践的评价；在技术创新过程中，新技术要接受市场的评价；在管理创新过程中，新管理要接受广大企业的评价；在产品创新过程中，新产品要接受广大顾客的评价；在教学创新过程中，新的教学方法要接受师生的评价。例如：在产品创新过程中，为什么有的新产品登上商店柜台后却又渐渐销声匿迹了呢？创新设想要获得最后的成果，必须经受走向市场的严峻考验。爱迪生曾说："我不打算发明任何卖不出去的东西，因为不能卖出去的东西都没有达到成功的顶点。能销售出去就证明了它的实用性，而实用性就是成功。"

1.4.3 相对创新原则

在创新过程中，创新成果（产品、技术、理论等）不可能十全十美，创新不可盲目追求绝对创新，即盲目追求最优、最佳、最美、最先进。更多的创新是一种相对创新，即只要创新后比创新前更好即可。

1.4.4 机理简单原则

创新只要效果好，机理越简单越好。在现有科学水平和技术条件下，如不限制实现创新方式和手段的复杂性，创新所付出的代价可能远远超出合理程度，使得创新的设想或结果毫无使用价值。在科技竞争日趋激烈的今天，原理重叠、结构复杂、功能冗余、使用烦琐已成为技术不成熟的标志。

如电视机产品创新，一度"画中画"功能成为一种时尚，但实际上"画中画"属于一种冗余功能，人们极少观看画中画，但它使电视机电路复杂，成本提高。画中画功能"热闹"一阵子后终被厂家抛弃，因为它是失败的创新。又如智能手机的快速普及，一个重要原因是使用不烦琐。产品创新应遵循机理简单原则，其他创新也同样。

1.5 创新方法

综观大量获得成功的创新案例的创新过程，我们可以发现创新研究人员根据创新思维的发展规律而总结出来的一些原理、技巧和方法。

1.5.1 系统分析创新技法

系统分析创新技法是指把要解决的问题作为一个系统，对系统要素进行综合分析，找出解决问题的可行方案。系统分析创新技法有问题列举法、缺点列举法、希望点列举法等。

（1）问题列举法。实践证明，能发现问题与提出问题就等于取得了成功的一半。问题列举法实际上就是分析研究对象各个方面的问题，并予以罗列，针对所需解决的问题逐项对照检查，以期从各个角度较为系统周密地进行思考，探求解决问题的创新方案。

（2）缺点列举法。缺点列举法就是通过分析研究对象各个方面的不足之处，并予以罗列，从而有针对性地提出各种设想来加以改进和完善。有时候只要找出原有事物的一个缺点并加以改进就能产生巨大效益。缺点列举法的实质是一种否定思维。唯有对事物持否定态度，才能充分挖掘事物的缺陷，然后加以改进。

（3）希望点列举法。这是一种不断地提出希望，提出"怎么样才会更好"等的愿望，进而探求解决问题和改善对策的技法。此法是通过提出对该问题和事物的希望或理想,使问题和事物的本来目的聚合成焦点来加以考虑的技法。希望人人皆有,"希望点"就是指创造性强且科学、可行的希望。例如,有一家制笔公司用希望点列举法产生出了一批改革钢笔:希望钢笔出水顺利,希望绝对不漏水,希望一支笔可以写出两种以上的颜色,希望书写流利,希望能粗能细等。

1.5.2 组合创新技法

组合创新技法是指利用创新思维将已知的若干事物合并成一个新的事物,使其在性能和服务功能等方面发生变化,以产生出新的价值的方法。以产品创新为例,可根据市场需求分析比较,得到新的技术产品,包括功能组合、材料组合、原理组合等。

人类的许多创造成果来源于组合。正如一位哲学家所说:"组织得好的石头能成为建筑,组织得好的词汇能成为漂亮文章,组织得好的想象和激情能成为优美的诗篇。"同样,发明创造也离不开现有技术、材料的组合。

1.5.3 联想创新技法

联想创新技法就是在创新过程中对不同事物运用其概念、方法、模式、形象、机理等的相似性来激活联想和想象机制,从而产生新颖构思、独特设想。

(1)相似联想。不同事物间总是存在某些相似的地方,从原理、结构、性质、功能、形状、声音、颜色等方面对事物之间的相似之处进行联想,从而产生新的创造发明,这就是相似联想。

(2)接近联想。从空间上或时间上由一事物联想到比较接近的另一事物,从而激发出新创意、新设计、新发明的过程为接近联想。

(3)对比联想。对比联想就是从周围事物的对立面或相反方面进行的联想。任何事物都是由许多要素组成的,其中包含着本身的对立面或反面,例如由黑暗联想到光明、由温暖联想到寒冷等。

(4)因果联想。由有因果关系的事物形成的联想称为因果联想。有时某一种发明成果须经一连串的因果联想才能实现,这叫作连锁反应的因果联想。

(5)强制联想。强制联想就是强制运用各种联想,把不同的事物和不同的设计联系起来,巧发奇中,甚至歪打正着的创新性设计。

1.5.4 类比创新技法

类比就是在两个事物之间进行比较。这两个事物可以是同类,也可以不是同类,甚至差别很大。可通过比较,找出两个事物的类似之处,然后再据此推出它们在其他地方的类似之处。

(1)直接类比。直接类比是指从自然界或已有的成果中寻找与创造对象相类似的东西进行比较。例如:气球和深潜器本来是两个完全不同的东西,一个升空,一个入海,但是它们都利用了浮力原理,因此,气球的飞行原理同样可以应用到深潜器中去,瑞士科学家皮卡尔据此类比发明了世界上潜得最深的深潜器;古代巧匠鲁班发明锯子就是从草割破手指而得到的启发;农机师看了机枪连射发明了机枪式播种机。

(2)拟人类比。拟人类比就是将人体比作创造对象或将创造对象视为人体,由人及物、以物拟人,从不同与相似之中领悟两者相通的道理,促进创造性思维的深化和创造活动的发展。例如,德国化学家克库勒曾梦见一条蛇咬住它自身的尾巴,醒来后立即联想到苯分子并非一个开放的结构,而是一个封闭的环,于是,全世界化学家几十年都未曾解决的苯分子结构问题,最终由拟人类比解决了。又如,挖土机可以模拟人体手臂的动作来进行设计。

(3)象征类比。象征类比是借助具体的事物形象和象征符号来比喻某种抽象的概念或思想感情的类比。象征类比是直觉感知的,在无意的联想中一旦作出这种类比,这就是一个完整的形象。象征类比在建筑设计中应用甚广。例如:设计桥梁要赋予"虹"的象征格调;设计纪念碑要赋予"庄严"的象征格调;而设计音乐厅要赋予"艺术"的象征格调。被誉为中国第一高楼的上海金茂大厦则融合了多层象征含意:其外形像竹笋——象征着节节攀升;像宝塔——富有民族气息;像一支笔——在蓝天描绘着未来。

1.5.5 仿生创新技法

模仿生物的某些结构、功能原理、形态特征进行创造,把它用于产品设计的做法叫仿生创新技法。仿生创新技法分为功能仿生、结构仿生、形态仿生、意象仿生。模仿生物原理的发明创造层出无穷。例如:飞机是模仿鸟类飞行的原理创造的;潜艇是模仿鱼畅游的原理创造的;响尾蛇导弹是模仿响尾蛇跟踪红外线发射体咬人的原理创造的;机器人是模仿人的活动创造出来的智能机器。

北京奥运工程主场馆是椭圆形的"鸟巢",馆内有91000个观众座位,无论观众坐在"鸟巢"的哪个位置,到比赛场地中心点之间的视线距离都在140米左右。游泳馆"水立方"的创意来自细胞组织单元的基本排列形式以及水泡、肥皂泡的天然构造。

1.5.6 移植创新技法

移植创新技法是指把某一领域的原理、结构、方法、材料等移植到新的领域之中，得以改变和创造新事物的创新技法。移植创新技法可以分为原理移植、结构移植、方法移植、材料移植四大类。正如我们常说的"它山之石，可以攻玉"，移植创新技法为一种应用极其广泛的创新技法。

现代任何一项新创造或新发明，约 90%的内容均可通过各种途径从前人或他人已有的科学成果中移植获取，而独创性发明只占 10%。这一事实告诉人们，发明创造既可以纵向继承前人的智慧结晶，也可以横向借鉴他人的思维成果，从而使自己的发明创造周期缩短、成功率提高。

纵观人类科技发展史，处处闪耀着人们运用技术移植的方法进行发明创造的智慧光芒。16 世纪时，意大利医学家桑克托留斯把伽利略发明的温度计加以改良并移植到医疗中，用它来测量病人的体温。

1.6 创新过程

由英国心理学家沃勒斯在他于 1926 年出版的《思考的艺术》中提出的创新"四阶段理论"，是一种影响最大、传播最广，而且具有较大实用性的过程理论。该过程理论认为，不管哪个学科门类，不管创造性成就的大小，任何创新的发展分四个阶段：准备期、酝酿期、明朗期和验证期[①]。

（1）准备（preparation）期。准备期是准备和提出问题的阶段。一切创新都是从发现问题、提出问题开始的。问题的本质是现有状况与理想状况的差距。爱因斯坦认为："形成问题通常比解决问题还要重要，因为解决问题不过牵涉数学上的或实验上的技能而已，然而明确问题并非易事，需要有创新性的想象力。"沃勒斯认为对问题的感受性是人的重要资质，为使问题概念化、形象化和具有可行性，准备期还可分为下列三步：①对知识和经验进行积累和整理；②搜集必要的事实和资料；③了解自己提出问题的社会价值，能满足社会的何种需要及价值前景。

（2）酝酿（incubation）期。酝酿期又称孕育期，是沉思和多方思维发散的阶段。在酝酿期要对收集的资料、信息进行加工处理，探索解决问题的关键，因

---

① 创新——MBA 智库百科．http://wiki.mbalib.com/wiki/%E5%88%9B%E6%96%B0．

此常常需要耗费很长时间，花费巨大精力，是大脑高强度活动时期。这一时期，要从各个方面，如纵横、正反等方面去进行思维发散，让各种设想在头脑中反复组合、交叉、撞击、渗透，按照新的方式进行加工。加工时应主动地使用创造方法，不断选择，力求形成新的创意。

为使酝酿过程更加深刻和广泛，还应注意把思考的范围从熟悉的领域扩大到表面上看起来没有什么联系的其他专业领域，特别是常被自己忽视的领域。这样，既有利于冲破传统思维方式和权威的束缚，打破成见，独辟蹊径，又有利于获得多方面的信息，利用多学科知识交叉优势，在一个更高层次上把握创新活动的全局，寻找创新的突破口。有时也可把思考的问题暂时搁置一下，让习惯性思维被有意识地切断，以便产生新思维；再有，灵感思维的诱发规律告诉我们，大脑长时间兴奋后有意松弛，有利于灵感的闪现。

创造性思维的酝酿期通常是漫长的、艰巨的，也很有可能归于失败。但唯有坚持下去，方法正确，才是充满希望的。

（3）明朗（illumination）期。明朗期即顿悟或突破期，已寻找到了解决办法。明朗期很短促，很突然，呈猛烈爆发状态。久盼的创造性突破在瞬间实现，人们通常所说的"脱颖而出""豁然开朗""众里寻它千百度，蓦然回首，那人却在灯火阑珊处"等都是描述这种状态的。如果说"踏破铁鞋无觅处"描绘的是酝酿期的话，"得来全不费功夫"则是明朗期的形象刻画。在明朗期灵感思维往往起决定作用，瓦特看到壶盖被蒸汽顶起而发明了蒸汽机，牛顿被落下的苹果砸了头而发现了万有引力，门捷列夫玩纸牌时想出了元素周期表。

（4）验证（verification）期。验证期是评价阶段，是完善和充分论证阶段。突然获得突破，飞跃出现在瞬间，结果难免稚嫩、粗糙甚至存在若干缺陷。验证期是把明朗期获得的结果加以整理、完善和论证，并且进一步充实。创新思维所取得的突破，假如不经过这个阶段，创新成果就不可能真正取得。论证一是理论上验证，二是放到实践中检验。验证期的心理状态较平静，但须耐心、周密、慎重，不急于求成和不急功近利是很关键的。

1.7　创新教育

高校创新教育的基本任务是：构建学生的创新知识结构，唤醒学生的创新意识，训练学生的创新思维，完善学生的创新人格，提升学生的创新能力。

1.7.1 创新人才应具备的基本知识结构

（1）创新知识结构的构建。虽然知识量少的人创新能力并不一定弱，知识量多的人创新能力并不一定强，但创新需要知识积累已是不争的事实。从创新的概念及知识经济的要求出发，总体来说，通常创新人才应具备以下知识结构：

1）学科知识。虽然创新与知识的关系不呈正比的线性关系，但一个没有学科知识或者学科知识贫乏的人是很难进行学科创新活动的。纵观历史，所有的发明都是在学科知识积累到一定程度时才得以形成的。不容置疑，一个不懂管理科学的人是难以创新性地管理好一个企业的；一个不懂物理学科的人是难以在物理学领域创新的；一个不懂市场的人是难以将科技成果市场化，从而转化为经济价值的。因此，不同学科领域创新能力的体现要以学科知识为基础，要以学科知识为前提。学科知识是创新人才最基本的知识。

2）哲学知识。哲学对于创新的作用在于告诉我们要站得高、看得远、瞅得清。"坐井观天""当局者迷、旁观者清"以及古希腊的"大圈与小圈"等，无一不说明只有"会当凌绝顶"，才能"一览众山小"。创造性活动必须以原有的知识经验为基础，又必须要跳出原有知识经验的圈子，以俯视、审视的态度来看待已有的知识经验，发现它们之间的似断实连的内在联系，从而产生独特新颖的新产品。试观所有对历史的发展起过推动作用的大科学家、大发明家，几乎都将学问做到了哲学层次上，这不是偶然。

3）数学知识。人类认识自然界的一个重要方面就是认识自然界的各种数量关系和形状、空间概念，并通过利用这些数量关系和形状、空间概念改造自然。一个不具备数学修养的人无法进入未来的高科技社会，无法完成复杂的创新工作。数学能力是人类智能结构中最重要的基础能力之一。数学可以训练人的想象能力，可以训练人们定量认识事物的能力，可以锻炼人的思维的严密性和逻辑性；数学修养可以使人的思维具有高度的抽象性和简明性，可以使人的思维具有辩证性。

4）外语知识。创新离不开科学研究，而科学研究离不开查阅科技文献，而大部分科技文献是英语。创新需要交流，如果一个创新者英语水平不高，则难以参加国际交流。事实上，英语已经成为国际科技合作的语言，最先进的研究成果都是使用英语发表的。

5）跨学科知识。20世纪以来，科学技术的发展越来越呈现出多学科相互交叉、相互渗透以及系统化、整体化的趋势。学科交叉已经成为当代科学发展的时代特征，现有的单一学科培养模式已经不能满足创新教育的需要。

（2）创新思维的训练。创新思维是指以新颖独创的方法解决问题的思维过程，通过这种思维能突破常规思维的界限，以超常规甚至反常规的方法、视角去思考问题，提出与众不同的解决方案，从而产生新颖的、独到的、有经济社会价值的思维成果。创新思维的表现形式有：逆向思维、发散思维、联想思维、非线性思维等。创新思维是所有人都有的，但不是所有的人都能够用它，大量的创新思维被埋没了。因此，创新思维训练是创新教育的基本任务之一。

（3）创新精神的培养。创新教育是以培养人的创新精神和创新能力为基本价值取向的教育。而创新有风险，创新需要付出。创新光有知识、技术、智慧还不够，还必须具有冒险和献身的勇气、决心及意志，否则，创新活动是难以进行下去的。所以，培养学生的创新精神是培养创新人才的重要环节之一。

1）冒险精神。未知领域充满关隘、凶险和迷茫，探索时需要冒险。一切伟大文明都是充满想象力、敢于冒险的人所成就的。

2）献身精神。我国古代思想家孟子曰："天将降大任于斯人也，必先苦其心智，劳其筋骨，饿其体肤，空乏其身，行拂乱其所为。"诺贝尔当年实验炸药，不知失败了多少次。但他百折不挠，坚忍不拔，终于实验成功。无数创新者的实践表明，创新付出的不仅仅是心血、智慧和汗水，有时甚至是生命，没有献身精神是难以成功的。

（4）创新能力的提升。一个人具有创新意识、创新思维及创新精神，不一定具有创新能力，因为创新能力是一种综合性能力，如个体的学习能力、信息能力、团队能力、实践能力、分析能力、综合能力、观察能力、想象能力、批判能力、创造能力等，其中前四种能力对于创新人才来说，是最重要的。

1）学习能力。创新的过程是一个充满风险和艰辛的复杂过程，单凭个体在学校中获得的知识与经验是远远不够的，还需要个体在创新过程中不断学习、不断总结经验、不断探索。

2）信息能力。信息能力包括了解信息、识别信息、检索信息资源、分析评价信息、有效利用信息、遵守信息道德规范等。培养学生的信息能力是知识经济时代的要求，是互联网时代的要求。西安交通大学李德昌在《信息人教育学：势科学与教育动力学》中写道："消息有序是信息，信息有序是知识，知识有序是方法，方法有序是智慧并产生创新。"信息能力决定学习能力，培养学生的信息能力就是要将消息有序为信息，信息有序为知识，知识有序为方法，方法有序为智慧。

3）团队能力。在知识经济时代，一项创新、一项成果，很多时候已经不是一个人的力量可以完成的了，而是一个团队完成的。个体"单打独斗"只能开一家小卖部。中国最近的"嫦娥"奔月、"蛟龙"入海，都是创新团队的杰作。学生毕业后，其团队能力的大小决定其事业的大小。

4）实践能力。实践能力是人们解决实际问题所显现的综合性能力。实践能力一般不是靠课堂传授得到的，而是由本人生活经验和实践活动磨炼习得的。实践出真知，脱离了具体的实践活动，人的各种能力是无法提高和发展的。实践能力培养对于大学生、中小学生来说都是十分重要的。培养学生的实践能力主要是通过主课堂及第二课堂，如开展丰富多彩的业余科技活动、社团活动及社会实践活动，让学生参加教师的科研活动等。

1.7.2 创新教育与创业教育

2010年，教育部在《关于大力推进高等学校创新创业教育和大学生自主创业工作的意见》（教办〔2010〕3号）中指出："在高等学校开展创新创业教育，积极鼓励高校学生自主创业，是教育系统深入学习实践科学发展观，服务于创新型国家建设的重大战略举措；是深化高等教育教学改革，培养学生创新精神和实践能力的重要途径；是落实以创业带动就业，促进高校毕业生充分就业的重要措施。"

1. 创业与创业人才的特点

（1）创业。创业是指劳动者把握商机，依靠自己的资本、资源、信息、技术、经验以及其他因素，通过创建企业或企业创新，筹集并配置各种资源，将新颖的产品或服务推向市场，从而最终实现企业经济价值和社会价值的过程。当然，从更广阔的意义上说，创业就是创造事业，是最高层次的就业。创业者进入市场、创建实业，是生活态度和生活方式的巨大转折，是为自己创建一个发挥才华、施展抱负、奉献社会、报效国家的舞台。近年来，过多学生进入劳动市场，导致就业岗位紧缺，高校毕业生随之成为这一阶段自主创业者的主体，中国迎来第四次自主创业。

（2）创新与创业的区别。通常，人们总喜欢将"创新"与"创业"两个词捆绑在一起使用，即"创新创业"，这说明"创业"离不开"创新"，创新是创业的基础，创业是创新的载体和表现形式。创新可分为理论创新、科技创新、管理创新、文化创新、艺术创新、商业创新等，而创业局限于经济领域，主要是指创建企业、创建实业或企业创新。因此，创业属于创新的范畴，是经济领域中的企业创新，或创建新的企业，或通过创新使企业不断发展壮大。

（3）创业人才的特点。创业难，需要有百折不挠的勇气去开创，创业过程充满了激情、艰辛、挫折、忧虑、痛苦和徘徊，需要坚持不懈地努力。所以，创业人才需要具有强烈的事业心、坚定的信念、坚强的意志、开拓精神以及克服困难的勇气。由于创业主要面向经济领域（企业），要求创业者应具备的特殊能力有：捕捉市场机遇的能力、分析与决策能力、申办企业的能力、确定企业布局的能力、发现和使用人才的能力、理财能力、企业管理能力。

2. 创新教育与创业教育的关系

创业教育并不是要求学生毕业后都去创建自己的企业，而是要传授创业知识，让学生了解创业活动过程的内在规律以及所涉及的关键问题、可能遇到的问题和风险，帮助他们理性地规划职业发展路径。创业教育就是通过教育教学活动来培养学生创业能力，即在加强基本理论和基础教育的同时，以培养学生创业精神和创业能力为基本价值取向的教育。通过创业教育，学生可增强创业信心，懂得处处有创业渠道、时时有创业机会、人人有创业才干，从而更好地服务于社会实践，实现个人价值，提升社会效益。

创新是创业的基础，创业是创新的载体和表现形式，创业的成败依仗创新教育的扎实程度。创新教育注重的是对人的发展的总体把握，创业教育注重的是对人的价值的具体体现，二者相互促进又相互制约，是密不可分的辩证统一体。创业教育离不开创新教育，因为创业教育本来就属于创新教育的范畴。

1.8 创新案例

1.8.1 乔布斯与苹果公司

史蒂夫·乔布斯是一位极具创造力的企业家。1976年乔布斯和朋友成立苹果公司，他经历了苹果公司数十年的起落与复兴。乔布斯以犹有如过山车般精彩的人生、犀利激越的性格、追求完美和誓不罢休的激情，创造出个人计算机、动画电影、音乐、手机、平板电脑以及数字出版等6大产业的颠覆性变革。2011年10月5日他因病逝世，享年56岁。乔布斯是改变世界的天才，他凭敏锐的触觉和过人的智慧，勇于变革，不断创新，引领全球资讯科技和电子产品的潮流。

（1）乔布斯的传奇经历。1955年2月24日，史蒂夫·乔布斯出生在美国旧金山，刚刚出生就被在美国旧金山一家餐馆打工的父亲与潇洒派的酒吧管理员的母亲遗弃了。幸运的是，一对好心的夫妻收留了他。虽然是养子，但养父母却对他很好，如同亲子。学生时代的乔布斯聪明、顽皮、肆无忌惮，常常喜欢别出心裁地搞出一些令人啼笑皆非的恶作剧。不过，他的学习成绩倒是十分出众。

1976 年，21 岁的他与 26 岁的斯蒂夫·沃兹尼亚克在自家的车房里成立了苹果公司。他们制造了世界上首台个人计算机，并称为苹果 I，其售价是 666 美元。当地的一个电子产品零售商看了他们的机器之后，便订购了 50 台。成功仿佛比预想得还要迅速。他们变卖了所有值钱的东西，凑齐 1300 美元开始了创业。乔布斯将新公司命名为苹果（Apple）。

第二年，乔布斯和沃兹尼亚克设计了苹果 II。苹果 II 定义了个人计算机的标准：显示器、键盘、驱动器、主板插槽、电源机箱。沃兹尼亚克花了两周时间设计的软盘驱动器精妙绝伦，只有同类产品的四分之一大小。苹果 II 的所有设计完全由沃兹尼亚克一个人完成，甚至连其中的 BASIC（培基，即初学者通用符号指令代码）解释程序也是沃兹尼亚克编写的。在 1977 年举行的西海岸计算机展示会上，苹果 II 大获成功。个人计算机飞速发展的时代来临了，从 1978 年到 1983 年，苹果公司每年销售收入增长约 150%。

经历了辉煌的五年之后，苹果公司面临计算机业巨人 IBM（国际商业机器公司）的挑战。后者在 1981 年 8 月推出了 IBM 的个人计算机，市场营销非常成功，个人电脑（Personal Computer，PC）很快家喻户晓。只花了两年时间，PC 的销售额就超过了苹果公司。1985 年因为内部权力斗争，约翰·斯卡利接管了苹果公司，并把乔布斯赶出了苹果公司。

乔布斯离开后创立了 NeXT 计算机公司，并发展出 NeXT 计算机及 NeXTstep 操作系统。就像 Lisa 一样，NeXT 拥有最先进的技术，但是不能成为最流行的计算机。1986 年他花 1000 万美元从乔治·卢卡斯手中收购了计算机动画效果工作室，并成立独立公司 Pixar。在之后十年，Pixar 成为了世界上最成功的电影动画制作公司。

1996 年陷入财政困难的苹果公司以 4 亿美元收购了 NeXT 计算机公司，同时乔布斯也回到了苹果公司。1997 年，他重掌苹果公司的大权。在同年推出的注重外表的 iMac 计算机系列在美国和日本大卖，使苹果公司度过财政危机。2001 年推出深受大众欢迎的 iPod 音乐播放器和 iTunes 音乐软件，使公司的股票大幅上涨。2007 年，乔布斯发布了 iPhone 智能手机。2010 年 4 月，苹果 iPad 平板电脑正式在美国发售。2010 年 6 月，乔布斯发布了 iPhone 4 第四代手机。

1985 年，乔布斯获得了由里根总统授予的国家级技术勋章；1997 年成为《时代周刊》的封面人物；同年被评为最成功的管理者，是声名显赫的"计算机狂人"。他是一个美国式的英雄，几经起伏，但依然屹立不倒。他创造了"苹果"，掀起了个人计算机的风潮,改变了一个时代,但却在最顶峰的时候被封杀,从高楼落到谷底。逆境中,乔布斯没有气馁,12年后他又卷土重来,重新开始第二个"史蒂夫·乔布斯"时代。

(2)苹果产品的创新流程及理念。

1)按照礼品的标准设计产品。苹果的设计人员认为,世上有两类人,一种是不到圣诞节的早上就打开礼品看的人,另一种是要把礼品放在圣诞树下,像孩子一样等着,不断被自己的期盼折磨,最后才在圣诞节早上打开的人。苹果的产品就是给第二种人设计的,他们的理念就是将产品的各个细节做到极致,让每个苹果的粉丝进苹果商店的时候都能体会到圣诞节的感觉。从设计到制作,再到营销,没有哪一家电子消费品公司把这样一种礼品的概念发挥得如此淋漓尽致。

2)精确到像素的样品设计。每个苹果内部的设计师都要将软件的每一个界面和特征设计精确到像素,才能让高级经理来评判。这样,每次高级经理看到的都是一个完整产品的样子,得到批准的东西最后看起来就会和最后产品一样而不会走形。苹果的方法消除了产品创新中任何模棱两可的细节,从而最大化地减少了后面改正错误的需要。

3)10-3-1流程。考虑到每个样品的设计都要精确到像素,苹果要求任何样品都要先有10个不同的设计,从中会确定3个改进完善,最终选择1个作为最终的产品。这种方法的好处是最大限度地给创新留出了空间,让设计人员自由地去选择任何和过去不同的设计,同时又让他们知道90%的设计成果可能是不被采用的。

4)每周两次匹配的设计会议。每周工程师和设计人员都要在一起开两个不同的会议。一个是"头脑风暴会议",大家把各种疯狂的想法说出,完全不受限制,不管是新产品特性还是对已有产品的改进,大家都畅所欲言。另一个是"生产会议",与头脑风暴截然相反,这个会议要把选定的疯狂想法尽可能细化,想想怎么做、为什么这么做。这两种会议在整个产品研发的过程中就这样反复切换着。

5)定期的样品展示会。有句经典的话:"顾客不是要买钻头,顾客要买的是洞。"工程师和产品经理要了解顾客要买的其实不是某个产品,而是需要运用一个产品来完成某件任务或解决某个问题。苹果会定期让工程师把自己根据用户需求及刚才描述的过程进行反复筛选后设计出最好的样品,给高管层展示。这样最大限度地保证用户想要的确实就是产品能提供的,也让能管理层定期确定团队工作的进度和方向。

(3)乔布斯的商业理念。乔布斯的商业理念深深地印在了每个苹果人的心里。苹果未来能否再次成功,关键也要看后面是否能坚持苹果的这些商业理念了。

1）创新决定了你是领袖还是跟随者。乔布斯认为创新是无极限的，有限的是想象力。他认为，如果是一个成长性行业，创新就是要让产品使人更有效率，更容易使用，更容易用来工作；如果是一个萎缩的行业，创新就是要快速地从原有模式退出来，在产品及服务变得不好用之前迅速改进。

2）和最优秀的人一起工作。乔布斯关于团队有很多精彩的理论，他认为，一个创业公司的前十个员工决定了这个公司的水平，因为每个人都要能负担公司十分之一的工作。他也常用甲壳虫乐队来比喻团队的力量：没有一项主要工作可以由单独的一个，或者两个、三个、四个人来完成。为了把事情办好，工作不能仅仅由一个人完成，必须找到能力非凡的人来合作，最终把个体互动产生的力量汇总，使整体的力量远远大于个体力量的总和。

3）注重质量。乔布斯是个完美主义者。他认为，完美的质量没有捷径，必须将优秀的质量定位作为自己的承诺，并坚定不移地坚持下去。当你对自己要求更高，并关注所有的细节后，产品就会和别人不一样了。

4）找到你真正想做的事才能做成真正伟大的事。乔布斯一直对年轻人讲，一定要找到自己最喜欢做的事，才能做伟大的事。热爱自己所做的事是唯一能使自己做成伟大事情的方法。如果你还没找到自己喜爱的事，一定要坚定不移地找下去，不要放弃。你的心会让你找到你最喜欢做的事。

5）保持饥渴，保持愚蠢。乔布斯特别喜欢佛教中做"beginner"（初学者）的心态，碰到事情都能有好奇心，用初学者的心态去思考、感受。同时，不断地保持求知的欲望，对未来发展也是非常重要的。

1.8.2 盖茨与微软公司

比尔·盖茨是微软公司（Microsoft）主席和首席软件设计师。微软公司在个人计算和商业计算软件、服务和互联网技术方面都是全球范围内的领导者。盖茨和微软，创造了20世纪最美丽的神话。盖茨不是靠幸运取得成功的，微软也不是建立在偶然基础上的软件帝国。盖茨是计算机天才，但更是一个经营和管理天才，他在微软的创立和成长壮大中付出的心血和汗水，他非凡的事业心和进取心，他高瞻远瞩的眼光和异常敏锐的市场嗅觉，是任何一个人都无法超越的。

（1）痴迷计算机的天才少年。盖茨出生于华盛顿州西雅图市，自小家境富裕，他的父亲是一位杰出的律师，母亲是华盛顿大学校务委员及第一洲际银行董事。为了让孩子接受良好的教育，在盖茨的少年时代，双亲便将他送进管教严格的西雅图湖滨私立中学就读，也就是在这里盖茨发现了一生事业的重心——计算机，也遇见了未来的工作伙伴保罗·艾伦。

盖茨进入湖滨私立中学之后迷上了计算机，从此就无心上其他课，每天都泡在计算中心。从八年级开始，盖茨便利用闲暇时间和同学一起帮人设计简单的计算机程序，以此赚取零用钱。盖茨陈述："我在十三岁时就写了第一个软件程序，我拿它来玩井字游戏。当时我所用的计算机体积庞大、笨重，速度缓慢而且相当'不听话'。"盖茨的好朋友保罗·艾伦回忆说："我们当时经常一直干到三更半夜，我们爱死了计算机软件的工作，那时候我们玩得真开心。"

盖茨上九年级的时候，TRW 公司的工程师在架设西北输电网络时遇到了问题，一筹莫展。这时候，他们发现了湖滨私立中学计算中心的一份《问题报告书》，当场打电话给制作这份报告的两位"侦测错误大师"（盖茨和艾伦），希望他们两人能来帮助排除问题。但他们压根没有想到，这两位"大师"居然只是九年级和十年级的学生。

（2）艰辛的创新创业。1973 年夏天，盖茨以全国资优学生的身份进入了哈佛大学一年级，在那里他与史蒂夫·鲍尔默住在同一楼层，后者目前是微软公司的总裁。在哈佛大学，他仍然无法抵抗计算机的诱惑，于是就经常逃课，一连几天待在计算机实验室里整晚整晚地写程序、打游戏。盖茨敏感地意识到，计算机的发展太快了，等大学毕业之后，他可能就失去了一个千载难逢的好机会，所以，他毅然决然地从哈佛三年级退学了。他深信个人计算机将是每一个办公桌面系统以及每一家庭的非常有价值的工具，并为这一信念所指引，开始为个人计算机开发软件。

很快，盖茨与艾伦迁往新墨西哥州阿尔布奇市，正式创立微软公司，当时盖茨才 19 岁。1977 年，苹果公司等进入个人计算机市场，微软提供 BASIC 给大多数早期的个人计算机，当时 BASIC 是最重要的软件元素。在低价授权、以量制胜的方式促销下，微软 BASIC 很快成了计算机产业的软件标准，当时几乎每一家个人计算机制造商都会使用微软授权的软件。1979 年，盖茨将公司迁往西雅图，并将公司名称从"Micro-soft"改为"Microsoft"。

1980 年是微软发展史上一个重要的转折点，当时无人不知、无人不晓的 IBM 占有大型计算机百分之八十的市场，也就是在这一年 IBM 决定开始制造个人计算机，并且找上微软公司，向它购买作业系统的授权，于是个人计算机作业系统 PC-DOS 出现了，IBM 成了微软新软件的第一个授权使用者。随着 IBM 的个人计算机独霸市场，微软的软件也如雨后春笋般不断冒出，从而稳住了 IBM 的江山，也奠定了微软在计算机软件市场上不容忽视的地位。

就这样,比尔·盖茨凭着独到的眼光,坚信个人计算机的触角将深入未来每一个家庭中,也相信结合微处理器与软件将大大改写过去以大型计算机为主的生态。更能在个人计算机革命的初期即掌握稍纵即逝的创业机会,其后又一直保持正确的发展方向,锲而不舍,加上过人的经营头脑,终于成为全球首富与IT业最具影响力的人士。

盖茨一直是一个以工作狂而著称的人物,即使到了39岁结婚的时候,他还经常加班工作到晚上10点以后,对于以前任何一个亿万富翁来说,这都是不可想象的事。尽管微软公司一向以员工习惯性加班而闻名,但那些工作得眼冒金星的员工还是心悦诚服地说,他们之中几乎没有谁能比盖茨更辛苦。

(3)创业成功的秘诀。谈到如何成功创业,盖茨的思维模式、做事的方法和一般的企业家是不一样的。美国《财富》杂志和《福布斯》杂志曾访问盖茨,询问他成为世界首富的秘诀,盖茨回答说,他之所以成为世界首富,除了知识、人脉、营销之外,还有一个就是"眼光好"。盖茨所说的"眼光好"有两层含义:

1)掌握最大的趋势。微软公司的英文名字叫作Microsoft,事实上是由Micro和Soft两个词组成的。Micro代表的含义是Microcomputer,是微计算机的意思;Soft代表的是Software,是软件的意思,是给微计算机使用的软件。当盖茨创业时,全世界最顶尖的公司叫IBM,当时一台计算机有现在我们整个摄影棚这么大,但是盖茨已经看到25年之后,我们的桌上会摆上一台小型的计算机。IBM则不是这样认为,这从它的名字也可以看出来:I代表Internation,即国际;B代表Business,即商务;M代表Machine,即机器。所以IBM认为它的主要顾客是公司而非个人,而公司一般用大型计算机。1977年,乔布斯创办了苹果公司。苹果计算机叫作Apple PC,PC代表的真正含义是个人计算机,乔布斯掌握了个人计算机的趋势,但盖茨了解控制计算机硬件的是软件,软件应该是一个更大的趋势,所以盖茨成为世界首富。

2)市场要大。正因为全世界有数目庞大的人群使用计算机,90%的人又使用盖茨的Windows软件,而且人群还在不断扩大,所以盖茨能成为世界首富。

1.8.3 马云与阿里巴巴

马云,1964年出生于浙江省杭州市,中国著名企业家,阿里巴巴集团(简称"阿里巴巴")、淘宝网、支付宝创始人。曾登上《福布斯》杂志封面以及当选世界经济论坛未来领袖。

(1)求学时代与教师工作。马云不仅没有上过一流的大学,而且连小学、中学都是三四流的。中考考了两次,高考考了三次,其中第一次高考,数学只考了1分。1984年,历经辛苦的马云终于跌跌撞撞地考入杭州师范学院外语系,他的成绩是专科分数,离本科线还差5分,但恰好本科没招满人,马云就幸运地上了本科,并凭着满腔热情当选学生会主席。

1988年,马云从杭州师范学院英语专业毕业,被分配到杭州电子工学院教授英语。马云很快成为杭州优秀青年教师,发起西湖边上第一个英语角,开始在杭州翻译界有名气。因此,很多人来请马云做翻译,马云忙不过来,于1992年成立海博翻译社,请退休老师做翻译。海博翻译社第一个月的全部收入是700元,房租是2400元。为了生存下去,马云背着大麻袋到义乌、广州去进货,海博翻译社开始卖鲜花,卖礼品。马云还曾经销售过一年的医药,推销对象上至大医院,下至赤脚医生。1994年海博翻译社盈亏持平,1995年开始赚钱。海博翻译社赚钱之后,马云就没再管它。

(2)开始创业——中国黄页。1994年底,马云首次听说互联网。1995年初,他偶然去美国,首次接触到互联网。对计算机一窍不通的马云,在朋友的帮助和介绍下开始认识互联网。当时网上没有任何关于中国的资料,出于好奇的马云请人做了一个自己翻译社的网页,没想到,3个小时就收到了4封邮件。敏感的马云意识到:互联网必将改变世界。随即,他萌生了一个想法:要做一个网站,把国内的企业资料收集起来放到网上向全世界发布。

1995年4月,马云和妻子再加上一个朋友,凑了两万块钱,专门给企业做主页的"海博网络"公司就这样开张了,网站取名"中国黄页",成为中国最早的互联网公司之一。3个月后,临近杭州的上海正式开通互联网,马云的业务量激增。在各企业纷纷忙着建立自己主页的时候,马云的先见之明为他带来了丰厚的利润。当时,制作一张主页,中英文对照的2000字内容、一张彩照,开价就是2万元。不到3年,马云就轻轻松松赚了500万元,并在国内打开了知名度。

1997年,在原国家外经贸部的邀请下,马云带着自己的创业班子挥师北上,建立了外经贸部官方网站、网上中国商品交易市场、网上中国技术出口交易会、中国招商、网上广交会、中国外经贸等一系列国家级站点。这段经历对马云来说弥足珍贵。

(3)再度创业——阿里巴巴。1999年3月,马云和他的团队回到杭州,以50万元人民币在一家民房里创办阿里巴巴网站,进行二次创业。当时全球互联网所做的电子商务,基本上是为全球顶尖的15%大企业服务的。但马云生长在私营中小企业发达的浙江,从最底层的市场摸爬滚打过来,深知中小企业的困境。他毅然作出决定，放弃那15%大企业，只做85%中小企业的生意。

1999年9月，马云的阿里巴巴网站横空出世，立志成为中小企业敲开财富之门的引路人。他根据长期以来在互联网上为商人服务的经验和体会，明确阿里巴巴的发展方向是为商人建立一个全球最大的网上商业机会信息交流站点，这种为商人与商人之间实现电子商务（B2B）的服务在整个互联网界开创了一种崭新的模式，并很快引起美国硅谷和互联网风险投资者的关注，被国际媒体称为第四种互联网模式。

1999年10月和2000年1月，阿里巴巴两次共获得国际风险资金2500万美元，马云以"东方的智慧，西方的运作，全球的大市场"的经营管理理念，迅速招揽国际人才，全力开拓国际市场，同时培育国内电子商务市场，为中国企业尤其是中小企业迎接"入世"挑战，构建一个完善的电子商务平台。

此后，阿里巴巴网站持续为中国优秀的出口型生产企业提供在全球市场的"中国供应商"专业推广服务，帮助企业获取更多更有价值的国际订单，并两次被美国权威财经杂志《福布斯》选为全球最佳B2B站点之一。

马云为完善整个电子商务体系，自2003年开始，先后创办了淘宝网、支付宝、天猫、一淘网等国内电子商务知名品牌。马云的商业人生在此次创业过程中步入高峰。

（4）马云个人语录。

1) 短暂的激情是不值钱的，只有持久的激情才是赚钱的。

2) 无论我们多么渺小，无论我们遇到多少困难，只要我们坚持梦想，就像起跑的力量，就像腾飞的力量，这是梦想的力量。

3) 在20世纪，企业规模更大意味着更好，而在本世纪（21世纪）企业规模越小越灵活。

4) 商人在这个时代（已经不是一个唯利是图的时代），我想，我们跟任何一个职业，任何一个艺术家、教育家一样、政治家一样，我们在尽自己最大的努力去完善这个社会。

5) 这世界谁也没把握你能红五年，谁也没有可能说你会不败，你会不老，你会不糊涂。解决你不败、不老、不糊涂的唯一办法，是相信年轻人。因为相信他们，就是相信未来。

6) 今天很残酷，明天更残酷，后天很美好，大部分人死在明天晚上，看不到后天太阳。

7) 当你成功的时候，你说的所有话都是真理。

8）我永远相信只要永不放弃，我们还是有机会的。最后，我们还是坚信一点，这世界上只要有梦想，只要不断努力，只要不断学习，不管你长得如何，不管是这样还是那样，男人的长相往往和他的才华成反比。

小　　结

创新是把睿智和创造转化为具有经济和社会价值的产品和服务的过程。"新"是创新的起点，"价值"是创新的归宿。创新具有不确定性、知识密集性和有争议性等基本特征。创新涵盖政治、军事、经济、社会、文化、科技等领域。因此，按创新内容分类，创新可分为理论创新、科技创新、管理创新、文化创新、艺术创新、商业创新等。创新虽然没有一定的模式，但遵循科学原则、市场评价原则、相对创新原则、机理简单原则等基本规律。创新方法可分为系统分析创新技法、组合创新技法、联想创新技法、类比创新技法、仿生创新技法、移植创新技法。

第 2 章　创新能力与创新人才培养

【课程目标】

使学生了解创新人才应具备的知识结构，唤醒学生的创新意识，训练学生的创新思维，提升学生的创新能力。

【知识点】

1．创新意识
2．创新思维方法
3．创新能力

【技能点】

1．掌握基本的创新思维方法。
2．提升创新学习能力。
3．提升创新团队管理能力。

创新教育是以培养创新性人才为基本价值取向的教育，属于素质教育的范畴，重在使学生牢固、系统地掌握现代科学知识。可通过启发、诱导、激发、训练等方法，唤醒学生的创新意识，训练学生的创新思维，完善学生的创新人格，提升学生的创新能力。本章将探索这些创新素质教育的实践操作方法。

2.1　唤醒学生的创新意识

创新意识是当代人必备的素质，是创新活动的起点，是求新求异意识、求真求实意识、求变意识、问题意识。青少年学生是最少保守思想、最容易接受新生事物、最富创新精神的一个群体，要建设创新型国家，必须从培养青少年学生的创新意识着手。

2.1.1 创新意识概述

创新意识就是在一定价值观的指导下所表现出来的创新愿望、企图与动机。它是人类意识活动中的一种积极的、富有成果性的表现形式,是人们进行创新活动的出发点和内在动力。没有创新意识,就不会有创新活动。

创新意识是一种勇于探索、开拓进取的思想状态和精神风貌,体现在实际工作的方方面面。一个创新意识强烈的人,敢为天下先,不满足于现状,没有最好只有更好,时时刻刻想着创新。

创新意识包括哪些内容,仁者见仁,智者见智。根据创新意识在创新实践中的自觉程度、指导力量和持续时间,可以将创新意识依次划分为问题意识、创新兴趣和超越意识。

(1)问题意识。问题意识又称质疑意识。发现问题需要求异与质疑,谁不敢或不善于求异与质疑,谁就无法发现问题。没有对常规的挑战,就没有创新。而对常规挑战的第一步就是质疑,它是发现真理、发展真理的必经环节。

(2)创新兴趣。创新兴趣是指人们对创新活动的积极情绪和态度定向。创新兴趣也起源于创新需要,是创新动机的进一步发展。产生创新动机并不一定有创新兴趣,但一旦形成了创新兴趣就必然伴随着创新动机。对创新的强烈兴趣,是进行创新活动最重要的心理条件之一。

(3)超越意识。超越意识又称开拓意识、领先意识。超越就是超过前人或他人甚至自己已有的成绩。任何开拓、任何创新,都是一种超越。人类发展史就是一部不断开拓、不断创新的历史,也是一部不断超越的历史。

创新意识是创新人才所必须具备的。创新意识的培养和开发是培养创新人才的起点。只有注意从小培养创新意识,才能为成长为创新人才打下良好的基础。教育工作者应以此为教学改革的重点之一,因为一个具有创新意识的民族才有希望成为知识经济时代的科技强国。

2.1.2 激发创新动机

(1)创新动机。从心理学上讲,人的行为是由动机支配的,而动机是由需要引起的,没有需要就不可能产生动机。但是,并不是任何需要都能成为动机,只有需要指向一定的目标,并且展现出达到目标的可能性时,才能形成动机,才会对行为有推动力。由此可见,形成动机的条件有两个:一是内在条件,即需要、欲望;二是外在条件,即诱因、刺激。因此,动机的概念可以概括为:动机是指推动人行动的内在力量,是引起和维持个体行为并将此行为导向某一目标的愿望和意念。

创新不是一件容易的事情,创新有风险,创新意味着付出。创新既然这么难,为什么还有人热衷于创新,这就是创新动机。创新动机是指引起和维持主体创新活动的内部心理过程,是形成和推动创新行为的内驱力,是产生创新行为的前提。创新主体的创新动机并不是单一的,而是多元的,这既与创新主体的价值取向有关,也与组织的文化背景、创新者的素质相关。

(2) 如何激发学生的创新动机。学生的主要任务是学习,而且应该是创新性学习。因此,激发学生的创新动机,首先要激发学生的创新性学习的动机。根据需要理论,动机是由需要引发的。因此,激发学生的创新动机应该从学生的需要着手。

1) 让创新成为学生的心理需要。目标远大是产生创新动机的源泉。要让学生懂得创新的重要意义:创新是时代的呼唤;创新是我国实现社会主义现代化建设的现实需要;创新也是个人自我发展的必备素质和未来竞争的前提。21 世纪的人才不但要知识渊博,而且须具备创新精神和创新能力。一个国家拥有创新人才的多少,将决定经济发展的快慢和科技进步的大小。当学生明白了创新的意义后,他们就会产生强烈的创造动机和责任意识,自觉地为中华民族的全面振兴和为个人的美好人生去创新。

2) 创新性学习的可能性。创新性学习的难度要适中,学习难度太大,学生会没信心;学习难度太小,学生会觉得没有意思。只有学习难度适中,使学生感到成功的可能性存在,才会激发起学生的创新性学习动机。

(3) 培养学生的问题意识。学生的问题意识薄弱,主要表现为不敢提出问题,不愿提出问题,不能提出问题,不善于提出问题。教学中学生经常会出现无疑可问、不知怎样问、没机会问、不敢问的局面。那么如何改变这种局面?如何培养学生的问题意识呢?培养学生的问题意识要注意以下几点:

1) 创设学生质疑的环境。发扬民主,创设良好的提问环境与气氛,激发学生的问题意识,让学生有问题、敢问。受传统师生关系的影响,师道尊严、教师权威,使学生的问题意识受到抑制。传统的教学往往抑制了处于萌芽中的学生问题意识的表露,学生或者没有时间,或者没有机会,或者不敢提出心中的一些问题,而这些问题往往是影响以后学习的重要因素。要激发学生的问题意识,就必须创设良好的教育教学环境,构筑师生间进行交流和对话的平台,鼓励学生对教师的知识和见解进行挑战和质疑,树立学生敢于质疑权威和经典的信心,使学生问题意识的显现与发展获得环境的肯定与支持。

2）激发学生的探究兴趣。激发学生的探究兴趣，恰当地评价学生提出的问题，使他们在获得新知的过程中感受成功的喜悦，让学生有问题、愿问。学生一旦对学习发生兴趣，必然产生强烈的学习欲望，以至于专心致志地学习，促进学生不断地发现问题，解决问题。学生通过对问题进行主动思考、探究，会自己找到某些答案，会产生一种满足感和成功感，会对学习产生更大的兴趣。对学生提出的问题进行恰当的评价，以进一步解放学生，进一步释放学生的思维潜能，进一步保护学生的思维火花，鼓励他们表达自己的想法，促使教学相长。对学生大胆的发问、质疑不予重视或视为刁难、捣乱、钻牛角尖，并加以批评、训斥甚至讽刺和挖苦，无疑会扼杀学生的问题意识，也会降低学生学习的兴趣，使他们再也不愿提问题。

3）采用启发式教学。采用启发式教学，精心设置问题环境，引导探究，让学生有问题、能问。首先，在传统教学中，教师习惯于把教学过程看作将自己设计的教学内容有条不紊地传授给学生，并让学生按照自己的思路接受知识的过程。由此，学生的思维产生了惰性，变得不会发现问题，不能提出问题。另外要注意，不能在教学中把问题强加给学生，而应通过启发式教学精心设置问题，来培养学生的问题意识，让他们自己主动提出问题，并在教师的引导下解决问题。教师要以问题为中心，巧妙地设疑、布疑、激疑和质疑，让学生去释疑、解疑，以促进问题意识的发展。

4）引导学生思考与联想。引导学生积极思考、联想，激发学生的问题意识，让学生有问题、善问。在课堂教学中，教师要善于启发学生联想、思考、转化。只有学生能够从不同的角度进行对事物的研究与探索，从不同的层次进行联想与思考，问题意识才能形成。所以说，教师要引导学生对眼前的事物进行联想与思考，联想得越广泛，思考得越细致，问题意识越强烈，发现问题越深刻，提出问题也就越多，教学效果也就更为显著。

强化问题观念、问题意识，不能简单等同于提问。而应该是让学生自己探究，积极思考，大胆联想，其目的不在于能够寻求正确答案，而在于激发学生对事物的好奇心和敏感性，自觉形成问题意识，进而对问题形成自己的独立见解。

2.2　训练学生的创新思维

思维方式对创新的影响最为直接。在学习上，谁善于创新思维，谁的脑子就灵；在工作上，谁善于创新思维，谁的办法就多；在事业上，谁善于创新思维，谁的天地就宽。一般说来，思维方式决定一个人的命运与前景。例如：善于逻辑思维、应变思维的人，可以从事外交工作；善于灵感思维、顿悟思维的人，可以从事创作工作；善于比较思维、批判思维的人，可以做学问；善于宏观思维、战略思维的人，可以做领导；善于风险思维、竞争思维的人，可以做企业家。

2.2.1 创新思维概述

创新思维是指以新颖独创的方法解决问题的思维过程，通过这种思维能突破常规思维的界限，以超常规甚至反常规的方法、视角去思考问题，提出与众不同的解决方案，从而产生新颖的、独到的、有社会意义的思维成果。

创新思维是相对于传统性思维而言的。创新思维是所有人都有的，但不是所有的人都能够用它，大量的创新思维被埋没了。具有创新思维的人可以想别人所未想、见别人所未见、做别人所未做的事，敢于突破原有的框架，或是从多种原有规范的交叉处着手，或是反向思考问题，从而取得创造性、突破性的成就。

创新思维需要人们付出艰苦的脑力劳动。一项创新思维成果的取得，往往需要经过长期的探索、刻苦的钻研，甚至多次的挫折。而创新思维能力也要经过长期的知识积累、智能训练、素质磨砺才能具备。创新思维过程还离不开推理、想象、联想、直觉等思维活动。

（1）创新思维的特征。

1）独创性或新颖性。创新思维贵在创新，它或者在思路的选择上，或者在思考的技巧上，或者在思维的结论上，具有"前无古人"的独到之处，具有一定范围内的首创性、开拓性。具有创新思维的人，对事物必须具有浓厚的创新兴趣，在实际活动中善于超出思维常规，对"完善"的事物、平稳有序发展的事物进行重新认识，以求新的发现，这种发现就是一种独创、一种新的见解、一个新的突破。

2）灵活性。创新思维并无现成的思维方法和程序可循，所以它的方式、方法、程序、途径等都没有固定的框架。进行创新思维活动的人在考虑问题时可以迅速地从一个思路转向另一个思路，从一种意境进入另一种意境，多方位地试探解决问题的办法，这样，创新性思维活动就表现出不同的结果或不同的方法、技巧。创新思维的灵活性还表现为在一定的原则界限内的自由选择、发挥等。

3）潜在性。创新思维活动从现实的活动和客体出发，但它的指向不是现存的客体，而是一个潜在的、尚未被认识和实践的对象。例如，在改革浪潮席卷全球的今天，无论是发达国家，还是发展中国家，都在寻求适合本国国情的改革之路，那么，这条路究竟怎么走，各国正在探索，即各国分别依据本国所面临的各种现实情况，进行创造性的思索，大胆试验，所以，这条路至今还不太清晰。

4）风险性。由于创新思维活动是一种探索未知的活动，因此要受到多种因素的限制和影响，如事物发展及其本质暴露的程度、实践的条件与水平、认识的水平与能力等，这就决定了创新思维并不能每次都能取得成功，甚至有可能毫无成效或者得出错误的结论。创新思维活动的风险性还表现在它对传统势力、偏见等的冲击上，传统势力、现有权威都会竭力维护自己的存在，对创新思维活动的成果抱有抵抗甚至仇视的心理。

（2）影响创新思维的障碍。培养学生的创新思维，必须破除思维定式。在长期的思维实践中，每个人都形成了自己所惯用的、格式化的思考模型，当面临外界事物或现实问题的时候，能够不假思索地把它们纳入特定的思维框架，并沿着特定的思维路径对它们进行思考和处理，这就是思维定式。

1）权威定式。有人群的地方总有权威，权威是任何社会都实际存在的现象，对权威的尊崇常常演变为神化和迷信。在思维领域，人们习惯于引证权威的观点，不加思考地以权威的是非为是非，这就是权威定式。思维中权威定式的形成主要通过两条途径，第一条途径是在从儿童长到成年过程中所接受的"教育权威"；第二条途径是"专业权威"，即由深厚的专门知识所形成的权威。权威定式有利于惯常思维，却有害于创新思维。在需要推陈出新的时候，它使人们很难突破旧权威的束缚。历史上的创新常常是从打倒权威开始的。

2）从众定式。从众定式的根源在于，人是一种群居性的动物，为了维持群体生活，每个人都必须在行动上奉行"个人服从群体，少数服从多数"的准则。然而这个准则不久便会成为普遍的思维原则而成为从众定式。从众定式使得个人有归宿感和安全感，以众人之是非为是非，人云亦云，即使错了也无须独自承担责任。人们大部分的行为选择其实是从众的结果，而很少经过自己独立的深思熟虑。在传统社会中，统治阶级不断强化人们的从众定式，因而排斥那些惊世骇俗的言行和特立独行的人物。

3）知识经验定式。知识经验与创新思维的关系是个较为复杂的问题。知识经验具有不断增长、不断更新的特点，进而有可能使我们开阔眼界，增强创新能力。知识经验又是相对稳定的，而且知识是以严密的逻辑形式表现出来的，因而有可能导致对它们的崇拜，形成固定的思维模式，由此削弱想象力，造成创新能力下降，这就是知识经验定式。为弱化知识经验定式，或从根本上阻止其形成，人们应该经常进行创新思维训练，以便灵活地运用已有的知识和经验，让它们与自己的智慧同步增长。

2.2.2 扩展创新思维视角

"视角"就是思考问题的角度、层面、路线或立场。应该尽量多地增加头脑中的思维视角，学会从多角度、多侧面、多方向观察思考同一个问题[①]。

（1）"肯定－否定－存疑"视角。肯定视角是指，当头脑思考一种具体的事物或者观念的时候，首先设定它是正确的、好的、有价值的，然后沿着这种视角，寻找这种事物或观念的优点和正面价值。肯定视角并不新奇，我们的头脑天天都在使用，但是，我们往往只对那些公认的"好的""对的""有价值的"事物采用肯定视角。应该对所有的事物都先来一番肯定视角，因为"不好的""错的""没有价值的"事物，只要我们用心，都能找出正面积极的意义。否定视角正相反，"否定"也可以理解为"反向"，就是从反面和对立面来思考一个事物，并用这种视角寻找这个事物或者观念的错误、危害、失败、缺点之类的负面价值。把事情反过来考虑，会促使我们产生意想不到的创意，有否定才有进步。存疑视角是指，对于某些事物、观念或者问题，我们一时也许难以判定，那就不应该勉强地"肯定"或者"否定"，不妨放下问题，让头脑冷却一下，过一段时间再进行判定。科学家们大都在遇到困难时，暂时把工作停下来，让头脑获得休息，再用触发因素，将创造性火花点燃。

（2）"自我－他人－群体"视角。自我视角是指，我们观察和思考外界的事物，总是习惯以自我为中心，用我的目的、我的需要、我的态度、我的价值观念、我的情感偏好、我的审美情趣等，作为标准尺度去衡量外来的事物和观念。他人视角要求我们在思维过程中尽力摆脱"自我"的狭小天地，走出"围城"，从别人的角度，站在"城外"，对同一事物和观念进行一番思考，发现创意的苗头。从他人视角思考问题，往往十分困难，因为他人视角是打破自我视角的结果。群体视角是指，任何群体总是由个人组成的，但是，对于同一个事物，从个人的视角和从群体的视角，往往会得出不同的结论。摆脱自我视角，站在群体甚至整个人类的视角来思考，会使我们的视野更加开阔，对当前的事物产生更加深入的

[①] 梁良良. 创新思维训练[M]. 北京：中央编译出版社，2003：138-178.

理解。

(3)"无序—有序—可行"视角。无序视角的意思是说,我们在创新思维的时候,特别是在思维的初期阶段,应该尽可能地打破头脑中的所有条条框框,包括那些"法则""规律""定理""守则""常识"之类的东西,进行一番"混沌型"的无序思考,以便充分激发想象力,达到更好的创意效果。因为在许多情况下,混乱更容易刺激人们的联想能力,从而产生更强的创造力,这一点已被科学实验所证实。有序视角的含义是,我们的头脑在思考某种事物或者观念的时候,按照严格的逻辑来进行,透过现象,看到本质,排除偶然性,认识必然性,从而保证头脑中的新创意能够在实践中获得成功。采用无序视角之后,条条框框被打破,还必须进行一番有序化的工作。可行视角是指,创新的生命在于实施,我们必须实事求是地对方案进行可行性论证,从而保证能够在实践中获得成功。因为,某种创新方案可能逻辑上很完美,但由于现实社会千变万化,十分复杂,方案在实施中并不一定能成功,应该反复论证,小范围试验,大面积推广。

(4)"求同—求异—求合"视角。求同视角是指,任何两种事物或者观念之间都有或多或少的相同点。我们在思维中抓住了这些相同点,便能够把千差万别的事物联系起来,从而产生新创意。求异思维是指,任何事物都不可能完全相同,都有或多或少的差异点。在多数场合,单用求同视角,或者单用求异视角,都会产生一定的片面性,只有把两者结合起来,才能获得满意的效果,这也可以称为求合视角。

2.2.3 创新思维的重要形式

创新思维就是有助于成功创新的思维,是一种想别人没有想到的思维。创新思维的重要诀窍在于多角度、多侧面、多方向地看待和处理事物、问题和过程。下面介绍几种重要的创新思维形式。

(1)逆向思维。逆向思维(converse thinking)也叫求异思维,是对司空见惯的似乎已成定论的事物或观点反过来思考的一种思维方式。敢于"反其道而思之",让思维向对立面发展,从问题的反面深入地进行探索,树立新思想,创立新形象。当大家都朝着一个固定的思维方向思考问题时,而你却独自朝相反的方向思考,这样的思维方式就叫逆向思维。人们习惯于沿着事物发展的正方向去思考问题并寻求解决办法。其实,对于某些问题,尤其是一些特殊问题,从结论往回推,倒过来思考,从求解回到已知条件,反过去想或许会使问题简单化。

司马光砸缸的故事就运用了逆向思维。有人落水,常规的思维模式是"救人离水",而司马光面对紧急险情,运用了逆向思维,果断地用石头把缸砸破,"让水离人",救了小伙伴的性命。

磁感应定律产生于逆向思维。1820年丹麦哥本哈根大学物理教授奥斯特,通过多次实验证明了电流的磁效应。英国物理学家法拉第认为,既然电能产生磁场,那么磁场也能产生电。法拉第从1821年开始做磁产生电的实验,无数次实验都失败了,但他坚信从反向思考问题的方法是正确的,十年后,法拉第设计了一种新的实验,他把一块条形磁铁插入一只缠着导线的空心圆筒里,结果导线两端连接的电流计上的指针发生了微弱的转动,电流产生了。法拉第这十年的不懈努力没有白费,1831年他提出了著名的电磁感应定律,这是运用逆向思维方法的一次重大胜利。

(2) 发散思维。发散思维(divergent thinking)又称辐射思维、扩散思维,是指大脑在思维时呈现的一种扩散状态的思维模式。它表现为思维视野广阔,思维呈现出多维发散状。如一题多解、一事多写、一物多用等方式,可培养发散思维能力。

发散思维就是要从不同方向、不同角度去思考问题。人的发散思维能力是可以通过锻炼而提高的。首先,遇事要大胆地敞开思路,不要仅仅考虑实际不实际、可行不可行,这正如一个著名的科学家所说:"你考虑的可能性越多,也就越容易找到真正的诀窍。"其次,要努力提高发散思维的质量,单向发散只能说是低水平的发散。最后,坚持思维的独特性是提高发散思维质量的前提,重复自己脑子里传统的或定型的东西是不会发散出独特性的思维的。只有在思考时尽可能多地提出一些假设、假定等,才能从新的角度想到自己或他人从未想到过的东西。

例如,鱼的吃法有煎、蒸、油炸、烧鱼汤、醋熘、生鱼片、腌咸鱼、晒鱼干、鱼头烧汤鱼身煎等,这就是发散性思维。

(3) 收敛思维。收敛思维(convergent thinking)又称聚合思维、集中思维。收敛思维也是创新思维的一种形式,但它与发散思维不同,发散思维是为了解决某个问题,从这一问题出发,想的办法、途径越多越好,总是追求还有没有更多的办法;收敛思维也是为了解决某一问题,但是在众多的现象、线索、信息中,向着一个方向思考,根据已有的经验、知识或发散思维中针对问题的最好办法,去得出最好的结论和最好的解决办法。

例如,"过河"这个问题如何解决呢?一般先进行发散思考:架桥、筑坝、打隧道、摆渡、泅水、绕道上游、乘直升机、乘气球漂过去等。然后进行收敛思考,选择最合适的方案,比如说架桥。然后进行第二次发散思考:架什么样的桥?木桥、铁桥、水泥桥还是石桥？再进行第二次收敛思考，选择适合于当时当地的方案，比如说架水泥桥。此时，问题仍没有解决，还要进行第三次发散思考：这水泥桥架在什么地方最合适？在乡政府门口、集市附近，还是靠近中心小学？再进行第三次收敛。接着进行第四次发散：桥的跨度、高度、样式等应该如何？然后在多种设计图纸中选择最佳方案。但这只是纸上的东西，要把桥造好，还有各种材料、施工队伍、建桥期限、建桥费用等。所有这些无不采用发散—收敛—再发散—再收敛的多次循环，才能解决。

在创新活动中，我们既要充分重视思维的发散性，又要善于进行思维的收敛，做到发散度高，收敛性好，才能提高我们的创新思维水平。

（4）横向思维。横向思维（lateral thinking），顾名思义，是指人的思维有其横向、往宽处发展的特点。具有这种思维特点的人，思维面不会太窄，且善于举一反三。有一个形象的比喻，这种思维就像河流一样，遇到宽广处，很自然地就会蔓延开来，但欠缺的是深度。横向思维是指突破问题的结构范围，从其他领域的事物、事实中得到启示而产生新设想的思维方式。由于改变了解决问题的一般思路，试图从别的方面、方向入手，其思维广度大大增加，有可能从其他领域中得到解决问题的启示，因此，横向思维常常在创新活动中起到巨大的作用。

例如，挖一口水井，费了很大的力气，挖得很深，仍不见出水，怎么办？对于大部分人来说，放弃太可惜，于是继续挖，挖得更深后仍不见出水，但更加不愿意放弃，他们总是用这样的话鼓励自己："快了快了，马上就会出水，坚持就是胜利！"这就是纵向思维。而横向思维认为，首先要找准井的正确位置，一旦发现位置选错而不出水时，应该果断放弃，另寻新址。

眼睛只盯着一个问题领域，往往会阻碍自己发现更新鲜的领域，很多富有创造性的设想都源于广泛涉猎多个领域。我们还可以将多种多样的或不相关的要素捏合在一起，以期获得对问题的不同创见。我们还可以将两个或多个并列的事物综合起来思考，从而将两者的特点结合起来，造成一个新事物。

（5）纵向思维。纵向思维（vertical thinking）是指，在一种结构范围内，按照有顺序的、可预测的、程式化的方向进行的思维形式。这是一种符合事物发展方向和人类认识习惯的思维方式，遵循由低到高、由浅到深、由始到终等规律，因而清晰明了，合乎逻辑。纵向思维是利用逻辑推理直上直下地思考，而横向思维是当纵向思维思维受阻时大脑急转弯，横向去发现富有创新性的目标或答案。横向指的是"全面思考"，纵向指的是"深入分析"。

例如，我们每天都要用到电灯开关，如果我们不去思考，它只不过就是一个简单的电源开关,起着开关灯的作用。但如果你对电灯开关进行进一步的纵向思考,就会有意想不到的收获:电灯开关→声控电灯开关→光控电灯开关→声、光双控电灯开关→声、光、手动三控电灯开关,按这样的思路纵向思考,或许就会发明一种新型的电灯开关。

(6)逻辑思维。逻辑思维(logical thinking),逻辑思维是人们在认识过程中借助概念、判断、推理反映现实的过程。它与形象思维不同,是用科学的抽象概念、范畴揭示事物的本质,表达认识现实的结果。逻辑思维要遵循逻辑规律,主要遵循形式逻辑的同一律、矛盾律、排中律,辩证逻辑的对立统一、质量互变、否定之否定等规律。违背这些规律,思维就会产生偷换概念、偷换论题、自相矛盾、形而上学等逻辑错误,认识就是混乱和错误的。逻辑思维是人脑的一种理性活动,思维主体把感性认识阶段获得的对于事物认识的信息材料抽象成概念,运用概念进行判断,并按一定逻辑关系进行推理,从而产生新的认识。

(7)非逻辑思维。非逻辑思维(non-logic thinking)是指,不受固定的逻辑规则约束直接根据事物所提供的信息进行综合判断的一种思维方式,主要包括灵感思维(inspirational thinking)和直觉思维(intuitive thinking)两种形式。它们在解决问题的过程中同逻辑思维交互作用,两者同时被称作科学进步的两翼。因此在创造性地解决问题时运用非逻辑思维方法、善于捕捉灵感是创造性地解决疑难问题的重要措施。直觉、灵感、顿悟、猜想、幻想等是非逻辑思维的主要表现形式。非逻辑思维执思维创新之"牛耳"。

在人类思维领域,人们一直认为逻辑思维起主导作用,然而人的思维是以逻辑思维为主导,兼有非逻辑思维的统一体。如今,大脑生理构造、生理机制和心理学的大量实验研究结果,还有对科学史科学创造个案的研究,表明在人类的思维领域中非逻辑思维存在并且发挥着不可替代的作用。只有人类才有灵感、意志、直觉、顿悟等非逻辑思维的因素,因此,我们的研究不能局限于研究人类逻辑性的东西,在科学创造的过程中,非逻辑思维是科学创造的源泉,比逻辑思维显示出更强的作用。通过对诺贝尔物理学奖获得者科学创造过程和获奖成果的考察,我们会发现诺贝尔物理学奖的每一项成果,无论是理论创新、技术发明还是科学发现,都表明了非逻辑思维的重要性。如阿基米德在浴缸洗澡时突然发现浮力定律,魏纳格在看地图时突然闪现出"大陆漂移"观念,都是非逻辑思维的典型例证。

逻辑思维倾向于解决细节方面的问题,作出严谨而可靠的推断;而非逻辑思维则更倾向于解决大方向方面的问题,富有跳跃性,往往可以把我们领入全新的领域或全新的角度。真正的创新思维是需要灵活运用逻辑思维和非逻辑思维的。

2.3 提升学生的创新能力

对创新人才的培养，归根结底就是对人才的创新能力的培养。创新能力是一种由各种能力组成的综合性能力，学校很难培养出各种能力都很强的创新全才，只能提升学生的创新能力，为学生走向社会打下基础，使学生毕业后能够在工作岗位上，首先具有一定的创新自己本职工作的能力，即产生新的思路、方法、措施，产生新的工作效益。个人在自身的工作实践之中，通过学习、实践、再学习、再实践，不断改进工作，逐步产生新的工作感悟，从而形成创新能力。

2.3.1 创新能力概述

（1）什么是能力。能力（ability）是一个多义词。经查证，对"能力"概念的解释有三种：①能力是指一个人胜任某项工作所能够发挥的力量；②能力是使活动任务顺利完成的个性心理特征；③能力是个体顺利有效地完成某种活动所必需的主观条件。

由上述可知，将"能"理解为"能够"，是绝对没有错的。能力总是与完成某项活动（胜任某项工作）联系在一起，能够完成某种活动（胜任某项工作），则有能力；不能够完成某种活动（胜任某项工作），则没有能力。"力"字面上的意思是"力量"，但可把它理解为本领、本事、心理特征、主观条件等。

例如，要胜任外交工作，就要具有灵活而敏捷的思维、较好的语言表达、较强的记忆等能力；要胜任管理工作，就要具备一定的组织、交流、宣传说服等能力；要胜任教师工作，就要具备一定的语言表达能力。只有在能力上足以胜任工作，才能取得良好的工作绩效。否则，工作就不能顺利进行。

（2）影响能力形成的因素。能力的形成与发展受多种因素的影响，既包括先天素质，也包括后天因素（环境、教育、实践等）。实际上，能力就是这些因素交织在一起相互作用的结果。

1）先天素质的影响。先天素质是人们与生俱来的生理特点，包括感觉器官、运动器官以及神经系统和脑的特点。它是能力形成和发展的自然前提和物质基础。没有这个基础，任何能力都无从产生，也不可能发展。如，听觉或视觉生来就失灵者，无法形成与发展音乐才能，也不能成为画家；又如，个子矮的人不利于排球场上拦网。当然，先天素质并不等于能力本身，良好的先天素质由于没有受到良好的培养和训练，能力也不可能得到应有的发展。

2）环境、教育的影响。一是产前环境及营养状况的影响，胎儿生活在母体的环境中，这种环境对胎儿的生长发育及出生后智力的发展，都有重要的影响。二是早期环境的作用，在儿童成长的整个过程中，智力的发展速度是不均衡的，往往是先快后慢。美国著名的心理学家布卢姆在对近千人进行追踪研究后，提出这样的假说，即五岁前是儿童智力发展最为迅速的时期。三是教育条件的影响，一个人能朝什么方向发展，发展的水平与速度，主要取决于后天的教育条件。

3）实践活动的影响。实践活动是人与客观现实相互作用的过程，是人所特有的积极主动的运动形式。前面提到的素质和环境、教育是能力形成的重要因素，但这些因素只有在实践活动中才能影响能力的形成与发展，因此可以说，实践活动是能力形成与发展的必要条件。我国汉代哲学家王充就曾提出过"施用累能"和"科用累能"的思想，前者是说能力是在使用中积累的，后者指从事不同职业活动可以积累不同的能力。人的自学能力是在学习活动中形成与发展的，人的创新能力也是在创新实践中形成的。人的各种能力，脱离了具体的实践活动是无从提高和发展的。

4）个体的主观能动性。在具备了基本素质和良好的外部条件后，要成才还需要个人的主观努力。环境、教育是能力形成与发展的外部条件，外因必须通过内因起作用。一个人要想发展能力，除了必须积极地投入实践外，还要充分发挥自身的主观能动性——积极的个性心理特征，即理想、兴趣、勤奋和不怕困难的意志力。

（3）创新能力及特点。

1）什么是创新能力。目前国内学者对创新能力的理解各不相同，作者认为，创新能力是运用知识和理论，在经济、社会、科学、艺术、技术和各种实践活动领域中不断提供具有经济价值、社会价值、认知价值、文化价值、生态价值的新思想、新理论、新方法和新发明的能力。对创新能力概念的解释可以有以下三种：创新能力是指一个人胜任某项创新工作所能够发挥的力量；创新能力是使创新活动任务顺利完成的个性心理特征；创新能力是个体顺利有效地完成某种创新活动所必需的主观条件。

2）创新能力的综合性。人的能力是多种多样的，创新能力的主要特点是综合性，以下能力都将影响到某一项创新活动能否顺利进行直至成功：组织能力、沟通能力、领导能力、管理能力、学习能力、思维能力、决策能力、生产能力、认知能力、实践能力、计算机应用能力等。如果一个人具备以上所有能力，则这个人的创新能力一定很强；但实际上是做不到的，否则就是一个全才。因此，学校培养学生的创新能力，不是什么能力都培养。培养学生的创新能力，主要是培养学生的创新思维能力、创新性学习能力、创新团队能力、创新实践能力，其中创新思维能力是创新能力的核心。由于创新思维前面已专门讨论，本节主要探讨创新性学习能力、创新团队能力和创新实践能力。

2.3.2 创新性学习能力提升

创新是不断追求反映客观规律的真理，而学习的核心在于追求反映真理的客观规律，创新性学习正是追求这二者之间的统一。从本质上看，学习过程和创新过程在思维形式和科学方法上是高度一致和密切相关的，在科学研究和创新中需要的观察能力、分析能力、思维能力、判断能力、想象能力、实验能力等，不仅要在学习中培养，而且是提高学习质量的必要条件。因此，提升学生的创新性学习能力，是学校创新教育的主要任务之一，也是教师的神圣职责。

（1）创新与学习。创新与学习密不可分，创新过程本质是一个复杂的学习过程。学习型社会的建设是创新型国家的根本任务，学习型组织的建设是创新型企业的根本任务。学习不是简单地被动吸收知识的过程，而是一个主动的创造过程。创新的本质是"创"，既不坐等其成，也不坐享其成，而是充分发挥人的聪明才智和主观能动性，创造性地不断学习与实践。把学习不断伸向未知、未来，把实践不断向深度和广度拓展。创新性学习能力是创新人才最需要、最重要的能力，培养学生的创新性学习能力是学校创新教育的主要任务。

（2）创新性学习及内涵。知识经济时代的到来，要求我们必须适应时代的要求，实施创新教育。而实施创新教育的关键，就是要培养学生的创新性学习能力。创新性学习的最终目标是学会学习，可以这样说，学会学习就意味着学会创新。创新性学习是指在学习过程中以独立思考、自己探索为基本学习方法，对学习中遇到的问题勇于提出自己的见解，勇于寻求新的理论，不轻易放弃自己的看法，不人云亦云；创新性学习是一种自主学习、高效学习、探索性学习。

教师必读书《回答未来的挑战——罗马俱乐部的研究报告〈学无止境〉》将学习分为维持性（适应性）学习和创新性学习两种类型。表 2-1 对创新性学习与维持性学习进行了比较，读者可通过此表深刻理解创新性学习的内涵。

表 2-1 创新性学习与维持性学习的比较

比较项目	维持性学习	创新性学习
学习目的	继承前人知识，承袭前人成果。注重知识的接受、理解、记忆、运用，讲究"衣钵相传"，追求"得道真传"	在继承前人知识的基础上发展、开拓、创新，了解知识的过去、现在，展望未来，追求"青出于蓝而胜于蓝"
学习目标	以完善掌握前人知识为终点，注重知识的系统性、完整性，讲究"根底深厚""熟能生巧"	以掌握前人知识为起点，注重知识的相对真理性、发展性，讲究"温故知新""推陈出新"
学习标准	以掌握知识的深度、广度和应用能力的强弱为标准，考试成绩被视为学习成果唯一的衡量标准	注重获取新知的方法，注重实践能力，把学习能力、实践能力、创新能力视为衡量学习成果同等重要的标准
学习内容	以"天衣无缝"的教科书理论体系为主，很少看到知识发展的历史踪迹，无法获得开拓创新的灵感	在结论性知识基础上，追求知识产生发展的过程和获得新知的方法，既要知识的"金子"，也要"点石成金"的手指
学习态度	囿于前人知识窠臼，缺乏开拓创新的视界和眼光，满足于知识财富的获得，视前人知识为亘古不变的教条	以发展、批判的眼光审视一切知识，以追求真理的精神不断探究反映客观规律的真理，不盲目崇拜前人、权威
学习思维	偏爱形式逻辑思维、收敛思维，分析问题依赖刻板的逻辑规则，解决问题依赖单纯的逻辑推理	不满足于形式逻辑思维，同时十分注重辩证逻辑思维、发散思维、创新思维，重视前人创新知识的思维路径
学习方法	以认知方法为主，推崇师承学习，注重博闻强记，主张掌握知识过程是"一讲、二练、三考"	提倡用探索和研究的方法进行学习，认为探究式学习既有利于对前人知识的深刻掌握，更利于培养创新和创造能力
师生关系	强调以教师为中心，师道尊严被推崇到神圣不可侵犯的地位，学生处于被动接受的不平等地位	提倡"学为主体，教为主导"，师生之间是一种共同探究的合作平等关系。教师的任务在于引导、帮助学生学习
学习规格	侧重统一的规格要求，甚至走向千人一面的模式化极端	主张在必需的基本规格的基础上，侧重打造人才多样化、个性化的发展环境，积极推行学分制、双学位制

创新性学习绝不是要求学生在基础学习阶段就从事创新活动、获得创新成果（研究生和极少数优异学生除外），而是要把主要精力集中在"追求反映真理的客观规律"上，也就是说，要着力提高学习能力、实践能力和创新能力。关键是这种要求必须通过创新性学习才能真正达到。

从表 2-1 的比较中可以看出：维持性学习和创新性学习不是彼此对立、互不联系的两种学习理念；维持性学习是创新性学习的基础，创新性学习是维持性学习的发展和提升。不能否定维持性学习，它有着历史性作用和现实性作用，但又不能停留于维持性学习，不能漠视单纯维持性学习的弊病，特别不能忽视其对创新能力培养的抑制影响。必须努力在维持性学习基础上向创新性学习发展。创新性学习不是维持性学习的简单提升，而必须对维持性学习有所扬弃，即某些方面要发展、提高，某些方面要舍弃、改变，要看到二者之间在学习理念上的本质区别。

（3）如何提升学生的创新性学习能力。提升学生的创新性学习能力，关键在于教师的设计、组织与指导。首先，应开发出适合于学生创新性学习的课程；其次，应组织好以学生创新性学习为主的课堂教学，并对学生进行指导。

1）开发适合于学生创新性学习的课程。适合学生创新性学习的课程应有五个特征。

A. 课程的开放性。开放性课程要求教学要走出课本、走出课堂、走出学校，要求贴近生活、贴近自然、贴近生产、贴近高科技、贴近企业行业。

B. 便于学生自主学习。教师的主要工作是给学生布置学习任务（项目），所以课程应该是任务型（项目）课程。教师还要为学生提供便于自主学习的环境，并组织好、引导好学生的自主学习。

C. 便于学生合作学习。在知识经济时代，团队合作能力是创新型人才必备的能力之一，课程内容应有综合性、开放性的学习任务（项目），必须通过小组合作学习才能完成。

D. 便于学生探索性学习。在课程内容上，既有单一、简单、传统、经典、本学科的课程内容，也有综合、复杂、现代、前沿、跨学科、需要学生探究的课程内容。教师为学生创设探究情境，提出探究性问题，引导学生在课程教学活动中不断地探究，得出科学的结论，让学生养成勇于探究的精神。

E. 理论与实践一体化。充分利用现代教育技术，将理论与实践教学内容一体化设置；讲授与操作等教学形式一体化实施；教室、实验室一体化配置；知识、技能与素质一体化训练。

2）组织好以学生创新性学习为主的课堂教学。课堂教学方法有很多，但不管采用何种教学方法，都应遵循以下三个教学原则。

A. 学思结合原则。贯彻学思结合，教师要激发学生的好奇心，培养学生的兴趣爱好，营造独立思考、自由探索、勇于创新的课堂环境。在实际的教学中，教师要鼓励学生大胆质疑，善于逆向思考、发散思考、纵向思考。

B．理实一体原则。将理论教学与实践教学交替进行，使形象和抽象交错出现，学生才能学得好、学得快。

C．因材施教原则。教师要从学生的实际出发，使教学的深度、广度、进度适合学生的知识水平和接受能力，同时考虑学生的个性特点和个性差异，使每个人的才能品行获得最佳发展。

2.3.3 创新团队能力提升

（1）创新团队概述。个人搞点小发明、小创造并不难，难的是建立一个创新型的团队。爱迪生一生有1000多项发明，现在随着人的知识更新速度加快，一项创新、一项成果，很多时候已经不是一个人的力量可以完成的了，而是一个团队完成的。中国的海尔从1984年开始创业，20年后已成为中国企业的一面旗帜，成功原因是什么呢？是因为它有一种创新的企业文化和一个创新的团队。

一个优秀的团队，并不是说每一份子各方面能力都特别棒，而是能够很好地借物使力，取团队其他成员的长处来补自己的短处，也把自己的长处分享给大家，互相学习交流，共同进步。

要想激发团队的合作精神，前提条件是要先组织一个好的团队。好的团队绝不是随随便便地将成员组合到一起，而是为实现一个共同的目标，确定团队成员的特性，组织一个好的团队，乃是激发团队合作精神的关键和起点。好的团队就是要挖掘出团队成员潜能，激发每位成员的潜能。潜能是一种爆发力，是一种来自内部，也有来自外部的一切可以调用的资源。通过相互沟通，找到每个人的正确方向，树立真实的理想，来激发员工的激情和斗志。同时，必须打破人性的弱点。每一个人都有消极、安逸、犹豫、懒惰、容易满足的弱点，要做到坚决克制。

一个优秀的团队，所有成员之间必须相互信任，彼此之间要开诚布公，互相交心，做到心心相印，毫无保留。只有团队的每一个成员紧密合作，才能真正做到整个团体的紧密合作。真正的团队合作必须以别人"心甘情愿与你合作"作为基础，而你也应该表现出合作诚意。团队合作是一个永无止境的过程，因为合作的成败取决于各成员的态度，所以，维系成员之间的合作关系也是每个人责无旁贷的工作。

作为一个团队负责人，如何管理好创新团队？一是善于用人，成功的企业家无不讲究爱才、惜才、选才、用才之道。二是将团体目标和个人目标统一起来，让团队成员充分体验到团体目标中包含着个人的利益。三是高度信任，勇于把重担交给团队成员，从而使其鼓足工作的勇气和干劲，在实践中得到更多的锻炼和提高。四是诚心尊重,在自己分管的工作方面,在实施决策之前,要主动、认真地听取团队成员的意见,并对团队成员的工作不轻易干预。五是主动关心团队成员的学习、思想及家庭生活。六是多看团队成员的长处,用其所长,使其感到有用武之地,在本职岗位上能施展自己的才华。七是热情帮助,对成员的缺点要善意地批评,对成员的批评帮助要注意场合,对成员工作上的失误要主动弥补,对成员的过错要主动承担责任。

(2)如何培养学生的团队能力。21世纪是个合作制胜的时代,单枪匹马的英雄已不复存在,想要赢得成功,就必须选择与自己志同道合的伙伴组成团队。团队水平如何将直接关系学生个人成才及整个民族的未来。学校应当重视学生创新团队能力培养的理论研究,不断增强学生团队能力培养的针对性。

1)倡导团队精神。团队精神是个人在实现自身理想的过程中,认识到自身与组织成员的统一性和不可缺性,自觉以组织利益和目标为重,并不断完善和发展自我,自愿主动与组织成员积极协作,使奉献精神和协作精神得到有机统一。团队精神的核心是协同合作,最高境界是全体成员的向心力、凝聚力,反映的是个体利益和整体利益的统一,并进而保证组织的高效率运转。其精神内涵就是"学会做人、学会做事"。

2)通过合作学习培养团队能力。合作学习是指学生为了完成共同的任务,有明确的责任分工的互助性学习。合作学习鼓励学生为团队利益和个人利益而一起工作,在完成共同任务的过程中实现自己的理想。2001年《国务院关于基础教育改革与发展的决定》(国发〔2001〕21号)中专门提及合作学习,指出:"鼓励合作学习,促进学生之间的相互交流、共同发展,促进师生教学相长。"由此可见国家决策部门对合作学习的重视。

3)加强集体主义教育。无可置疑,集体是强化学生团体意识的重要手段。一个具有良好风气的集体往往具有共同的目的、共同的荣誉感和为达到共同目标而组织的相同活动,具有正确的舆论和优良的作风,有严格的制度和纪律,有团结友爱、相互帮助、平等互利的人际关系和团队精神。而班级纪律涣散,班集体也就名存实亡,更无从谈培养学生的团队精神了。加强班级建设,增强班级凝聚力,使班级成员之间人际关系融洽,每个成员都能获得归属感、荣誉感,受到他人尊重,获取自信,最终凝聚成有力的团队。

4)让学生在社团活动中接受锻炼。学生社团活动是实施素质教育的重要途径和有效载体,在强化学生的团队意识、合作能力,促进学生成长成才等方面发挥着重要的作用。学生社团包含学术类、科普类、发明创造类、文艺类、志愿服务类等，这些社团的组建、成长需要的是一些有相同爱好、较强组织协调能力、乐于奉献精神、良好团队精神和较强的自律性的学生。

2.3.4 创新实践能力提升

1999 年《中共中央国务院关于深化教育改革全面推进素质教育的决定》（中发〔1999〕9 号）明确指出："实施素质教育……以培养学生的创新精神和实践能力为重点。"实践能力是个体在生活和工作中解决实际问题所显现的综合性能力，是个体生活、工作所必不可少的。它不是由书本传授而得到的，而是由生活经验和实践活动磨炼习得的。

（1）大学生专业实践能力培养。创新实践能力是一种综合性的实践能力。在大学里，学生是分专业进行学习的，每个专业的学生都必须掌握多种实践能力，概括起来，这些实践能力包括一般实践能力、专业实践能力和综合实践能力。在校园内，主要是培养学生的专业实践能力，关键是将实践能力培养落实到课程中，落实到课堂上，具体建议如下：

1）创设多样化的专业实践环境。实践环境是指大学生进行实践活动所需要的一系列外部条件的组合。根据国内外大学培养学生实践能力的经验，结合我国大学的实情，可以创设四种环境：真实环境、模拟环境、课堂教学环境、课外活动环境。真实环境通常采用校企合作模式和学校引进（创办）企业模式；模拟环境通常的做法是在校内建立实验、实训中心，如中国香港理工大学创办了工业中心，旨在为学生的工业训练提供一个接近真实情况的工业环境（也称为模拟工厂）；课堂教学环境通常指在实践教学环节中，不但落实验实训场地、设备，还创设一定的企业、职业氛围；课外活动环境要求设置全天候开放的实验实训室，或设置全天候开放的创新实训室，以确保学生课外实践活动的开展。

2）采用理论实践一体化的教学模式。要积极创造条件，使课堂教学理论与实践有机结合起来，形成融知识传授、实践能力培养于一体的教学模式。

3）创建多元的实践共同体①。国内外的实践证明，仅仅依靠课堂教学是难以培养学生的实践能力的，创建多元的以小组合作为基本形式的实践共同体，是提高大学生实践能力和创新能力的有效途径。在美国，加州大学非常重视学生的实际能力训练，开设了一系列的实践教育项目，如本科生科研计划、合作教育计划、证书计划等，将实践教育思想渗透到了学生的全部培养过程中，建立了完整的实

---

① 何万国，漆新贵. 大学生实践能力的形成及其培养机制[J]. 高等教育研究，2010(10)：62-66.

践能力培养体系,包括本科生科研计划、独立活动期活动、本科生讨论课、丰富的课外实践活动、跨学科研究与学习计划、实习与实验等。与企业联合开展实践教学,建立顶岗实习实践共同体;实施学生科研计划、创新实验计划、学科竞赛与创新计划等,构建师生共同参与科研的实践共同体;以学生社团为主体,开展丰富的课外实践活动,形成学生自治活动实践共同体。

4)吸收大学生参加科研。吸收大学生参加科研是培养创新实践能力的好方法。哈佛大学十分注重学生的科研能力,本科生既可以跟随老师,加入教师的研究小组,担任教师的助理,又可以自己提出项目方案或独自承担校方提供给学生的科研项目。加州理工学院仅有2100多名学生,但平均每一千个毕业学生中就有一个诺贝尔奖得主,比例为世界大学之冠,这主要得益于加州理工学院特别重视学生的科研能力,提倡包括本科层次在内的所有层次的学生从事创新的研究。我国高校本科生参加科研活动的形势并不乐观,主要是高校扩招后,有的学校师生比高达1∶20,使本科生参加科研的机会很少。我国高校应继续坚持科研工作与人才培养相结合的原则,加强对本科生科研创新能力的培育,增设对本科生科研创新能力的培育工作有指导意义的课程,在基础课、专业课和实验课中引入科研思维和科研启发,重视本科生课外科技创新和大学生素质拓展计划的完成和落实,确保本科生科研数量和质量的大幅度提升,使本科生科研的总体效果有一个明显的提高。

(2)大学生社会实践能力培养。

1)社会实践有利于大学生创新思维的培养。在社会实践活动中,大学生面对许多既尖锐又艰巨、既复杂又实际的问题,在解决问题的一系列过程中,从问题的提出到制订出正确解决问题的方案,再到采取正确的措施解决问题,都需要敏锐的观察力、创造性的想象力、独特的知识结构以及活跃的思维,而这一过程正是对大学生创新思维开发和培养的过程。

2)社会实践有利于激发大学生创新的积极性。大学生的活动范围主要是家庭和学校,其创新能力、实践能力相对较低。社会实践给了大学生充分展示自我的空间,给了大学生充分发挥其主观能动性和创造性的平台,有利于激发他们的创新意识和创新能力。同时,社会实践可以弥补课堂的不足,将理论教学与实践教学融为一体,将传授知识与培养能力融为一体,为大学生完善自身的知识结构和创新素质教育构建了一个实践平台,成为大学生创新能力培养的重要途径。

3)社会实践有利于增强大学生理论知识的转化和拓展。大学生通过多年的系统教育,已经具备了一定的认知水平和理论知识。然而,他们在课堂上所获得的知识基本是间接的理论知识，这些理论知识不等同于实际技能，难以直接运用于现实生活之中。而实际生活中的许多问题需要综合运用多方面的知识和技能才能解决。因此，社会实践为学生综合运用知识能力的培养提供了机会，使大学生接近社会和自然并从中获得大量的感性认识和有价值的新知识，使他们能够把自己所学的理论知识与实际问题进行对照、比较，逐渐把理论知识转化为认识和解决实际问题的能力，并在实践中拓展新的理论和知识。

4）社会实践有利于提高大学生解决问题的能力。在社会实践中，大学生广泛接触、了解社会，在实践中不断动手、动脑、动嘴，在培养和锻炼自身实际工作能力的同时可以有效发现自身存在的不足并及时改进和提高，以适应社会的需要。同时，社会实践没有固定的模式，也没有固定的场所和对象，面对的是一个比较开放的环境以及不断变化的对象。在这种环境下，大学生成为一个主动的参与者，他们要自行组织活动，独立面对各种问题，并学会灵活运用所学知识来解决这些问题。这都非常有利于大学生实践能力的提高。

思考题：如何培养自己的创新能力与创新素质？

小　结

创新意识是在一定价值观的指导下所表现出来的创新愿望、企图与动机。它是人类意识活动中的一种积极的、富有成果性的表现形式，是人们进行创新活动的出发点和内在动力。创新意识依次可分为问题意识、创新兴趣和超越意识。创新能力主要包括创新学习能力和创新团队管理能力。创新思维主要包括逆向思维、横向思维、纵向思维、发散思维和收敛思维等形式。

第 3 章　培养创新人才的课堂教学方法

【课程目标】

使学生了解创新人才培养的基本方法,并能在平时的专业学习中配合老师开展讨论式、探究式和情景式等教学改革实践,能将头脑风暴等创新思维方法应用到自身创新创业的实践之中。

【知识点】

1. 启发式教学
2. 探究式教学
3. 讨论式教学
4. 参与式教学
5. 情境教学法
6. 头脑风暴教学

【技能点】

1. 掌握头脑风暴训练方法。
2. 熟悉讨论式、探究式和情景式等教学方法要点,并积极参与到创新教育人才培养改革的实践中来。

3.1　启发式教学

3.1.1　什么是启发式教学

启发式教学(elicitation teaching)是指教师在教学过程中根据教学任务和学习的客观规律,从学生的实际出发,采用多种方式,以启发学生的思维为核心,调动学生学习的主动性和积极性,促使学生生动活泼地学习。启发式教学不仅是教学方法,更是一种教学思想、教学原则。启发式教学原则是任何教学都应贯彻的。在创新教育导向的课堂教学中,对学生创新思维的培养主要通过启发式教学来实现,如逆向思维、发散思维、收敛思维等。

3.1.2 如何运用启发式教学

启发式教学如果"启不得法"便会"启而不发",只有在教学实践中准确把握并巧妙运用方可激发兴趣,启迪思维。在课堂教学中实施启发式教学,已成为广大教师的共识,但具体做法是多种多样的。

(1)悬念启发。悬念指的是在欣赏戏剧、电影、文学作品时对故事发展和人物命运的关切心理。在古典章回小说里,往往在情节向前推进时,中途打一个结,让它暂时挂起,让读者产生期待的心境,以"且听下回分解"来吸引读者,这是启发式教学的一个重要手段。在语文教学中适当运用悬念启发,可有效激发学生的好奇心理,促使学生积极探究问题。

(2)情感启发。情感是运用语言文字来表达,作者缘情而发,把自己强烈的情感演变为文字。教师在教学过程中的情感运用适当,能够加强学生的认知情感,增强学生学习的兴趣和积极性。同样,学生在学习过程中表现出来的认知情感又是激励教师教学的"兴奋剂"。这样师生情感交融、共鸣,推动教学过程中产生一层又一层的情感"浪潮",形成融洽的学习氛围,增强学生学习的兴趣、积极性和实效性。

(3)媒体启发。媒体启发主要是指运用现代化教学手段、多媒体设备进行启发,如计算机、投影仪、录音设备等现代化教学工具,化抽象为具体,化静为动,化远为近,化复杂为简单,图文并茂,形声结合。例如,在教高尔基散文诗《海燕》时配乐朗诵比一般范读效果更佳。

(4)对比启发。教师在传授新知识时,有时可将两个或两个以上截然不同的问题进行对比,以启发学生找出问题间的共性、差异及其本质联系,这就是对比启发教学方式。在思想政治课教学、理工科教学中可运用此手法,引导学生对人物、事物乃至时空、场景等进行对比,从而领会教学内容,强化自身的道德认识。例如,在《人生观》一课的教学中,通过对南宋民族英雄文天祥和大汉奸汪精卫两个历史人物进行对比,使学生了解"树立正确人生观"的意义。

(5)设疑启发。在教学中要尽力打破学生头脑中的"平静",激发学生思维活动的"波澜",也就是激发学生的疑问,引发他们在生疑—质疑—释疑的循环中探求新知,发展智能。设疑的作用不可低估,它使学生在寻疑中产生求知欲望，形成探索和发现知识的动力，使学生学习具有积极探索性和创造性。

3.1.3 启发式教学应注意的问题

（1）启发的问题要具有针对性。没有问题，就不存在学员的思考和探究。启发的问题要具有针对性和灵活性，就是说教师在设计启发问题时，必须充分考虑学员的学习内容、学习环境、学习材料，以及学员已经具备的知识储备和社会实践经验等因素，由教师或在教师引导下由学员自己提出一个符合学员解题能力的问题，最好是处在学员知识"边缘发展区"的问题，即运用已有的知识能够解决大部分但不能全部解决的问题。

（2）启发的过程要具有发散性。在启发式课堂教学中，要鼓励学员生用多种思维方式思考问题、解答问题，并注重对学员进行三个结合、四个突出和五种方法的思维训练，即进行形象思维和抽象思维、集中思维和发散思维、正向思维和逆向思维相结合的思维训练，突出对比思考、分类思考、想象思考、转化思考的思维训练，掌握分析与归纳、演绎与综合、猜想与论证、探索与发现、观察与对比的探知方法，使学生的思考由此及彼、由表及里、由近及远，让学生展开多角度、全方位的思维活动，从而培养学生思维的广阔性和灵活性。

（3）启发的途径要具有多元性。多元性在教学中就是指关注学员的个性、特点，尊重学员的经验在启发教学中的应用。在启发的问题提出后，首先要让学员独立思考，自主探索，充分挖掘每个人的聪明才智，充分发挥学员个人的想象力。其次是合作探讨，可以前后桌四人为一个小组，将问题内容细化，每人承担其中一部分，以提高解决问题的效果，培养学员的合作能力。

（4）问答式并非一定是启发式。目前有许多教师将启发式教学仅仅理解为课堂教学的双边活动，并将之具化为课堂教学的问与答，把是否进行了有问有答的双边活动看作启发式教学和注入式教学的分水岭，这是对启发式教学的极大曲解。启发式教学可以是问答式，但问答式并非一定是启发式。例如，有些没有思考价值的低层次问题，多数靠死记硬背的知识就能回答，与启发式教学根本沾不上边。只有那些能够激发学生学习兴趣，促使其积极思考、深入研究的问，与学生思考后跃跃欲试、摩拳擦掌、争先恐后的答，才能使学生的思维得到了充分的训练，才属于名实相符的启发式教学。

（5）非问答式也并非一定不是启发式。有的教学，几乎是教师一言堂，没有多少热闹的问答，但学生全神贯注于教师的讲解，时而领首会意，时而奋笔疾书，时而凝眉思索，时而面露笑意。显然，学生的思维被充分地调动起来了，内在语言异常活跃,学习的积极性得以充分展现,这时,虽没有表面上的双边活动,但却达到了启发式教学的最佳境界。

3.2 探究式教学

3.2.1 什么是探究式教学

探究式教学(inquiry teaching)又称发现法、研究法,是指学生在学习概念和原理时,教师只是给他们一些事例和问题,让学生自己通过阅读、观察、实验、思考、讨论、听讲等途径去独立探究,自行发现并掌握相应原理和结论的一种方法。它的指导思想是在教师的指导下,以学生为主体,让学生自觉地、主动地探索,掌握认识和解决问题的方法和步骤,研究客观事物的属性,发现事物发展的起因和事物内部的联系,从中找出规律,形成自己的概念。探究式教学相对于传统的讲授式教学而言,是教学方式、学习方式的重大变革。两者比较见表3-1。

表3-1 探究式教学与讲授式教学的比较

与教学相关的要素	教学方式	
	讲授式教学	探究式教学
教师角色	专家、学者	启发者、诱导者
学习资源	教科书	多样化、多媒体、网络
学习重点	关注知识	关注问题
信息来源	现成提供	发现、探索
评价取向	强调结果	强调过程
评价方式	量化评估	量化、定性评估

爱因斯坦指出:"科学发现的过程,就是对那些不可思议的想法追根究底。"探究式教学重视开发学生的智力,发展学生的创造性思维,培养自学能力,引导学生学会学习和掌握科学方法,为终身学习和工作奠定基础。探究式教学比较适合小班教学,在许多大班实施时难度较大。探究式教学耗时比较长,在课时比较少的课程中实施时只能选择性应用。

3.2.2 探究式教学的主要环节

探究式教学方法通常包括五个教学环节。

（1）创设问题情境，激发自主探究欲望。托尔斯泰说过："成功的教学所需要的不是强制，而是激发学生的欲望。"如果教师不想方设法使学生情绪高昂和智力振奋，就急于传播知识，那么这种知识只能使人产生冷漠的态度，而没有欢欣鼓舞的心情，学习就会成为学生的负担。为此，在教学中教师要努力营造良好的探究氛围，让学生置身于一种探究问题的情境中，以激发学生的学习欲望，使学生乐于学习。在探究式教学中，创设的问题情境要适度，探究的内容既不能过于复杂，不需要太长时间进行探究；也不能太过简单，学生很容易得出结果，失去探究的兴趣。创设的问题情境必须能充分激发学生的内在动机，激起学生的探究乐趣。如果创设的问题情境可操作性强，学生通过有步骤的探究活动是可以得到答案的。

（2）自主（或小组）探究，训练自主学习能力。探究式教学方法因为采用"自主、探究、合作"的学习方式，所以在教学过程中特别强调学生的自主学习和自主探究，以及在此基础上实施的小组合作学习活动。教师要变"先讲后练"为"先尝试再点拨"，把学习的主动权交给学生，这样有利于学生主动再创造，有利于学生猜测与验证。因此，本环节是探究式教学中的关键教学环节。在实施过程中要处理好教师、学生、信息技术三者之间的关系。教师起到引导、支持的作用，学生要充分发挥学习的主动性与积极性，信息技术要成为学生探究的认知工具，人文学科可通过让学生上网查找资料来促进学生自主探究，理工学科除上网查找资料外，还可以利用软件、仿真、实验室等来促进学生自主探究。

（3）启发思考，诱导探究的方向。在探究教学中，教师是引导者，基本任务是启发诱导；学生是探究者，主要任务是通过探究发现新事物。因此，必须正处理教师的"引"和学生的"探"的关系，做到既不放任自流，让学生漫无边际地去探究，也不能过多牵引。当学生在思维的转折处，或在知识的重点、难点处，经过自身的努力，还感到无法解决时，教师要给予适当的启发，拨开学习上的迷雾，使学生看到光明，看到希望。启发的关键是要符合学生的需要，使学生能顺利进行探究。

（4）协作交流。学生在经过了认真的自主探究、积极思考后，才可能进入高质量的协作交流阶段。在课堂上，让学生交流自学成果，使大家的思维相互碰撞，努力撞击出创造性思维的火花。交流形式灵活多样，可以让学生自由发言，也可以让学生先在四人小组交流,然后派代表在全班汇报。让学生对"交流成果"环节中所提出的问题以及普遍存在的模糊认识进行讨论,在合作学习中大胆质疑、解疑。讨论的形式灵活多样,可以同桌互帮、四人小组研讨、全班辩论等。

(5)总结提高。协作交流结束后,教师要引导学生对探索的问题进行总结,对学习成果进行分析归纳,并联系实际,对当前知识点进行深化、迁移与提高。

3.3 讨论式教学

3.3.1 什么是讨论式教学

讨论式教学(discussion teaching)是指经过教师精心的设计和组织以及学生的课前预习思考,在教师的指导下,在学生独立思考的基础上,让全班学生或小组成员围绕某一中心问题,各抒己见,发表自己的看法,并通过师生间、学生间的多边交流、互相探讨,以获取真知和全面提高学生自主学习能力的教学方式。

讨论式教学在国内外都相当盛行,在教学体系中占有重要的地位。利用该法组织教学,教师作为"导演"对学生的思维加以引导和启发,学生则是在教师指导下进行有意识的思维探索活动。学生的学习始终处于"问题—思考—探索—解答"的积极状态。学生看问题的方法不同,会从各个角度、各个侧面来揭示基本概念的内涵和基本规律的实质,如果就这些不同观点和看法展开讨论,就会形成强烈的外部刺激,引起学生的高度兴趣和注意,从而产生自主性、探索性和协同性的学习。讨论式教学方法体现了"教师为主导,学生为主体"这一教学思想,启发学生主动地、创造性地探究和获取知识,有利于提高学生的自主学习能力和创新素质。

由于讨论的基础是学生必须有一定的知识积累及生活经验,而且要求学生有一定的批判思维及逻辑推理能力,对于幼儿和小学生来说就不适合讨论式教学。讨论式教学也受学科内容限制,社会科学中开放性、多维性的问题或情境较多,适宜讨论式教学。讨论式教学可能会占用大量的课堂时间,教师在实施过程中不易把握。

3.3.2 讨论式教学的操作

(1)问题源于学生。在个人预习、初步质疑的基础上,先在四人小组内交流问题，组内解决一些简单问题后，把不易解决的难题提向全班，教师则在众多问题中整理、归纳出若干有普遍性的问题推向全班。讨论的问题源于学生，这其实就是成就动机的第一个组成部分——认知内驱力的表现。认知内驱力与学习之间的关系是互惠的，认知内驱力对学习起推动作用，学习又转而增强认知内驱力。讨论的问题源于学生，这样的教学内容更符合学生的认知水平；讨论的问题源于学生，极大地调动了学生学习的积极性，发展了学生思维的品质；讨论的问题提在课前，并在课上展开讨论，更合理高效地利用课堂教学时间。

（2）探索式讨论。确定了议题后，教师组织学生展开探索研讨，教师则巡视全班，参与学生讨论。在学生对问题初有结论时，教师组织全班交流，逐步深入讨论。对于"提出问题"，学生处于期待情景，教师就要把握好学生的这种学习兴趣，把它转化为学习的动力。一般来说，探索的问题应具有共性，又有一定的难度。探索式讨论是集体学习的一种形式，需要集体的凝聚力；在探索式讨论中，个体在同伴的帮助下，产生有感染力的行为和竞争性的努力；在探索式讨论中，讨论可以集思广益，更有助于问题的解决。

（3）辩论式研讨。教师在学生展开辩论时，鼓励学生发表不同意见，甚至是尖锐、激烈的意见，组织学生辩论，在辩论中开阔视野，发展思维，这时创新的亮点也许就闪现在其中。教师在组织学生辩论时，不仅要注重学生知识的形成，更要关注辩论的过程，因为学生的思维正是在辩论中得以发展，在实践中获得真知的。辩论式讨论的问题，一般来说属于开放性题目，很难形成标准答案。辩论式研讨，是认识兴趣发展到中级甚至高级的表现。学生借助辩论，不仅锻炼了口头表达能力，而且在尝试思辨。辩论式研讨可遇不可求，参与辩论的同学往往是班级中较为优秀的学生，他们的表现给其他同学树立了榜样。

3.3.3 讨论式教学应注意的问题

教师在运用讨论式教学时，不仅要发挥教师的指导作用，而且要兼顾学生个体差异，寻找适合的议题，合理安排时间，并及时做好总结。只有这样，讨论式教学才能培养学生独立思考、分析问题和解决问题的能力，才能真正发挥讨论的作用。

（1）避免无备讨论。在讨论某一个问题时，学生学习的速度是不同的，所以讨论离不开准备。没有准备的讨论学生往往不得要领，抓不住关键点，影响讨论的效果。例如在讨论"长江三角洲地区产业转移给中西部地区带来的影响"时，由于学生对中国中西部地区的自然、历史、经济基础、社会发展等方面不太了解，如果贸然展开讨论，讨论势必没有深度。因此，先布置讨论提纲，引导学生带着问题去收集资料，写好课堂讨论、发言的要点，这样讨论才会有深度。这样的讨论使全班的学生都既动了脑、动了手，又动了嘴，理解也就会更加深刻，主动参与讨论的欲望也就更加强烈，发言也就更加积极，才能达到讨论的真正目的。

（2）避免离题讨论。背离主题或在一些枝节问题上纠缠不清，是课堂讨论中经常遇到的现象。因此，在讨论过程中，要帮助学生从不同角度去思考问题，教会学生用创新思维方法去想问题，使讨论始终围绕问题的中心展开。例如，讨论古代巴比伦文明为什么衰落时，大多数学生会从气候、地形等自然地理环境方向找原因。这时，教师应引导学生主要从人文地理环境角度去分析，让他们紧扣"过度砍伐导致水土流失严重，造成河床抬升明显，最终河流泛滥、失去家园"这一主线，从而顺其自然地得出"不尊重自然规律，就会自毁家园"的结论。

（3）把握讨论的难度。教材内容有难易之分，学生的能力有高低之分，课堂讨论的问题也就要有一定的难度，既要促使学生积极思考，培养自学能力，又要适合学生，让学生有"跳一跳，能摘到"的感觉。一个好的议题一般有以下三大特点：①问题是否集中典型地反映了某一现象，具有针对性和较丰富的内涵；②问题是否能紧扣教材内容，有利于突破重难点；③问题是否是学生普遍关注、迫切希望了解的。

（4）把握讨论的时间。充足的讨论时间是保证讨论深入的重要因素。因为保证讨论深入的时间有两方面的作用：一是就问题而言，找出圆满的答案；二是让所有学生都得到锻炼。对于前者，学生对老师提出的问题要经过认真思考、整理，才能用语言表达出来。但是，有时老师为了完成教学进度，不敢让学生独立活动，担心学生的讨论偏离主题太远，于是帮助学生说出问题的答案，讨论未展开就草草收场。所以说，讨论要保证充足的时间。

（5）注重总结与评价。教师对讨论进行总结与评价，可避免讨论停留于问题的表面。教师的总结与评价可以采用以下方法：①归纳学生发言的基本观点，使学生对讨论的整体情况有一个大致了解，让学生掌握讨论的全貌；②对讨论中反映出来的观点进行评价分析，肯定正确，剖析错误，使学生知其然，又知其所以然；③对讨论中学生忽视的、遗漏的、思路不清的问题要一一指明，使学生一目了然。

3.4 参与式教学

3.4.1 什么是参与式教学

参与式教学（participant teaching）是目前国际上普遍倡导的一种教学、培训和研讨的方法。参与式教学过程是指受教育者在明确的教学目标指导下，运用科学的方法，在民主、宽容的课堂环境中，积极主动地、具有创造性地介入教学活动的每一个环节，从而获取知识并发展能力。教师与学生以平等的身份参与教学活动，共同讨论、共同解决问题，因此，参与式教学是一种师生共同推进教学的教学形式。参与式教学方法可归纳为课堂讨论、头脑风暴、角色扮演、小组活动、游戏、案例分析、讲故事、辩论、艺术、音乐、戏剧、舞蹈活动等。

在参与式教学中，来自教师的表扬和鼓励会使学生的学习效率得到显著提高。"实践出真知"的俗话和心理学的试验都表明，单靠听讲和阅读，只能吸收和学到很少一部分知识，而通过各种练习参与进来则能吸收和记住大部分的知识。所以，参与式教学在现今教育理论体系中越来越被重视。

3.4.2 如何实施参与式教学

参与式教学的基本理念是"以学习者为中心，以活动为主，平等参与"。三个基本理念中的"以学生为中心"是核心理念。参与式活动是参与式教学的载体，活动形式应灵活多样、生动活泼，例如编故事、案例分析、角色扮演、戏剧小品表演、辩论赛等形式。平等参与是指人格平等、机会平等、权利平等及照顾个体需求。课程不同，参与式教学的具体实施也不同，但通常可采用以下手段：

（1）创设氛围，激发学生参与的兴趣。教师要走下讲台，用亲切的语言、平等的身份、商议的口气、换位的思想，使学生置身于一个宽松、民主、平等、和谐的教学氛围中，使他们产生想说、敢说、想做的欲望，从而滋生出参与学习的动机，慢慢就会自觉地行动起来了。

（2）利用多媒体、网络辅助，唤起学生参与的兴趣。参与式教学提倡教学中应用现代教学手段辅助教学，将形、声、光为一体的多媒体技术引入课堂，使课堂上静止的图形变为动态的图像，充分调动学生的听觉、视觉器官，大大地激发学生的学习兴趣。互联网的出现也使得参与式教学得到更好的实施，利用因特网的互动功能，可以让学生参与讨论，自由发表意见，让学生用互动式课件在网上答题或者在网上完成自己的设计等。

（3）联系生活，提高参与的兴趣。在课堂教学中使学生所学的知识生活化、实际化，让学生感受到学的知识有价值，从而产生强烈的责任感和使命感。只有贴近生活才能让学生觉得学的知识有用，也使他们清楚地认识到知识来源于生活，学到的知识又应该用于生活，这样才能使他们产生强烈的求知欲和积极主动地参与。

（4）大胆放手，创设机会，让学生参与。学生是学习的主体，有了参与的欲望，还要有参与的机会。在课堂教学中，教师要善于根据教材的特点，从每位学生的学习基础和个性特征出发，为不同层次的学生提供同等参与学习的机会，培养其主动参与的能力，扩大学生的思考空间和创造空间，以激活学生的思维，使学生爱学、能学、会学。

（5）赏识学生，鼓励参与。教学活动并不是单纯地让学生接受知识，而是让他们在活动中亲身实践，主动体验，有目的地进行观察，动手操作，动口交流，动脑思考，从而在参与中获取知识，不断发展自我。要想让学生放下包袱，积极参与，关爱学生是成功的关键。近代教育家夏丏尊先生在翻译《爱的教育》一书时说过："没有爱，就没有教育。"教师对学生的赏识是超越血缘、亲情的，是崇高的、理智的、公平的，不论学生的性别、丑俊、贫富、学习优劣。教师对学生的爱是"暗含期待"而不是一锤定音，在课堂上应充满激情地鼓励学生积极参与，乐于探索。

（6）教学互换，让学生当一回"小老师"。根据学生的心理特点，部分同学想展示自我、标榜自己，教师应给他们一个机会，让他们在课堂活动中当一回"小老师"，让他们自行尝试，自行实践，体验成功，培养自信，从而增强他们的求知欲望，使他们在活动中自觉学习，并力求学得更好。

教育的意义就在于善于发现人的价值，善于发掘人的潜能，善于发展人的个性。作为一种新型的教育方式，参与式教学在现今教育理论体系及教学实践中越来越被重视。

3.5　情境教学法

3.5.1　什么是情境教学法

学习情境对于启迪学生的思想、陶冶学生的个性、激励学生的志趣、升华学生的情感的作用是巨大的，是教育过程中其他要素不可替代的。儿童教育家李吉林老师长期探索情境教学法，将情境教学法运用于小学语文教学，有效地克服了"注入式"教学的种种弊端，在教学过程中，激发学生的学习动机，丰富学生的情感，并协调大脑两半球的相互作用，平衡两个信号系统的发展，从根本上提高了教学的科学性和艺术性。

情境教学法是指在教学过程中，教师有目的地引入或创设具有一定情绪色彩的、以形象为主体的生动具体的场景，以引起学生一定的态度体验，从而帮助学生理解教材。情境教学法的核心在于激发学生的情感，要求创设的情境要使学生感到轻松愉快、心平气和、耳目一新，促进学生心理活动的展开和深入进行。

情境教学法通过给学生展示鲜明具体的形象（包括直接和间接形象）使学生身临其境，进而一则使学生从形象的感知达到抽象的、理性的顿悟，二则激发学生的学习情绪和学习兴趣，使学习活动成为学生主动的、自觉的活动。应该指出，情境教学法的一个本质特征是激发学生的情感，以此推动学生认知活动的进行。而演示教学法则只限于把实物、教具呈现给学生，或者教师简单地做示范实验，虽然也有直观的作用，但仅有实物直观的效果，只能导致学生进行冷冰冰的智力操作，而不能引起学生的火热之情，也就不能发挥情感的作用。

3.5.2 创设学习情境的途径

好的学习情境应具有以下四个特征：有明确且适当的学习任务，能激发学生的学习动机，有和谐、融洽的课堂氛围，有丰富的、高品质的学习资源。只有这样，才能使情境教学陶冶人的情感、净化人的心灵，并为学生提供良好的暗示或启迪，有利于锻炼学生的创造性思维，培养学生的适应能力。

3.6　头脑风暴教学

3.6.1　什么是头脑风暴教学

头脑风暴法出自"头脑风暴"一词。所谓头脑风暴（Brain-Storming），最早是精神病理学上的用语，指精神病患者的精神错乱状态。而现在则成为无限制的自由联想和讨论的代名词，其目的在于产生新观念或激发创新设想。头脑风暴法是由美国创造学家奥斯本于1939年首次提出、1953年正式发表的一种激发创造性思维的方法。

头脑风暴教学是教师引导学生就某一课题自由发表意见,教师不对其正确性进行任何评价的方法。头脑风暴法与俗语中的"诸葛亮会"类似,是一种能够在最短的时间里获得最多的思想和观点的工作方法,是聚合思维训练的一种好办法,已被广泛应用于教学、企业管理和科研工作中。

在职教实践中,可通过头脑风暴法,讨论和收集解决实际问题的意见和建议(总称为建议集合)。通过集体讨论,集思广益,促使学生对某一教学课题产生自己的意见,通过同学之间的相互激励引发连锁反应,从而获得大量的构想,经过组合和改进,达到创造性解决问题的目的。头脑风暴教学的实施原则是:

(1)异想天开原则。学生可以自由地、任意地提出解决问题的设想,不受任何限制。思维越狂放,构想越新奇越好。有时看似荒唐的设想,却是打开创意大门的钥匙。

(2)不许评判原则。学生相互之间不许质询、赞扬、批评和评论。即使是对幼稚的、错误的、荒诞的想法,也不得批评。如果有人不遵守这一条,会受到主持人的警告。

(3)越多越好原则。鼓励人人多谈想法,数量越多越好,而不求质量。新设想越多越好,设想越多,可行办法出现的概率就越大。

(4)单一原则。每人每次发言仅提一个设想,只说设想不陈述理由和背景。

(5)优先原则。可以利用他人设想,提出更新、更奇、更妙的构想。凡是因前一个人的发言而激起的新想法,优先发言。

(6)公开原则。与会者的发言必须被小组全体人员听到,不允许开小会。

3.6.2 头脑风暴教学的实施过程

(1)准备阶段:①教师确定讨论问题,通常是一些探寻设想的问题,问题不宜过大或过小;②教师应提前5~10天将所要讨论的问题发放给学生,让学生有时间酝酿解决问题的设想,最好在材料后附上几个形成设想的实例,以启发学生;③安排记录员,准备物资(如录音笔、幻灯片、张纸、笔等)。

(2)讨论过程阶段。会议一开始,教师可用幻灯片介绍头脑风暴会议的基本原则并补充说明要解决的问题。为使气氛轻松自然,让大家尽快适应规则,教师可提一些极为简单的问题以让大家尽快进入状态。教师应尤其注意首次参加头脑风暴会议的成员,让他们尽快适应环境。在讨论过程中,教师、学生、记录员应分别注意以下实施要点:

1) 对教师的要求。教师以主持人的身份出现，最好要求学生按座位次序轮流发言，让每个学生都有机会提出设想。如轮到的人当时无新设想，可以跳到下一个。教师应鼓励大家提出一些从已经提出的设想中派生出来的设想，这种连锁反应很有价值。教师应让那些积极思考的人先发言。若学生一时提不出设想，教师便可以抛出自己的想法来启发大家。

2) 对学生的要求。在头脑风暴中，学生就是专家，学生应积极思考，尽可能提出设想，不用害怕自己的设想会遭到别人的嘲笑，哪怕是荒唐、怪诞的设想。无论如何，学生不能照本宣科，如有准备好的设想，应在会议之前交给教师。

3) 对记录员的要求。记录员最好坐在教师身旁，并及时记下学生提出的设想和他们的名字。速记无法做到一字不漏，所以记录的内容是设想的基本大意就行。当然也可以采用录音笔录下会议全过程。

（3）总结评价阶段。头脑风暴法的总结评价步骤有：①合并设想的同类项；②对设想进行排序；③组合设想；④评论设想，认证设想的可行性。总结评价阶段是师生共同总结、分析实施或采纳每一个设想的可能性，并对其进行归纳的阶段。在此阶段，首先由学生在组内完成归纳，寻找任何重复或者相似设想，然后聚集在一起，并剔除明显不合适的设想，在这个时候还要发挥组员们的智慧，在结果中寻求各种设想的组合并进行改进。其次，让学生分组上台发言，把各组的设想展示出来。最后，教师和学生一起将所有的答案进行整合，找出最佳答案。

3.6.3 头脑风暴教学的注意要点

（1）头脑风暴法的适用场合。头脑风暴法适用于解决没有固定答案或没有参考答案的问题，以及根据现有法规政策不能完全解决的实际问题，如商品营销中的买卖纠纷、导购、广告设计，加工专业的工作程序设计教学等。如市场营销课程中的头脑风暴教学案例：如何提高销售业绩？

（2）头脑风暴法的最佳持续时间。头脑风暴讨论会的持续时间不宜太长也不宜太短。会议最好是在30～45分钟，倘若需要更长的时间，就要把问题分成几个小问题，分别对每个问题进行专门的讨论。如果时间很短，与会者可能只提出一些表面的、肤浅的设想。一般地说，只有会议进行一半时间之后，才能提出一些很有价值的设想。在设想连续形成的过程中，设想提出的速度也会不断加快。

（3）头脑风暴讨论会的地点和环境。头脑风暴讨论会的地点应选在安静不受干扰的场所，同时应切断电话，以免思维受到干扰。讨论时应该像做游戏那样形成竞争的气氛，不允许私下交流。参加头脑风暴的人员可以不是相识的，但是参加头脑风暴的学生最好学术地位相同，避免学术地位高的"领导"的威慑力存在，尽量给学生创造心理安全和心理自由的条件。

（4）头脑风暴讨论会人员的数量及构成。根据已做的几百次试验，每个组最好由12名成员组成，其中包括一名主持人和一名设想记录员。对于各个学生的智力水平不存在固定标准，也可以全是男同学或全是女同学，但最好兼而有之，因为这样可以增强竞争意识和好胜心。此外，最好有几个活跃的、善于抛砖引玉的人，但是应注意不能让这些"引路人"在其他人提出建议和设想的时候主导整个会场。

（5）头脑风暴法与专题讨论法的区别。头脑风暴法可以以讨论会的形式进行，但它与专题讨论是截然不同的两种方法。专题讨论法也经常被用于教学中训练学生的创造性思维，引导学生产生一些创造性设想。从查阅的文献看来，有不少教师误把专题讨论会当成了头脑风暴。事实上，课堂讨论是学生在教师指导下，就教材中的基础理论和疑难问题，在独立钻研的基础上，共同进行讨论、辩论的教学方法。在讨论中，教师起指导作用，教师的权威性没变，讨论时也没做严禁批判、延迟评价等；而头脑风暴能使我们在较短的时间内，提出大量有实用价值的想法，这样避免了不是提出设想而是在争论的现象。头脑风暴法与一般讨论的最大区别在于头脑风暴法排斥评论。

必须注意头脑风暴法也有不成功的地方。首先，这种方法实际上只是提出设想的一个步骤，是创造性解决问题的一个阶段，而不是解决问题的完整过程。其次，头脑风暴设想的提出是以个人努力为基础的，是对个人提出的设想的补充，但它不能取代个人努力。再次，虽然传统的专题讨论法不可避免地从实质上或形式上进行判断而致使讨论成员不能产生丰富的设想，但在教学中头脑风暴法由于其严格的使用原则和复杂性，不宜完全替代传统的专题讨论法。在需要创造性思维的范围内，传统的专题讨论法可以将头脑风暴会议作为有益补充，作为教学过程中激发学生创造性思维的辅助形式，在各类教学中推广、应用。

3.6.4 头脑风暴教学案例

以周口师范学院的新闻策划教学为例，头脑风暴教学案例见表3-2。

表 3-2　头脑风暴教学案例

　　新闻策划是新闻编辑学课程中的内容，在学习新闻策划方面的内容之前，学生已经系统学习了诸如新闻价值、新闻标题、新闻改稿等内容，需要在新闻策划这一章中融会贯通。本节针对《周口日报》国庆设计一份节假日策划方案。

　　（1）准备阶段。提前一周公布策划选题。将学生分为 10 人一组，每个小组提前选好主持人、记录员。鼓励大家积极查阅资料，准备方案。给大家介绍头脑风暴法的基本流程和"畅所欲言"原则。

　　（2）讨论阶段。给大家一个小时的时间讨论自己的设想。其中，可以是以往成功案例的借鉴，可以是自己的想法，也可以是别人发言的补充。讨论原则：暂缓批评与评论，也不要自谦，要求每个学生都必须拿出方案，越多越好；鼓励巧妙利用或改进他人的设想。

　　（3）重新表述阶段。在 40 分钟时中止讨论。由记录员将讨论内容进行整理，和小组成员一起找出一些可行的、富有创意的策划设想，供下一步讨论参考。

　　（4）筛选阶段。因为这样的小组讨论也类似于报社的编前会，所以我们选择当堂定论。由小组选出本组最为欣赏的一个设计。

　　（5）表述阶段。在课堂上随机选择两个小组。请该小组中选的设想提出人向大家阐述本组策划设计。同时，请他汇报本组的讨论情况，以及如何体现讨论原则的。

　　（6）总结阶段。要求每个小组结合讨论，团队合作，将设想做成一个幻灯片，并且每个学生都在幻灯片的最后留下一段简短的句子，记录本次讨论的最大感悟。最后是教师做一个简短的活动点评。

小　结

　　在以创新人才培养为教育导向的课堂教学中，对学生创新思维的培养主要通过启发式教学来实现。在运用启发式教学培养学生创新思维时，应充分运用好疑问、对比、媒体和悬念来启发学生思维，同时还应注意提出的问题应具有针对性、启发过程要具有发散性、启发途径要具有多元性，否则无法达到启发学生思维的目的。头脑风暴是一种能够在最短的时间里获得最多的思想和观点的工作方法，是聚合思维训练的一种好办法，已被广泛应用于教学、企业管理和科研工作中。

第二部分

创业基础

第4章　创业导论
第5章　创业者与创业团队
第6章　创业机会
第7章　创业风险
第8章　商业模式
第9章　创业营销策略
第10章　创业融资
第11章　创业计划
第12章　开办新企业
第13章　新企业的成长

第 4 章　创业导论

【课程目标】

使学生全面了解和掌握创业的含义、创业的类型、创业理论、大学生创业研究的意义等相关知识，同时通过案例讨论和模拟实训的方式来提高学生分析问题及解决问题的能力，让学生了解创业的概念和理论。

【知识点】

1. 创业的含义
2. 创业的类型
3. 有关创业理论的研究
4. 大学生创业研究的意义

【技能点】

1. 了解创业的含义。
2. 理解创业的类型。
3. 熟悉创业理论。
4. 理解大学生创业研究的意义。

【引例】

学生自主创业的成功案例

李想，北京泡泡信息技术有限公司（简称"泡泡网"）首席执行官，80后创业成功的典型代表。他的泡泡网是一家从事计算机硬件、个人和办公数码产品信息服务的网站。2005年年底营收达2000万元，占公司绝对股份的他，身家已过亿。2005年，李想从IT产品向汽车业扩张，创建汽车之家网站；2006年5月，他被评为"中国十大创业新锐"。

畅网科技首席技术官陈曦，1981年出生。2005年，获得东方卫视《创智赢家》冠军，其手机联网游戏业务获得100万元创业基金。已有三次创业经历。

4.1 创业的概念

【阅读材料】

把零散的注意力集中起来

上海聚众传媒有限公司（简称"聚众传媒"）通过液晶电视及无线传输等高科技手段，将相对分散的受众注意力集中起来，通过在全国高档商务楼宇的主要公共空间诸如电梯口、电梯内或大堂等广泛布点，形成相对闭合的庞大全国性楼宇视频传播平台，从而得到长期的广告收益。

1999年，聚众传媒的创始人虞锋到美国出差，芝加哥一些商务楼宇电梯厅液晶电视中播放的精彩画面，拨动了这位老广告人的心弦。当时，楼宇视频媒体正在美国大行其道，虞锋觉得，这种媒体业态最适宜发展的地方应该是中国。

从美国返回后，虞锋就开始筹划将这种全新的媒体形式移植到中国，注册成立了上海聚众传媒有限公司。2003年初虞锋计划首先将楼宇液晶电视在北京付诸实施。虞锋最先开拓的是北京市场，楼宇视频一经装上，大楼的租户发现等电梯的时间不再难以忍受，写字楼的形象也得到提升，聚众传媒的通路也由此顺利铺开。北京的这次成功使后来的推广工作变得非常顺利。2003年5月聚众传媒进军上海构建平台，6月、7月又先后将楼宇网络延伸至广州、深圳，同年8月又迅速将楼宇网络覆盖成都、重庆、武汉、杭州、南京、大连、天津、温州、青岛等地。截至2004年9月，聚众传媒已经覆盖北京、上海、广州、深圳等30多座城市约1万栋楼，并且所有楼宇全部自行建网并自行管理，其打造的全国真正意义上的最大视频媒体平台已初具规模，日覆盖人群2500万人次。

创业是一个发现和捕获机会并由此创造出新颖的产品、服务或实现其潜在价值的过程。创业本意是创立基业、创建功业。在古代《孟子·梁惠王下》有"君子创业垂统，为可继也"，把创建功业与一脉相承、流传后世联系起来。

创业有广义和狭义之分。狭义的创业是最直接、最普遍的理解，即创办自己的企业、自己当老板。

创新教育与创业基础

广义的创业，泛指人类一切带有开拓意义的社会变革活动。它涉及的领域非常广阔，无论是政治、经济、军事还是文化艺术事业，只要人们从事的是前无古人的事业，都可称为创业，如苏联的社会主义革命开创了社会主义事业。

狭义的创业是指个人或群体从事的具有创新或创造性的以增加财富为目标的活动的过程。这种活动也许早有人从事过，但对于创业者本身来说，则是从未经历过的、从头开始的事业。如柳传志创办联想集团、张朝阳创建搜狐网站、刘永好创建希望集团都属于狭义上的创业。创业管理学研究的就是这种狭义上的创业活动。

创业涉及创新、变革、技术与环境的变化、新产品开发、小企业管理、企业与创业者个体和产业发展等问题。创业必须要贡献出时间，付出努力，承担相应的财务、精神和社会风险，并获得金钱的回报、个人的满足和独立自主。创业是创造出某种有价值的新事物的过程，创业成功一定会获得包括但不限于金钱、独立自主、个人满足等种种回报。对于一个真正的创业者，创业过程不但充满了激情、艰辛、挫折、忧虑、痛苦和徘徊，而且还需要付出坚持不懈的努力。

4.2 创业的类型

【阅读材料】

聚众小之力，博得大市场

1996 年，万通集团历经两年半建设的北京万通新世界广场闪亮登场，获得史无前例的高价销售业绩。而与该物业仅一路之隔、位于阜城外大街北边的四川大厦，由于体制的问题盖了十三年还没有竣工。两种体制、两个商业结果，一时传为佳话。但是，万通广场从地下一层至五层的商场经营却是另一番景象。虽然万通引入了职业经理人参与经营，并且从北京著名的西单商场、友谊商店高薪聘请零售经营人才，但对于从未从事过商业零售的万通集团来讲，仍然显露出败象，连续亏损。相反，四川大厦内的华联商场却后来居上，经营红火。万通集团当时想了很多办法也没能摆脱困境，直到1999年开业两年多以后，万通在商业模式上做了一个大胆创新才一改颓势，一举成功。万通的方法是放弃自己并不擅长的自营模式，将所有经营面积化整为零，全部出租给小商贩，使万通广场变成小商品批发市场，让那些平时被挤压在大街小巷的角落经营的小商小贩一下子涌进繁华、高档的大商场摆摊。小商贩几乎都是抱着大把的现钞涌进来的。万通广场一夜之间扭亏为盈，还省去了经营管理的程序。

创业类型一般是指创业者在创业道路上所选择的起步方式，主要包含创业者或创业团队开展创业的动机、创业模式选择、创业效果等内容。创业一般按照创业主体（谁创业——个体或者团体）、创业形式（在哪儿创业——组织或公司内部、网上等）、创业效果（创新性、价值与财富等）进行深入细分。创业类型的选择与创业动机、创业者的风险承受能力密切相关，且创业类型直接影响创业策略的制定。

4.2.1 按创业动机分类

按照创业动机，创业可分为生存型创业和机会型创业。生存型创业大多为了谋生自觉或被迫走向创业，这样的创业多数集中在服务业，基本没有创造新的需求，只是在现有的市场寻找创业的机会，结果加剧了市场竞争。生存型创业由于动机仅仅是为了谋生，往往小富即安，不求做大做强。机会型创业大多是为了抓住和利用市场出现的商机和国家政策，创造出新的需要或满足潜在的需求，能带动新产业的发展，而不是加剧市场竞争。

4.2.2 按创业内容分类

按照创业内容，创业可分为科技型创业、知识型创业、技能型创业、体力服务型创业四种类型。

（1）科技型创业是指创业者凭借所掌握的新技术项目或具有高科技含量的专利项目进行创业，如高科技公司或产业。

（2）知识型创业是指创业者充分利用自己所掌握的知识创办各类知识型的服务机构进行创业，如律师事务所、广告公司等。

（3）技能型创业是指创业者利用已掌握的独特技艺或配方，充分利用占有的市场优势进行的创业，如酿酒业、工艺美术品等。

（4）体力服务型创业是指利用自身所具有的体力进行的服务型创业，如代购、搬运、递送等。

4.2.3 按创业主体分类

按创业主体，创业可分为大学生创业、失业者创业、兼职者创业、自主创业、独立创业和合伙创业。

（1）大学生创业。大学生创业有独立创业，也有合伙创业；可依照所学专业进行创业，也可转而从事非所学专业的创业。大学生创业已经成为中国最为普遍的创业类型。

（2）失业者创业。不少失业者也通过自己的努力，成为创业的佼佼者。这类创业大多选择服务行业，投资少，回报快，风险低。比如，北京的月嫂就是失业工人开创的，市场非常大，十分适合有生活经验的中年妇女。

（3）兼职者创业。如大学教授中有一部分就是兼职创业者，尤其是艺术专业的，自己建立公司，对外招揽生意。也有一些研究生、博士生在读书期间就为导师做项目。

（4）自主创业并非以挣钱为主要目的，而是不愿给人打工，受制于人。创业是为了追求工作的自由，是干自己想干的事和体现自我人生价值。

（5）独立创业是指创业者独立创办自己的企业。独立创业也是一种很平常的现象。独立创业的特点在于产权是创业者个人独有的，相对独立，而且产权清晰，企业利润归创业者独有。企业由创业者自由掌控，创业者按自己的思路来经营和发展自己的企业，无须迎合其他持股者的利益要求及对企业经营的干预。但是，独创企业的创业者面临独自承担风险、筹备创业资金比较困难、财务压力大和个人才能的限制等困难。

（6）合伙创业是指与他人共同创业。与独立创业相比，合伙创业具有诸多优势：一是与合伙人共担风险；二是融资难得到缓解；三是有利于优势互补，形成一定的团队优势。不利因素：一是易产生利益冲突，二是易出现中途退出者，三是企业内部管理交易费用较高，四是对企业发展目标可能有分歧。

4.3 创业的意义

【阅读材料】

技术创新获得巨大成功

吴桐于2001年在北京创办中宜环能环保技术有限公司。他擅长发明，名下拥有多项专利技术，其中仅"城市垃圾处理综合集成系统"一项，风投公司就对其无形资产的估值达12.5亿元。一家美国名牌投资公司估计，吴桐的专利加起来，价值超过100亿美元。

在进京创办中宜环能环保技术有限公司之前,吴桐曾在深圳创业,获利数千万元,因遭欺诈而全数荡尽。2001 年 3 月,吴桐携 2000 元进京二次创业。三个月后,向韩国某著名企业出售"城市垃圾分类焚烧技术"15 年使用权,获利超过 2000 万美元。他的致富要诀是专利发明和技术转让。

在大学毕业生就业压力越来越大的情况下,大学生改变传统的就业观念,不做现有工作岗位的竞争者,而是利用自己的知识、才能和技术创造新的就业机会,不论是对大学生自己,还是对社会都具有重要意义。对于大学生自己而言,创业就是自己当老板,可以获得可观的经济收入,可以锤炼一个人的意志和信念,实现自己的人生价值;对于社会而言,可以创造更多的就业机会,缓解社会就业压力。具体来说,大学生自主创业的意义主要体现在下述几个方面。

4.3.1 是人生发展的需要

根据马斯洛的需要层次理论,人生需要可分成生理上的需要、安全上的需要、社交的需要、尊重的需要和自我实现的需要五类,依次由较低层次到较高层次排列。各层次需要的基本含义如下:

(1) 生理上的需要。生理上的需要是人们最原始、最基本的需要,如空气、水、吃饭、穿衣、性欲、住宅、医疗等。若不满足,则有生命危险。这就是说,它是最强烈的不可避免的最底层需要,也是推动人们行动的强大动力。生理上的需要包括对以下事物的需求:①呼吸;②水;③食物;④睡眠;⑤生理平衡;⑥分泌;⑦性。

如果这些需要(除性以外)任何一项得不到满足,人类个人的生理机能就无法正常运转。换言之,人类的生命就会因此受到威胁。从这个意义上说,生理上的需要是推动人们行动最首要的动力。马斯洛认为,只有这些最基本的需要满足到维持生存所必需的程度后,其他的需要才能成为新的激励因素,而到了此时,这些已相对满足的需要也就不再成为激励因素了。

(2) 安全上的需要。安全上的需要要求劳动安全、职业安全、生活稳定,希望免于灾难,希望未来有保障等。安全上的需要比生理上的需要高一级,当生理上的需要得到满足以后就要保障这种需要。每一个现实生活中的人,都会产生安全感的欲望、自由的欲望、防御实力的欲望。这一层次包括对以下事物的需求:①人身安全;②健康保障;③资源所有性;④财产所有性;⑤道德保障;⑥工作职位保障;⑦家庭安全。

马斯洛认为，整个有机体是一个追求安全的机制，人的感受器官、效应器官、智能和其他能量主要是寻求安全的工具，甚至可以把科学和人生观看成满足安全需要的一部分。当然，当这种需要相对满足后，也就不再成为激励因素了。

（3）社交的需要。社交的需要比生理上的需要和安全上的需要更细微、更难捉摸，它与个人性格、经历、生活区域、民族、生活习惯、宗教信仰等都有关系，这种需要是难以察觉、无法度量的。这一层次包括对以下事物的需求：①友情；②爱情；③性亲密。

人人都希望得到相互的关系和照顾。社交的需要和一个人的生理特性、经历、教育、宗教信仰都有关系。

（4）尊重的需要。尊重的需要可分为自尊、他尊和权力欲三类，包括自我尊重、自我评价以及尊重别人。尊重的需要很少能够得到完全的满足，但基本上满足就可产生推动力。该层次包括对以下事物的需求：①自我尊重；②信心；③成就；④对他人尊重；⑤被他人尊重。

人人都希望自己有稳定的社会地位，要求个人的能力和成就得到社会的承认。尊重的需要又可分为内部尊重和外部尊重。内部尊重是指一个人希望在各种不同情境中有实力、能胜任、充满信心、能独立自主。总之，内部尊重就是人的自尊。外部尊重是指一个人希望有地位、有威信，得到别人的尊重、信赖和高度评价。马斯洛认为，尊重的需要得到满足，能使人对自己充满信心，对社会充满热情，体验到自己活着的用处和价值。

（5）自我实现的需要。自我实现的需要是最高级的需要。满足这种需要就要求完成与自己能力相称的工作，最充分地发挥自己的潜在能力，成为所期望的人物。这是一种创造的需要。有自我实现需要的人，似乎在竭尽所能使自己趋于完美。自我实现意味着充分地、活跃地、忘我地、全神贯注地体验生活。该层次包括对以下事物的需求：①道德；②创造力；③自觉性；④问题解决能力；⑤公正度；⑥接受现实能力。

这是最高层次的需要，它是指实现个人理想、抱负，发挥个人的能力到最大程度，接受自己也接受他人，解决问题能力增强，自觉性提高，善于独立处事，要求不受打扰地独处，完成与自己的能力相称的一切事情的需要。也就是说，人必须干称职的工作，才会感到最大的快乐。马斯洛提出，为满足自我实现的需要所采取的途径是因人而异的。自我实现的需要是努力发掘自己的潜力，使自己越来越成为自己所期望的人物。

【阅读材料】

"房地产教父"王石的不断学习精神源于初次创业

二十年前,在深圳火车站和一群年轻的民工一起,扛上150斤的玉米包搬来搬去的那个33岁"不像民工模样"的人,今天把他开心的笑容印在一本大32开本的传记封面上。

他就是王石。就连当年楼下电器修理店顺口被叫上跟他去搬运玉米的那个18岁农村少年,也早已经跟王石混得有头有脸的了。

1983年,王石32岁。他还在彷徨,怀揣一颗与法国小说《红与黑》中的主人公于连一样的个人拼搏的野心,窝在广东省外经委,每天工作、读书、学英语,日子平淡无奇。1983年5月7日,他乘广深铁路抵达深圳。当他看到巨大的建设工地般的深圳,"兴奋、狂喜、恐惧的感觉一股脑涌了上来,手心汗津津的",强烈地意识到这块尘土飞扬的土地孕育着巨大的机会。

第一个站点,深圳特区发展公司(简称"特发公司")。但是,做什么呢,不知道。一天,王石去蛇口的路上,看见高高耸立着几个白铁皮金属罐,那里面储藏着玉米。美国大陆谷物公司与深圳养鸡公司合资的饲料生产企业——正大康地,需要大量的玉米。广东不产玉米啊,经打听,玉米来自美国、泰国和中国东北。其中来自东北的玉米却不是直接从东北运来的,因为解决不了运输问题。

王石找到正大康地,说他能解决运输,他可以组织运来玉米,"你们要不要?"

"要!马上就可以签合同!"

第一单,一个大单。

经过多方打听,王石确定了广州海运局的海运。于是,王石的玉米生意开始了。特发公司立即设立了一个饲料贸易组,组长王石,独立核算。

玉米到了,饲料贸易组需要一个组员。于是从楼下的无线电装配车间拉出来一个又瘦又小的小伙子,他叫邓奕权,后来成了王石的第一个员工。

第一次30吨的玉米生意成交。王石在自行车后座上夹了两个条纹塑料口袋,去到正大康地。

"我来收钱。"他向正大康地的袁经理扬了扬手中的编织袋。

"发票呢?"袁经理问。

发票是何物,王石不好意思问,但他立刻想到,无非就是收款证明一类的东西。

王石回到特发公司,对财务部的小张说,"给我开个收款证明!"小张不懂"收款证明"。

"你就写收到谁多少钱,特此证明。就行了。"小张照办,还加盖了财务章。

再骑上自行车,后座还是放着编织袋,特发公司饲料贸易组王石组长又到了正大康地。对袁经理说,"给,发票。"袁经理笑得呛了喉咙,一边咳嗽一边带王石"参观了发票的真面目"。

"他们要发票。"王石又回到了特发公司的财务室。

"早开好了,我还纳闷不开发票怎么能收到钱。"小张说。

再次来到正大康地财务室,王石彻底糊涂了:塑料袋仍然没有用处,却拿到两张一模一样的薄纸——银行转账单。特发公司财务室的小张告诉王石,这个转账单就是钱,如果对方账上有钱的话。

用王石的话说,他"深刻感受到业务知识的贫乏,尤其是财务方面,更是个门外汉"。他说:"从那以后,我每天下班无论多晚,都要看两个小时的财务书。还学着记账,下月初跟财务对照。三个月后,我阅读财务报表没有障碍了。"

4.3.2 缓解与日俱增的就业压力

随着高等教育从"精英教育"向"大众教育"变化,大学毕业生就业也逐步从"卖方"向"买方"变化;国家对大学的管理也从计划管理向市场管理变化,这意味着接受高等教育的大学毕业生数量会远远高于空缺岗位的数量。所以,以前贵为"天之骄子"的大学生变成了用人单位挑挑拣拣的对象,这让许多大学毕业生感到有一定的压力。

事实上,近年来世界各国就业形势都比较严峻,我国目前劳动力供求总量矛盾和就业结构性矛盾同时存在,城镇就业压力加大和农村富余劳动力向非农领域转移速度加快同时出现,新成长劳动力就业和失业人员再就业问题相互交织。因此大学生自主创业,既能充分发挥自己的聪明才智,从事自己理想的事业,又能提高自身的就业质量,为社会创造更多的就业机会。

4.3.3 有利于实现大学生的人生价值

截至 2002 年,我国中小企业已超过 800 万家,占全国企业总数的 99%。中小企业提供了 75%的城镇就业机会,是解决就业问题的主力军。大学生创办中小企业不仅可以解决自己的生存和发展问题,也可为社会提供了更多的就业岗位。创业带动就业、促进就业的倍增效应逐渐显现。创业过程是兢兢业业、励精图治的过程,创业者往往要面临许多困难和挫折,历经千辛万苦才能取得胜利,所以创业过程也是一个人锤炼意志的过程。而创业成功，就可以实现回报社会、为国家贡献力量的崇高理想，同时个人也可以获得回报。

创业会更加充分地挖掘和调动青年学子的创造力，锻炼和培养他们交际与协作的能力，创新开拓的能力，敢于冒险、不畏艰难、勇往直前的能力。创业成为大学校园里一道亮丽的风景线，也必将成为每一位参与其中的大学生人生中一幅美丽的图画，他们的人生也会因此更加丰富、绚烂。

4.3.4　有利于塑造我国未来的企业家群体

大学生创业者是公司的中坚力量，大学生成为创业者或者转变为创业管理者后，既是公司技术创新的直接运作者，也是技术创新的激励者、协调者和组织管理者。借助生产组织与管理创新、日常的经营管理行为和自身素质，来创造一种适宜技术创新的组织氛围和文化氛围，可促进公司的技术创新，提高公司技术创新的成功率，最终求得公司的全面发展。创业者创新精神正是体现在这些生产组织与管理创新以及日常的经营管理行为之中。

大学生的创业有利于塑造我国未来企业家的新形象。从目前我国的现状看，企业经营者、自主创业者虽然不少，但高素质的企业家却不多。中国需要企业家，特别是在我国加入WTO（世界贸易组织）之后，这种需要显得更为迫切。但企业家是不会凭空产生的，他们是在创业中逐步锻炼成长的。我国企业家少，是因为自主创业者少。因此，我们要鼓励大学生自主创业，成功概率才能逐步提高。大学毕业生由于其接受的文化和科技教育大大高于一般的社会创业者，如果能够重视其创业能力的培养，他们成长为企业家的机会就会高于一般创业者。企业家对促进就业的贡献是巨大的。一个企业家，每多创造100万元利润，就可以为社会间接创造出50～100个就业岗位。

小　　结

创业是一个发现和捕获机会并由此创造出新颖的产品、服务或实现其潜在价值的过程。创业必须要贡献出时间、付出努力，承担相应的财务、精神和社会风险，并获得金钱的回报、个人的满足和独立自主。创业是创造出某种有价值的新事物的过程，创业成功一定会获得包括但不限于金钱、独立自主、个人满足等种种回报。对于一个真正的创业者，创业过程不但充满了激情、艰辛、挫折、忧虑、痛苦和徘徊，而且还需要付出坚持不懈的努力。

按照创业动机，创业可分为生存型创业和机会型创业；按照创业内容，创业可分为科技型创业、知识型创业、技能型创业、体力服务型创业等四种类型；按创业主体，创业可分为大学生创业、失业者创业、兼职者创业、自主创业、独立创业和合伙创业。大学生创业已经成为中国最为普遍的创业类型。

研究大学生自主创业的意义主要体现在四个方面：是人生的需要、有利于实现大学生的人生价值、引导大学生培养创新精神、有利于塑造我国未来的企业家群体。

【案例分析】

小麻花"拧出"千万资产

仅凭一根小小的油炸麻花，刘伟红创业一年赚得千万资产，被誉为"麻花女王"，她的故事听着像神话，可是实实在在地发生在我们身边。刘伟红在研究出了满意的麻花配方后，又从书中学到了连锁加盟的经营方式，一开业生意就很红火。

一、麻花配方70多万元不卖

麻花创业也是需要技巧的，由于刘伟红的麻花用料考究，其成本远远高于普通麻花，如何扬长避短，她决定走低价路线，以量取胜。2004年3月，刘伟红在烟台大学附近的莱山菜市场上开了她的第一家麻花店，取名"弘祥"。小店静悄悄地开张了。店面整洁、明亮，10多个员工身着统一服装，令人耳目一新。麻花创业也能进专卖店？许多人来看热闹。不一会儿窗前排起了长队。开业当天竟卖出了4000多根。

刘伟花的麻花店很快在烟台有了口碑，不少人找上门来希望加盟。开业一个月刘伟红就拿到第一个加盟店的9000元加盟费。

5月的一天，一个浙江商人找到刘伟红要用50万元买她的麻花配方。刘伟红觉得，这个人不是骗子就是脑子有问题。可那人却很诚心，十多天来了3次，最后将价格加到70多万元。在和浙江商人僵持的十多天时间里，刘伟红在烟台地区的麻花店增加到了十几家，发展势头让刘伟红看到了配方的价值，她决定给多少钱也不卖了。

二、炒老爸鱿鱼

2005年3月，父亲的保守意识已经成为企业发展的消极因素，刘伟红已经不能再容忍父亲的做派，她很正式地向父亲提出："爸，我今天不是你姑娘，我以总经理的身份跟你说,你回家吧,你被开除了。"打那以后,刘伟红制定了工作制度,并设了打卡机。她开始由靠人管的人治,走向依靠制度管理的现代企业之路,并从大学聘请管理专家出任她的"麻花王国"的 CEO。

三、创业容易守业难

"创业容易守业难",许多红火的连锁加盟店不久就销声匿迹了,刘伟红时时警醒,不断推陈出新,除了推出蜂蜜小面包外,麻花已经增加了十几个品种。她经常检查各加盟店的经营情况,对不正规经营的店铺进行"停料"制裁。做就要做最好,这是麻花女王的一贯作风。

2007 年,刘伟红已在全国各地开了 1500 家连锁店,无论店在哪里,都出现排长队的现象。仅用一年多时间,靠连锁经营,刘伟红已经拼下了千万资产。此后,她琢磨着把小麻花做到国外去。

【思考与讨论】

1. 麻花女王为什么能够在平常生活中找到创业之路?
2. 传统的食品加工行业为什么能够进行连锁经营?
3. 麻花女王为什么开除自己的父亲?她是如何率领企业走向健康的、快速的、平稳的麻花连锁发展之路的?
4. 从上述创业案例中,讨论和分享创业者如何克服自己的不足并在不同阶段实现安全平稳的跨越。

第5章 创业者与创业团队

【课程目标】

使学生全面了解和掌握组建创业团队的基本原则和方法，同时通过案例讨论和模拟实训的方式来提高学生分析和解决组建创业团队时遇到的问题的能力。

【知识点】

1. 创业者的概念、类型、特征以及应具备的能力
2. 创业团队的概念、类型、构成
3. 组建创业团队的基本原则和方法

【技能点】

1. 掌握创业者的概念及相关知识。
2. 掌握创业团队的基本知识。
3. 掌握组建创业团队的基本方法。

【引例】

在2005年春节晚会上，中国残疾人艺术团21名聋哑演员在央视春节晚会向世人展示了经典节目《千手观音》。那一刻，人们震撼了。这群来自无声世界的聋哑人，静穆纯净的眼神，娴静端庄的气质，婀娜柔媚的千手，加上金碧辉煌的色彩，脱俗超凡的乐曲……美得令人窒息，炫得让人陶醉。光与影、梦与手绽放出层层叠叠的光芒，绽放出博爱四射的神圣之美。无声天使的舞姿，令现实中的一切污秽顿失。那是一种美与文化的结合，那美来自内心与凡世的安宁，来自灵魂和精神的升腾。虽然在节目中，最多的画面是领舞邰丽华的面孔，但众演员并没有因此而不满，没有去想自己的名和利，21个演员在集体荣誉感的激励下，团结一致、自信乐观、积极向上，用整齐划一的舞蹈表达着心灵的语言，给关爱他们的人传送新春的祝福。并最终以近70%的支持率成为当年"春节晚会"最受欢迎的节目。诸多事例表明，团队的成功是建立在和谐团结的基础之上的，由此促使的个人成功乃是团队力量发挥的结果。

5.1 创业者

【阅读材料】

2012年福布斯发布的中国30位30岁以下的创业者名单见表5-1。

表5-1 2012年福布斯发布的中国30位30岁以下的创业者名单

姓名	年龄	公司名称	职位	行业	公司所在地
曹 青	30岁	杭州黯涉电子商务有限公司	创始人	互联网	浙江杭州
陈 欧	29岁	聚美优品	创始人	互联网	北京
陈伟星	29岁	杭州泛城科技有限公司	创始人	游戏	浙江杭州
戴跃锋	29岁	湖南御泥坊生物科技有限公司 湖南御家汇网络有限公司	董事长兼总裁	互联网	湖南长沙
韩念仕	26岁	苏州百胜动力机器有限公司	董事长	制造业	江苏苏州
黄 恺	26岁	北京游卡桌游文化发展有限公司	设计总监	游戏	北京
黄一孟	30岁	上海心动企业发展有限公司	创始人	技术	上海
郭敬明	28岁	上海最世文化发展有限公司	创始人	媒体	上海
季逸超	19岁		猛犸浏览器开发者	移动互联网	北京
蒋 磊	28岁	北京铁血科技有限责任公司	创始人	互联网	北京
李彦枢	30岁	擎纳(上海)信息科技有限公司	联合创始人兼CEO	技术	上海
刘鹏飞	29岁	义乌市飞天灯具厂	董事长	制造业	浙江义乌
吕长城	26岁	芳草集	CEO	互联网	上海
乔琬珊	30岁	Shokay	创始人	服饰	北京
任 鑫	29岁	上海天海路网络科技	联合创始人兼首席运营官	移动互联网	上海
舒 义	27岁	北京力美广告有限公司	CEO	媒体	北京
唐彬森	29岁	北京智明星通科技有限公司	创始人	技术	北京
陶行逸	30岁	金顶黄金投资集团	董事长、总裁兼首席投资官	金融	北京

续表

姓名	年龄	公司名称	职位	行业	公司所在地
汪 峰	30岁	LuxSea Boutiques	创始人	互联网	上海
王俊煜	27岁	北京卓易讯畅科技有限公司	创始人	移动互联网	北京
王学集	30岁	德天信息技术有限公司	创始人	技术	浙江杭州
王 晔	30岁	涂鸦移动	创始人	移动互联网	北京
许涛芳	29岁	上海添香实业有限公司	CEO	服饰	上海
徐瑞明	24岁	机客网	董事长	互联网	山东临沂
杨明平	29岁	超级课堂	联合创始人	教育	上海
姚剑军	29岁	厦门享联科技有限公司	创始人	互联网	福建厦门
袁 旭	27岁	四川迅游网络科技有限公司	创始人	游戏	四川成都
赵 伟	30岁	北京知道创宇信息技术有限公司	董事长	技术	北京
张元刚	30岁	上海泽阳信息科技有限公司	创始人	技术	上海
周 翔	29岁	上海信行软件	创始人	技术	上海

创业者（entrepreneur）是一种主导劳动方式的领导人，是一种需要具有使命、荣誉、责任能力的人，是一种组织、运用服务、技术、器物作业的人，是一种具有思考、推理、判断能力的人，是一种能使人追随并在追随的过程中获得利益的人，是一种具有完全权利能力和行为能力的人。创业者是参与创业活动的核心人员，集使命、荣誉、责任于一身，在创业过程中，承担了更多的风险，也获得更多的收益。在企业成长的过程中，创业者要逐一扮演变革的革命者，模式确立的战略者，企业赢利的运营专家，团队建设的精神领袖，市场开拓的销售能手，产品研发的技术专家；要不就要在企业成长的过程中找到相应的合伙人来扮演这些角色。成功的创业者拥有很多共同的特征，同时还要具备一定的能力。

5.1.1 创业者的概念及类型

创业者的英文单词是 entrepreneur，有两个基本含义：一是指企业家，即在现有企业中负责经营和决策的领导人；二是指创始人，通常理解为即将创办新企业或者刚刚创办新企业的领导人。著名经济学家熊彼特则认为创业者应为创新者。这样，创业者概念中又加了一条，即具有发现和引入新的更好的能赚钱的产品、服务和过程的能力。纵观目前中国成功的创业者，可以归纳为六大类。

（1）技术型创业者。技术型创业者具有深厚的技术背景，成功掌握了某项技术，并期望以此技术占领市场空白。科技以人为本，科技的领先固然蕴含着商机，但是如果这个技术不能切实地为人们提供服务，再强大也没有用。懂技术的人一般比较自负，看不到自己在管理、市场和营销上的弱势。想要取得成功，技术型人才要善于向懂市场和营销的人才学习，从用户的角度考虑问题。

（2）销售型创业者。销售型创业者有着成功的销售经验，掌握着熟练的销售技巧，对于客户的需求有着较深入的把握。但是，创业者一定要明白成功的公司不是靠一个人撑起来的。能做好销售不代表能够管理公司。做销售的人一般比较习惯自己冲在前方，忽略了团队的力量。想要成就企业，必须把自己的锋芒隐藏起来，团结团队里的其他成员，并肩前行。

（3）管理型创业者。管理型创业者有着多年的管理经验，对于团队管理、人员激励、财务管理都有着丰富的经验。实践表明，能管理一家大公司，却不一定能够做好一个小公司。创业不同于以往在成熟公司平台上的指挥工作，创业者凡事都要亲力亲为，亲自做销售，亲自打扫卫生，亲自安排细节，诸如此类不一而足。习惯了大公司运作的创业者，要学会放下姿态，忘记过去的辉煌，从最基础的事情做起，才可能成功。

（4）学者型创业者。学者型创业者有着令人羡慕的高学历，具有深厚的理论研究经验，看问题的角度往往更加宏观、睿智而深邃。但是，理论不等于实践，知识水平高不等于能力很强。学者型创业者缺乏的是在实践中摸爬滚打的经历、面对挫折的勇气。只有抛开书本和理论，向实践者学习，学者型创业者才能走得更好、更远。

（5）海归派创业者。海归派创业者除了有高学历，还有开阔的眼界。他们吸收了发达国家成功的商业模式，渴望将其成功移植到中国。但是，海归派往往对中国的国情了解不足，如果把国外的模式照搬过来，以发达国家的模式来判断中国市场，只会到处碰壁。想要驻足中国，必须先对中国的市场、消费者、企业进行足够深入的了解，深入群众，因地制宜地修订商业模式，才能成功。

（6）实践型创业者。实践型创业者有着把企业从小做到大的丰富实践经验，对创业过程中可能会面对的困难有着充分的预期。但必须看到，经验丰富的另一面是思维老化，实践型创业者所面对的难题就是如何突破自己，不被经验束缚。面对日新月异的社会变化，实践型创业者要不断否定自己，大胆进行新尝试。

5.1.2 创业者应具备的能力

(1) 创新能力。 企业的创业过程本身就是在创造新事物、新活动,创业者必定是创新的先锋,创新能力是创业者应当具备的核心能力。具有创新能力和开拓精神才可以创造新事物,没有创新能力就不会有创新活动。创新是创业得以成长、发展和延续的动力,包括产品与技术创新、观念与思维创新、经营模式创新等。

1) 产品与技术创新。在创业者应当具备的"T"型知识结构中,专业技能被放在最突出的位置。成功的创业者大多由于拥有一项或多项专业技能或专利技术,而生产出能领先占领行业市场的产品,如爱迪生、比尔·盖茨等。

律普曼是美国佛罗里达州的一名画家,一天作画时,不小心出现失误,需用橡皮把它擦掉。他找了好久才找到橡皮,但是等他找到橡皮并擦完想继续作画时又找不到铅笔了。这使他非常生气,于是产生了拥有一支既能作画又带有橡皮的铅笔的想法。他最终找到了满意的方法,即用一块薄铁皮,将橡皮和铅笔连接在一起。后来,律普曼借钱办理了专利申请手续,并最终由 PABAR 铅笔公司花 55 万美金购买了这项专利。PABAR 铅笔公司利用这项专利技术做成的产品,很快便风靡全球,极为畅销。

2) 观念与思维创新。观念创新也就是要突破别人一贯的想法,即所谓"革新必先革心"。新的观念要突破旧的思想观念的束缚,带来新的创意;创业者运用新的创意去指导企业的管理活动,可给企业带来新的领先竞争对手的赢利机会。很多创业者因为建立了一套新的管理方式而获得创业成功。

索尼公司创始人盛田昭夫曾讲过这样的故事:两个卖鞋的商人旅行,来到非洲一个落后的农村地区,其中一个商人向他的公司发电报说:"当地人都赤脚,没有销售前景。"另一个商人也向他的公司发出电报,内容却是:"居民赤脚,急需鞋子,立即运货。"对同样一件事情,这两个商人的思维方式是不一样的。后一种思维方式就是索尼公司所倡导的思维方式与经营理念。索尼公司认为,从事商业活动,绝不仅仅是寻找买主,而是要创造顾客。创造顾客就是创新。

3) 经营模式创新。戴尔计算机公司的创始人迈克尔·戴尔认为,"任何人都可以成为创业者,只要你勤奋,并且拥有一个可行的商业模式"。迈克尔·戴尔似乎天生就有创业精神。在 12 岁时,他就经营一个名叫戴尔的邮票交换中介公司,几个月不到就挣了 2000 美元。16 岁时,他去卖杂志,一年不到又赚了 18000 美元。这些经验使他深刻体会到中介商的报酬有多高。1984 年戴尔在他 19 岁时中途辍学,带着 1000 美元的存款创办了个人计算机有限公司(PCs Limited),并在四年后更名为戴尔计算机公司（Dell Computer Corporation），戴尔的创意是利用具有创新性的邮购营销方式直接贴近他的客户。公司通过 20 多年在商业模式与市场营销方面的努力，获得了非常高的收益。2007 年在《财富》杂志公布的美国 500 强企业中，戴尔居于 34 位，超过微软、摩托罗拉、英特尔等 IT 业巨头，而戴尔本人也被《财富》杂志评为最富有的美国青年才俊。

戴尔成功的故事向我们展示了创新经营模式的重要性，他提出了一个很有吸引力但却简单的经营模式：去掉经销商和分销商，同时通过高质量的服务来努力满足客户的需求。戴尔的经营模式很简单但很有进取性，它把公司定位于一个低价位的、接单生产的、对客户做出直接反应的企业，同时又通过对新的市场营销计划的开发进入新的细分市场，如 B2B、国际市场等。当其他公司开始模仿戴尔的直销营销战略时，戴尔公司面临着一个又一个的营销挑战，但他坚决认为虽然被竞争对手模仿，戴尔公司仍拥有丰富的直销经验，公司还会取得持续增长。

（2）学习能力。"知识就是财富"的内涵与外延已经毋庸置疑。21 世纪是知识经济时代，也是一个充满创新的时代。在这个时代里，新的高科技产业将取代传统产业，新的资源与新的资源配置方式也将出现。知识、信息和能力的拥有者将打破传统的财富与资源的分配方式，打破传统阶层对财富的垄断，成为新时代社会结构的核心和中坚力量。在这个时代，最根本的变化是资本革命，资金让位于知识，知识成为最宝贵的资源、最重要的资本。在这个充满知识经济的时代，创业不再是简单的冒险行为，不是只要敢做敢当、只要有资本就可以实现创业梦想。在这个时代，知识在很大程度上决定了一切，它也向一切拥有知识与智慧的创业者提供了前所未有的机遇；知识的重要性也就决定了学习能力在创业过程中不可动摇的重要性。

一方面，人不可能生来什么都懂、什么都会，需要通过学习获得知识和技能。创业需要各种各样的知识与技能，除了专业知识外，创业者还要掌握社会知识、法律知识、财务知识、营销知识及人事管理技能等。而创业者无法保证在创业之前就已全都掌握这些知识和技能，只能在创业过程中一边做一边学，这就要求创业者具备较强的学习能力。

另一方面，竞争日趋激烈，科技发展日新月异，知识更新不断加快，要求人们不断学习和掌握新知识。著名的万科集团创始人王石在 60 岁时还前往美国哈佛大学学习 MBA 课程，可见知识更新的重要性。事实上，在科技不断进步的同时，国内外企业对新产品的研发也从未间断，再加上政策的改变、市场的变化，创业者无法保证在创业初期拥有的知识技能在几年后仍然有效或保持先进性。因此，创业者要有超强的学习能力，适时更新知识与信息库，跟上时代的步伐，以保证创业的成功。

（3）把握机会的能力。不同的创业者把握机会的能力差异，可以直接表现在产品、管理和市场等各方面的差距上。成功的创业者所遵循的三条指导方针为：第一，快速筛选机会，将没有前途的创业项目淘汰；第二，仔细分析创意，集中关注一些重要的事项；第三，将行动与分析结合起来，不要总是等待所有问题的答案，要准备随时改进进程。

硅谷曾有一家数字研究公司开发出了第一个可运行的操作系统 CP/M。IBM 非常看好这个操作系统，希望把 CP/M 应用于它新生产的个人计算机产品上。在拜访的时候，CP/M 操作系统的研发者加里·基尔却舍不得将成果转让出来共同受益，双方没能达成协议。而当时另外一家不知名的创业公司——微软公司从别人那里购买了一个操作系统来与 IBM 合作，该系统就成为了 MS-DOS、Windows 的前身，而数字研究公司则只成了别人的一个注脚。实际上，对创业者来说，面临的挑战就是准确界定一个尚无人利用、能有所发展的市场机会。如思科就是成功地采纳了一个简单的主意，开发了把电子信息导向指定目标的路由器，从而在不到十年的时间里发展成一个拥有几十亿美元资产的企业。

（4）规避风险的能力。当创业者必须要对两个或更多的结果不明确的备选方案进行主观评估、决定取舍时，就产生了风险情境。创业者在对某个可能的选择进行决策的过程中需要考虑以下因素：这一选择（目标）有多么吸引人；风险承担者可以接受的损失底线；成功和失败的相对概率；个人努力对增加成功可能性、减少失败可能性的影响程度。大多数创业者会评估并承担中等程度的风险。他们不喜欢低风险的情境，因为这样的情境缺乏挑战；但他们也会规避高风险情境，因为他们同样需要成功。他们会设定较高的目标，享受挑战所带来的兴奋感，但是他们不会去赌博。因此，低风险和高风险情境都是创业者所规避的情境，创业者喜欢的是有难度但可战胜的挑战。风险承担行为与下列特质有关：一是创新性，这是把想法变为现实的重要基础；二是自信心，对自己的能力越自信，就越能够影响决定所带来的后果，也就更愿意承担风险。

（5）领导、组织协调能力。拿破仑曾经说过，"不想当将军的士兵不是好士兵"。想取得成功的创业者必须具备"当将军"的能力。创业者在新创企业中需要承担多种角色，其中重要的一种角色就是领导者。现代管理学"权威接受学说"认为，决定命令是否执行的关键是发令者是否具有威望，而与他所在的职位无关。这就要求创业者不仅要在技术和管理业务上具备令人信服的才能，而且要有良好的修养和高尚的道德情操。

创业者有责任为自己的公司设定目标、制订计划，而这些计划的实施和目标的达成在很大程度上取决于员工的工作。因此，鼓舞和保持员工的工作士气是创业者的一项重要任务。商业活动中的领导者主要承担两方面的责任：一是任务责任——推动工作完成；二是人员责任——保持员工士气。领导者认为所有的任务都必须完成，并能够采用创新的办法来完成。为保持士气，好的领导者要遵循这样的原则：你希望别人怎样对待你，你就要怎样对待别人。试着站在别人的角度来看待问题，这会有助于形成对员工积极的态度。好的领导者会在上述两种责任间寻找平衡。有时，在某些特定情境下，如形成新的团队时，要求对人员比对任务本身给予更多关注；而在另外一些情境下，如引进新的程序时，可能就要对任务有更多的关注。对领导力内涵的理解有助于创业者成为更有效的领导者。

此外，对于创业者而言，由于资源的缺乏和经验的不足，对有限的资源进行有限的组织就显得格外重要。组织能力是创业者不可缺少的能力之一。比如组织人力资源，创业者要把培养、吸引和用好人才作为一项重大而长远的任务，要不断吸纳德才兼备、志同道合的人共创事业，要学会用人、善于用人，发挥每个人的长处，即"知人善用，用人所长"。

创业者还需要学会激励人。通俗地讲，就是善于调动人的积极性。对于新创企业而言，创业者能否通过事业和情感吸引、激励人才具有深刻的意义。

（6）计划与决策能力。在计划与决策时，创业者必须注意以下几个方面：第一，创业者在实施某项计划时必须考虑计划涉及的范围和有关限制因素；第二，创业者要考虑某项计划的价值；第三，创业者要考虑计划的时机，实施为时尚早的计划同贻误战机一样，都会导致失去创业机会的不良后果；第四，创业者要考虑计划的根据和后果。

在计划与决策的制定上，创业者必须比经理人更具创新性，他们必须从多角度入手来处理问题，并不断寻求新办法来解决问题。在特定情境下，他们还必须有良好的洞察力，能够预测出几种备选解决方案的可能结果。下列步骤是在决策过程中可以遵循的：定义主要问题；找出问题主要原因；确定可能的解决方案；评估可能的解决方案；选择最佳方案；执行方案；检验方案是否正确。尽管这种理性的方法很有逻辑性，但并不一定能解决所有问题。一个方案的成功执行还需要创业者的领导和权力。决策的执行需要足够的坚定和热情，创业者必须对方案的未来结果持积极态度，而不能浪费时间再去怀疑，一旦已经开始执行一个决策，就要将所有的怀疑和不确定性抛于脑后。创业者必须对自己的行动有决断性。一个组

织应该有明确的发展方向和清楚界定的预期目标。大多数创业者不怕决策，因为他们不害怕失败，而对于成功也有自己的标准。

在决策过程中，时间是一个至关重要的因素，特别是在业务发展阶段。在某些情况下，创业者必须快速决策、迅速执行。有些决策在制定时并没有考虑到未来发展或情况变化等所带来的收益变化。对决策执行情况的有效监控能够帮助创业者及时发现决策的不足之处，并为采取进一步行动提供信息。刚开始时创业者可以采用头脑风暴法，由员工们集思广益，列出各种备选解决方案。虽然有些新问题可能没有正确的解决方法，但还是要由创业者来确定一个最佳的解决方案。

（7）交际和沟通能力。创业者必须是个社交家，是穿梭于各方关系中的交际活动积极分子。前面提及的专业技能固然重要，但是，再优异的专业技术成果，如果一味地闭门造车，不进行交流与开发，就会一直埋没于实验室或设计图纸中。交际能力对于创业者来说也是必不可少的。创业者不仅需要拿出来，更需要走出去，有针对性地搞好人际关系。由于新创企业是一个"市场侵入者"，所以社交活动必不可少。如果创业者具有较强的社交能力，就有可能获取更多的信息，并尽快与各界人士建立相互信赖的关系。

此外，创业者必须具备良好的沟通能力。任何一个组织都可以理解为一个信息传递的系统，而创业者常常位于组织的核心。在创业过程中，无一事件不凸显沟通的重要性，彰显沟通者的智慧。充分的内部沟通可以让创业者及时听取员工的意见和建议，增强员工的主人翁意识，激发员工的主观能动性，充分发挥他们的聪明才智，为他们提供施展才华的舞台；还可以及时消除员工的误解，及时化解可能会出现的内部矛盾；加快信息在公司内的流动速度，并尽可能快地得到反馈。良好的外部沟通可以让创业者了解客户的购买习惯、使用习惯，了解客户对产品的意见、对服务的看法；还可以及时地让客户知道公司的新产品。而在服务方面的有效沟通可以避免不必要的误会。外部沟通还可以让创业者及时地获取市场、竞争对手、政策等方面的重要信息。

从相关调查数据中可以发现，企业经营者对自己的决策能力存在着高估的可能性。在现实中，经常有企业家因为决策失误而导致事业失败。在2002年的调查中，针对"企业经营者最容易出现的问题"这个问题，57.7%的人选择"决策失误"。调查显示，大多数企业经营者的决策能力需要提升。有关研究表明，决策失误是中国企业家最容易犯的错误之一。在改革初期，企业经营者的决策方式大多属于粗放型，但是，随着市场越来越复杂，竞争越来越激烈，很多企业的决策形式需要变革。在2007年的调查中，针对"目前企业家最需要提升的方面"

这个问题,回答中决策能力排在第一位。这表明企业经营者对提高决策能力有一定的紧迫感。

5.2 创业团队

【阅读材料】

万科创始人王石花甲之年继续深造

打造学习型团队是万科集团的核心企业文化,董事长王石不仅严格要求管理团队和全体员工,而且自己也身体力行。2011年春节前夕,王石在60岁高龄时,宣布赴美国哈佛大学游学三年的计划最终成行,业内普遍将此举解读为王石的逐步退隐。不胜其扰的王石,也以微博明志:"当年登雪山,传言我退出江湖;现在去美国学习,又猜测老王隐退。"并反问说:"天天上班,哪来的隐退?"以下是王石于2011年9月15日11:50发的微博:

@万科董事长王石:疲劳,早睡。一早仍感疲乏,冲冷水澡,做作业。橙汁权且当早餐、匆匆去学校。两节课至12点。星巴克快餐、赶要交的作业。下午01:00—06:00点,3节课程,结束时,脑袋一片空白。06:30—08:00还有一堂口语课。翘课吧,太累了。走出教室,被色彩丰富又不张扬的天空所吸引……匆匆去口语课的路上。

思考题:从以上例子你能看出什么问题?

团队不只是一群人在一起工作而已,作为一个团队,首先要具备自主性、思考性、协作性等特点。团队在各个阶段有不同的挑战,团队是企业的核心竞争力,在创业过程中有着显著的作用。建设一个高效稳定的创业团队并让团队成员发挥各自优势,是保证创业高效运转的一个重要因素。

5.2.1 创业团队的概念

所谓团队,是指一些由有共同创业意愿的创业者组成的互补、团结和谐并为负有共同责任的同一目标和标准而奉献的群体。团队不仅集体讨论和决策以及共享和强化信息,更强调通过成员的共同努力,得到实实在在的集体成果,这个集体成果超过成员个人业绩的总和,即团队大于各部分之和。

团队成员才能互补并负有共同责任,有共同的价值观,愿为统一的创业目标而奉献。组建创业团队是整个创业过程中最重要的一个环节。一个好的创业团队对新创科技型企业的成功起着举足轻重的作用。新型风险企业的发展潜力以及其打破创始人的自有资源限制,从私人投资者和风险资本支持者手中吸引资本的能力,与企业管理团队的素质有着十分紧密的联系。创业团队的凝聚力、合作精神、立足长远目标的敬业精神会帮助新创企业渡过难关,加快成长步伐。另外,团队成员之间的互补、协调以及与创业者之间的补充和平衡,对新创科技型企业来说起到了降低管理风险、提高管理水平的作用。

5.2.2 创业团队的类型

依据创业团队的组成者来划分,创业团队有网状创业团队(net team)、星状创业团队(star team)和从网状创业团队中演化而来的虚拟星状创业团队(virtual star team)。

(1)网状创业团队。网状创业团队的成员就像四大名著之一《水浒传》中描述的那样,一般在创业之前就有密切的关系,比如同学、亲友、同事等。在交往过程中,成员在共同认可某一创业想法,并就此达成共识以后,开始共同创业。创业团队组建之初一般没有规定核心人物,大家根据各自的特点进行自发的组织角色定位。因此,在企业初创时期,各位成员基本上扮演的是协作者或伙伴角色(partner)。

这种创业团队具有如下特点:

1)团队没有明显的核心,整体结构较为松散。

2)组织的决策效率低,组织决策时,一般采取集体决策的方式,通过大量的沟通和讨论达成一致意见。

3)容易在组织中形成多头领导的局面,团队成员在团队中地位相似。

4)聚散均容易,当团队成员之间发生冲突时,一般都采取平等协商、积极解决的态度,团队成员不会轻易离开,但一旦团队成员间的冲突升级,某些成员撤出团队,就容易导致整个团队的涣散。

网状创业团队的典型是微软的比尔·盖茨和童年玩伴保罗·艾伦、惠普的戴维·帕卡德和他在斯坦福大学的同学比尔·休利特等。多家知名企业的创建首先是团队成员结识,基于一些互动激发出创业点子,然后合伙创业。

(2)星状创业团队。星状创业团队成员关系就像《西游记》中的唐僧师徒。团队中有一个核心人物(core leader),这个核心人物拥有操作性很强的创业方案,然后根据自己的设想组建创业团队,并充当领队。一般情况下,在团队形成之前,核心人物就已经仔细思考团队组成的问题，并根据自己的创业需要选择相应人员加入团队，这些加入创业团队的成员也许是核心人物以前熟悉的人，也有可能是不熟悉的人，但这些团队成员在工作中更多的时候扮演的是支持者的角色（supporter），这种创业团队有如下几个明显的特点：

1）组织结构紧密，向心力强，主导人物在组织中的行为对其他个体影响巨大。

2）决策程序相对简单，组织效率较高。

3）容易形成权力过分集中的局面，从而使决策失误的风险加大。

4）当其他团队成员和主导人物发生冲突时，因为核心主导人的特殊权威，其他团队成员在冲突发生时往往处于被动地位，在冲突较严重时，一般都会选择离开团队，因而对组织的影响较大。

星状创业团队的另一个典型例子就是四大名著之一《三国演义》中描述的团队。其特点是每个团队中都由一位绝对权威的人物引领。

在现实生活中，这种组织的典型例子如马化腾创建的腾讯公司。

由网状创业团队演化而来的另外一种创业团队叫虚拟星状创业团队，处于网状创业团队和星状创业团队的中间形态。在虚拟星状创业团队中，有一个核心成员，但是该核心成员地位的确立是团队成员协商的结果，因此核心人物从某种意义上说是整个团队的代言人，而不是主导型人物，其在团队中的行为必须充分考虑其他团队成员的意见，不如星状创业团队中的核心主导人物那样有权威。

（3）两种创业团队的比较。星状创业团队是先有创业思路再有创业团队，而网状创业团队则恰好相反，先有核心创业团队的结识才有创业思路；此外，网状创业团队比星状创业团队更强调人际关系在创业团队构成中所扮演的角色。从中国的创业团队类型来看，由于中国特有的文化特征和数千年来形成的行为方式，网状创业团队的数量远远超过了星状创业团队的数量。

从团队的稳定性来看，网状创业团队不如星状创业团队。主要原因在于星状创业团队是由一个核心主导来组成所需要的团队，这个核心主导在挑选成员的时候就已经考虑到成员的性格、个性、能力、技术以及未来的价值分配模式，这就保证了团队成员的能力不会因为公司规模的扩张而不适应经营的要求，同时不会出现由于创业成员因为性格、兴趣不合而导致创业团队解散的情况。

5.2.3 创业团队的基本构成

人才是企业运营中最宝贵的资源，素质较高、结构合理的创业团队有助于创业企业的创建和高效运营，以获取良好的经济效益和社会效益。美国管理学家布鲁斯 R.巴林格和 R.杜安·爱尔兰总结出了创业团队的基本构成：企业创建者、核心员工、董事会、顾问委员会、贷款者与投资者及其他专业人员，如图 5-1 所示。团队成员之间的目标一致性非常重要。而构成创业团队的所有要素呈现的是一个完整的系统，任何一个要素如果做得不好，就会给新创企业带来麻烦。

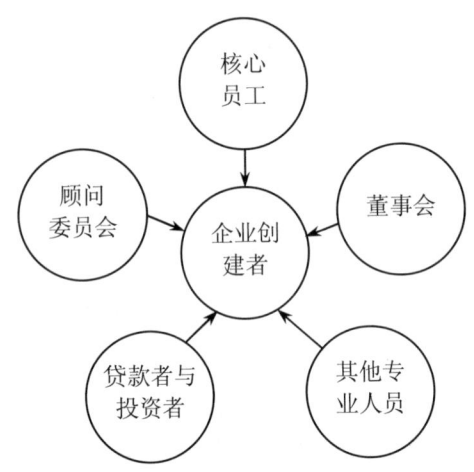

图 5-1　创业团队的基本构成

（1）企业创建者。企业创建者的素质非常重要，投资者和其他人非常重视企业创建者及初始管理团队的能力。因为在企业创建初期，创建者的知识、技术和经验是企业所具有的最有价值的资源。因而，人们往往通过评估企业创建者和最初管理团队的教育水平、前期创业经验、相关产业经验、广泛的社会和职业网络关系来判断企业未来发展的前景。

1）创建者的教育水平。人们相信，接受过大学教育的创业者，具备与创业有关的重要技能，如研究能力、洞察力、创造力和计算机技术应用能力。

2）前期创业经验。一项研究表明，前期创业经验是未来创业绩效最稳定的预测因素之一。由于开办新企业是一项非常复杂的工作，因此，与刚刚接触创业的创业者相比较，具有前期创业经验的创业者具有独一无二的优势，他们更熟悉创业过程，更有可能避免犯重大错误。

3）相关产业经验。具有相关产业经验的创业者，会更加熟悉相关产业的发展趋势，对所在行业理解得更加透彻，能够为企业提供更成熟的产业关系网络。

4）广泛的社会和职业网络关系。具有广泛社会和职业网络关系的初始创建者，往往更容易获得额外的技能、资金和消费者认同。初创企业应当善于开发和利用网络化关系，构建并维持与兴趣类似者或能够给企业带来竞争优势的人的良好人际关系，这种网络化关系也是创业者社会资本的具体体现。

表 5-2 列出了企业创建者应当具有的特征。由具备这些特征的创建者或创建者团队创办的新企业，最有可能快速获得成功。

表 5-2 企业创建者应具有的特征

特征	说明
由团队创建企业	与个人创建企业相比，团队创办新企业能为企业提供更多的资源、更多样的观点和更广泛的项目选择
受教育水平较高	事实表明，高水平的教育能够提升重要的创业技能
前期创业经验	具有前期创业经验的创业者要比刚刚接触创业过程的创业者更熟悉创业过程，更有可能避免犯重大错误
相关产业经验	与没有相关产业经验的创业者相比，具有新企业所在行业经验的创业者更有可能拥有良好的职业网络关系以及实用的营销和管理经验
广泛的社会和职业网络关系	具有广泛的社会和职业网络关系的创业者，很有可能获取额外的技能、资金和消费者认同

（2）核心员工。企业创建者一旦决定创办一家新企业，就要开始组建管理团队和招募核心员工。在有些情况下，创建者个人要先工作一段时间，直到完成商业计划和企业初具雏形后再招募员工。而在另外的情况下，创业者需要立即招募员工。在招募员工时，要设计技能目录清单，列出最需要的技能、缺少的技能和应对技能缺口的措施。所招募的员工应该有很强的意愿和适合该项工作。在新创企业中，每个人都十分重要，每名团队成员的工作都必须直接影响价值，否则这个人就得离开团队。招募和选择核心员工一般可以通过猎头公司、人才市场、媒体广告及熟人推荐等途径完成。

（3）专家顾问、贷款者与投资者。新创企业团队固然重要，企业外的专家团队的作用也不可小觑。在许多情况下，这些专家以顾问委员会、贷款者或投资者等角色出现，并起着完善新创企业团队的重要作用。

1）专家顾问。专家顾问是企业领导者在经营过程中向其咨询并能得到建议的专家小组。顾问委员会对企业不承担法定责任，只提供不具约束性的建议，多数顾问委员会有 3~5 名成员。公司也可以组建一个或多个顾问委员会。

2）贷款者与投资者。因为贷款者与投资者对他们所投资的公司有既得利益，所以，风险投资者们越来越注重并积极参与管理团队的塑造和提高。作为新创企业团队的非员工成员，通过多种途径积极、全力以赴地帮助所资助的企业，为企业提供有用的指导和资信，并对财务实施监管。除了提供融资外，贷款者与投资者还采用多种方式增加新创企业的价值，如帮助识别和招募核心管理人员；对于企业打算进入的市场和产业，提供意见和建议；帮助企业完善商业模式；扮演新创意的宣传者；提供接近其他资本来源的途径；吸引消费者；帮助企业建立商业合作关系；在企业董事会或顾问委员会任职；帮助平息和稳定许多新创企业团队都会经历的情感波动。

（4）其他专业人员。律师、会计师和企业咨询师等专业人员对于新创企业的成功来说，也发挥着重要作用。比如咨询师（consultant）作为提供专业或专门建议的个人，在帮助企业进行可行性分析或行业分析方面可以发挥重要作用。

5.3　组建创业团队

创业团队的组建是一个相当复杂的过程，不同类型的创业项目所需的团队不一样，创建步骤也不完全相同。组建一个健康、有战斗力的创业团队，需要树立正确的团队理念、明确并正确制定团队的发展目标，并建立责、权、利统一的团队管理机制。组建一个健康、有战斗力的创业团队应具备下述条件。

5.3.1　团队组建原则

（1）志向原则。成功的创业团队成员必须有共同的创业理念、共同的创业愿景且相互信任。理念：俗话说"物以类聚，人以群分""道不同不以为谋"，讲的就是这个道理。愿景：苹果的愿景就是做最时尚的电子产品，福特汽车的愿景就是让每一个家庭都有一辆汽车。信任：做任何事情都要做到亲兄弟明算账，事前约法三章，但是这些是建立在高尚人格基础上的。疑人不用，用人不疑，如果没有了基本的信任，那么团队合作是不可能成功的。

（2）利益原则。要将所有成员的思想统一到团队的利益高于其他利益上来。无论团队强弱，都不要把股权分完，再强的团队也要留20%左右的股票作为企业发展之需。弱一点的团队，应留40%左右。这样当有牛人补充进来时，才不至于从团队成员口袋里掏米，反而可从"大锅里"给牛人添饭。

（3）互补原则。互补的团队成员可以从知识、技能、协调管理、资金，以及人脉与社会关系等各方面为企业发展提供源源不断的动力。

5.3.2 树立正确的团队理念

(1)诚实正直。诚实正直是有利于顾客、公司和价值创造的行为准则。它排斥纯粹的实用主义或利己主义,拒绝狭隘的个人利益和部门利益。

(2)凝聚力。拥有正确团队理念的成员相信他们处在一个命运共同体中,共享收益,共担风险。团队工作指的是作为一个团队进行工作而不是靠个别的"英雄"工作,每个人的工作都相互依赖和支持,同时依靠事业成功来激励每个人。

(3)承诺价值创造。拥有统一团队理念的成员承诺为了每个人而把企业这个"蛋糕"做大,包括为顾客增加价值,使供应商随着团队成功而获益,给团队的所有支持者和各种利益相关者带来利益。

(4)为长远着想。为长远着想的团队成员,相信自己正在为企业的长远利益工作,正在成就一番事业,而不是把企业当作一个快速致富的工具。没有人打算在困境出现之前或出现时退出而获利,他们追求的是最终的资本回报及带来的成就感,而不是当前的收入、地位和待遇。

5.3.3 确立团队的发展目标

(1)团队目标的作用与来源。目标在团队组建过程中具有特殊的价值。目标是团队存在的理由,也是团队运作的核心动力。目标是团队决策的前提,是团队发展的一面旗帜。

首先,目标是一种有效的激励因素。共同的未来目标是创业团队克服困难、取得胜利的动力。团队成员只有看清团队的未来发展目标,才能决定能否把团队目标作为自己的目标,并为实现这个目标而奋斗。

其次,目标是一种有效的协调因素。团队中成员的个性、能力一定存在差异,必须将全部成员的步调、信心、决心、目标真正统一起来,使他们齐心协力,最终取得创业的成功。

(2)制定目标的黄金原则。制定目标的"黄金准则"就是 SMART 原则。SMART 是 5 个英文单词 specific、measurable、acceptable、realistic、timed 的第一个字母的汇总。好的目标应该能够符合 SMART 原则。

1)S(specific)——明确性。所谓明确性就是要用具体的语言清楚地说明要达成的行为标准。具有明确的目标几乎是所有成功团队的一致特点。目标不够清晰或模棱两可,或没有将目标有效地传达给相关成员,团队一般很难取得创业的成功。

例如，目标为"增强客户意识"，就对目标的描述很不明确，因为增强客户意识有许多具体做法，如减少客户投诉率，过去客户投诉率是3%，现在把它减少1%；或者提升服务的速度，这也是增强客户意识的一个方面；另外，使用规范礼貌的用语或采用规范的服务流程都是增强客户意识的做法。有这么多增强客户意识的做法，那么"增强客户意识"到底指什么？如果目标不明确就没有办法评判、衡量。

2）M（measurable）——衡量性。衡量性就是指目标应该是明确的，而不是有弹性的。应该有一组明确的数据作为衡量是否达到目标的依据。如果制定的目标没有办法衡量，就无法判断是否实现了这个目标。但并不是所有的目标都可以衡量，有时也会有例外，比如说方向性的目标就难以衡量。

3）A（acceptable）——可接受性。企业领导定目标时，总希望越高越好，创业者更是这样期待。但目标是要能够被执行人所接受的，如果上司利用一些行政手段，一厢情愿地把自己所制定的目标强压给下属，下属典型的反应是产生心理和行为上的抗拒。因此，目标要适当合理。

制定目标通常有三种途径：第一种，自上而下，由上司定，定完后下属接受；第二种，自下而上，下属定，定完后让领导批准；第三种，上司与下属共同商定。制定目标的核心工作是通过沟通来达成共识，没有这个过程就谈不上可接受性。

4）R（realistic）——实际性（可执行）。目标的实际性是指在现实的条件下是否可行、可操作。与此相对的可能有两种情形：一种是决策者乐观地估计了当前的形势，低估了达到目标所需要的条件，这些条件包括人力资源、硬件条件、技术条件、系统信息的条件、团队的环境因素等，以致下达了一个高于实际能力的指标；另一种是决策者可能花了大量的时间、资源，甚至人力成本，最后确定的目标根本没有多大的实际意义。

5）T（timed）——时限性。一个没有时间计划的目标，往往被称为糊弄性的马拉松式目标，而发展目标的时限性即目标是有时间限制的。时间限制是考核和统一上下级对目标认识的关键；如果上下级之间对目标轻重缓急的认识程度完全不同，上司着急，但下面不知道，到头来上司可能暴跳如雷，而下属觉得委屈。这种没有明确时间限制的目标也会带来考核的不公正，伤害工作关系，挫伤下属的工作热情。

（3）设定目标的窍门。制定企业的发展目标的是有规律可循的，这些窍门可归纳为"四要四不要"。

第一个"要和不要"：要使用精确的描述性语言，如"我们要在三天内回答客户的问题"；不要使用形容词和副词，如"我们对待客户要尽量表现得专业些"。

第二个"要和不要"：要使用积极的动词，如增加、提升、取得等；不要使用消极的动词，不同的人对它们的判断标准是不一样的，如减少、取消等。

第三个"要和不要"：要具体、明确，如"人力资源部要求每三天更换一次出勤报告"；不要泛泛而谈，如"在团队中增强客户意识"。

第四个"要和不要"：要使用简单有意义的衡量标准，如"团队今年的预算要比去年同期减少15%"；不要使用一些模糊的衡量标准，如"把部门的预算控制在去年的水平内"。

(4) 目标设定的衡量标准。按照SMART标准，一个好的目标，必须要按照一定的衡量标准来确定。常用的衡量标准包括数量标准、费用标准、实现标准和质量标准。

1) 数量标准：利润率、产量、收入、市场占有率、客户保有率、新顾客的数量、新产品的比例、投资回报率、每股收益等。

2) 费用标准：单位的成本、预算与实际的比例、人工成本与销售额之间的比例等。

3) 实现标准：按时交货、产品投放市场的时间、单位生产时间、客户的响应时间、服务速度等。

4) 质量标准：产品的合格率、错误率、次品率、可靠性、返修率等。

(5) 目标制定的陷阱。

1) 高不可攀的目标。高不可攀的目标没有办法鼓舞员工的士气，反而会使员工泄气。制定的目标最好适当偏高，让执行者轻踮脚尖、努力一把就能实现。

2) 低估团队能力，制定的目标偏低。低估团队成员的潜力，制定一个没有挑战性的目标，会失去激励员工的意义。

3) 目标描述的文字过长或数字过多，让员工不易记住。一个好的目标应该是简洁的、可操作性较强的，并且需要集中到关键的领域。

4) 保密。确定目标后，一定要通过各种渠道如会议、个别沟通、张贴公告等，让所有的成员都知道，同时也将目标完成情况公之于众，以示激励和鼓励。

(6) 制定具有挑战性的目标。

1) 具有挑战性的目标的作用。目标是相对于员工近期的工作业绩来说的，要考虑现有员工的工作能力、工作条件和企业现有的条件，然后进行资源配置，使它适当偏高，具有挑战性。

一是可以给下属适当施压。人在压力之下的工作状态是不同的，压力和绩效之间的关系比较复杂：压力太大绩效不会太高，反而让人不愿意面临这样一个目标；反过来如果没有压力或压力非常低，团队的目标也很难实现。适度的压力对团队目标的实现是有帮助的，压力过高和过低都不利于目标的实现。

二是可以调动下属的潜能和工作热情。下属如果把自己的潜能发挥出来，并赋予一定的工作热情，且努力工作就可以实现这个目标，那就会朝这个方向努力。

三是促使下属提高自己的素质，不满足于现状。如果不需要太多努力就可以达到目标，很容易使人满足于现状。

四是当具有挑战性的新目标完成时，会带给团队成员或整个团队成就感。

2）制定具有挑战性的目标应注意以下几方面的因素。制定具有挑战性的目标应该从以下五个方面加以考虑：

一是不能忽略所在市场的环境。比如行业的趋势：今年百货业的增长率大约是10%，作为百货业，团队的销售目标就要考虑这个行业的特点；而如果是超市，就不能按行业趋势来算，因为百货业基本上保持平稳的增长趋势，而超市增长的比例可能就比较大。

二是要考虑到竞争。比如一个餐饮团队，第一年做到了200万元营业额，但第二年旁边又增加了一个新的竞争对手，可能会给销售带来30%的下降，这个时候在制定团队目标时就要考虑到这种竞争因素。

三是要考虑到下属的自信心。也许领导认为这个目标是合适的，但下属的自信心不强，没有把握，这时就必须去说服下属，让他接受这个目标。

四是在制定具有挑战性的目标时应避免以下这种误解。比如去年比前年的销售额提升了，今年我们要更上一层楼，比去年再提高35%。这一点是否合理要取决于今年、去年和前年之间的增长关系。不能说今年比去年增加了，明年就一定要比今年提升。在市场已经相对饱和、呈现下滑趋势的情况下，领导需要跟下属一起制定团队目标，并且需要解释为什么制定这个目标，甚至有时要通过激励的方式来提升团队成员的自信心。

五是在制定目标时应充分讨论。

如何制定团队目标？确立目标有以下几个程序：

A. 按 SMART 标准撰写拟定的目标内容。可以采取表格的方式把目标写下来。

B. 列出上述目标所带来的好处，提高工作的动力。这种好处可以从组织的角度、团队的角度去想：第一，这个目标一旦实现，团队经营就有了保障，而个人也将发展一套新的技能；第二，达到这个目标后，团队的其他成员会以一种更肯定的目光来看待自己，自己的潜力也会得到印证。通过设想好处来提高工作积极性，提升自信心。

　　C．列出达到目标会碰到的困难和障碍及相应的解决办法。例如，目前还不具备这方面的技能，相应的解决办法是培训；需要其他团队成员的介入，而他不一定会与自己合作，相应的解决办法是跟团队成员沟通，或找团队领导来帮助协调工作。

　　D．明确完成这个目标需要的知识和技能，确定是否需要从外面的团队中借调资源。

　　E．确定为达到目标必须合作的对象。要完成这个目标，需要哪些人配合？团队领导需要做哪些事情？团队之外的某人需要帮我们做什么？政府官员需要帮我们做什么？如要办一个手机展会，那么肯定要赢得信息产业部门对这个手机产品的支持，或需要新闻媒体在这方面做一些软性报道，这些人都是需要合作的对象。

　　F．确定目标完成计划。有了明确的工作目标，接下来的工作就是将目标转化为详细的工作计划。计划是使用可以动用的资源达到预先设定的工作目标的一种方法，是一个系统性的步骤。目标就像地图中某一个具体的地点，而计划则是到达指定地点的路线图，它要说明什么时间从哪儿开始，第一步到达哪儿，第二步到达哪儿，直至最终到达目的地，且每一步都是相互关联的。

　　（7）建立目标的控制系统。有了目标、计划还不够，还要建立一个目标控制系统，确保目标能最终实现。建立控制系统以后，领导和团队成员就可以把正在进行的工作跟原先的期望进行对比，根据情况来修订目标、计划，必要时重新组织人员，或决定采取何种额外激励措施。

　　建立控制系统的措施：
1）将建立控制单元作为项目计划的一部分，把控制放入项目计划中。
2）设立时间表和检查机制。
3）收集团队成员的反馈意见。
4）随时纠偏，必要时调整目标、计划、资源的分配、激励方法等。

5.3.3　建立责、权、利统一的团队管理机制

　　（1）妥善处理创业团队内部各种权力和利益的关系。一方面，在创业团队运行过程中，团队要确定谁适合从事何种关键任务，谁对关键任务承担什么责任，解决这些问题的过程就是妥善处理创业团队内部权力关系的过程，最终实现能

力和责任的重复最小化。另一方面,要妥善处理创业团队内部的利益关系。这与新创企业的报酬体系有关。一个新创企业的报酬体系不仅包括诸如股权、工资、奖金等金钱报酬,而且包括个人成长机会和提高相关技能等方面的因素。每个团队成员所看重的并不一致,这取决于其个人的价值观、奋斗目标和抱负。有些人追求的是长远的资本收益,而另一些人不想考虑那么远,只关心短期收入和职业安全。

由于新创企业的报酬体系十分重要,而且在创业早期财力有限,因此要认真研究和设计整个企业生命周期的报酬体系,以使其具有吸引力,并且使报酬水平不受贡献水平的变化和人员增加的限制,能够保证按贡献付酬和不因人员增加而降低报酬水平。

(2)制定创业团队的管理规则。要处理好团队成员之间权力和利益的关系,创业团队必须制定相关的管理规则。创业团队管理规则的制定,要有前瞻性和可操作性,要遵循先粗后细、由近及远、逐步细化、逐次到位的原则。这样有利于维持管理规则的相对稳定,又有利于团队的稳定。

创业团队的管理规则大致可以分为三个方面:

1)治理层面的规则,主要解决剩余利益权和剩余控制权的问题。治理层面的规则大致可以分为合伙关系与雇佣关系。在合伙关系下均为董事,彼此平等好商量;而在雇佣关系下只有董事长具有决策权,雇员必须服从。除了利益分配机制和争端解决机制,还必须建立进入机制和退出机制。一个没有股权出入口的企业管理规则是不完整的,因此创业团队要约定创业者退出的条件,以及股权的转让、增股等的条件。

2)文化层面的管理规则,主要解决企业的价值认同问题。企业章程和用工合同解决的是经济契约问题,但作为管理规则它们还是很不完备的。经济契约不完备的地方要由文化契约来弥补。文化契约比较复杂,包括很多内容,简要地概括就是企业的"公理"和"天条"。"公理"就是团队内部不言自明、心照不宣的道德准则,构成团队成员共同的终极行为依据;"天条"是"高压线",一碰就"触电",团队内部任何人都不能碰,对所有团队成员都具有约束力。

3)管理层面的规则,主要解决指挥管理权问题。管理层面的规则最基本的有三条:平等原则,制度面前人人平等,企业员工无一例外;服从原则,下级服从上级,行动要听指挥;等级原则,不能随意越级指挥,也不能随意越级请示。

这三条原则是秩序的源泉,而秩序是效率的源泉。当然,仅有这三条原则是不够的,但它们是最基本的,是建立其他管理制度的基础。

小　结

创业者（entrepreneur）和创业家为同义词，创业一定由创业者发起和策动，创业者的核心精神是创新和责任；创业者组成创业团队并共同奋斗，实现创业梦想；多数成功的创业企业均由创业团队实现，不断学习和善于学习是创业团队成功的关键，团结互助、取长补短是创业团队共同前进的保障；明确设定创业团队管理制度，制定企业发展目标要实事求是；企业发展愿景是企业目标的源泉，统一愿景是企业发展的动力；企业治理不仅仅依靠制度等经济契约，文化契约在企业治理过程中可以起到弥补作用。

【案例分析】

一个技术型创业团队的理想与现实

马化腾与他的同学张志东合资注册了深圳腾讯计算机系统有限公司。之后又吸纳了三位股东：曾李青、许晨晔、陈一丹。这5个创始人的QQ号，据说是从10001到10005。为避免彼此争夺权力，马化腾在创立之初就和4个伙伴约定清楚：各展所长、各管一摊。马化腾是CEO（首席执行官），张志东是CTO（首席技术官），曾李青是COO（首席运营官），许晨晔是CIO（首席信息官），陈一丹是CAO（首席行政官）。直到现在，其中4个还在公司一线，只有COO曾李青挂着终身顾问的虚职而退休。

都说一山不容二虎，尤其是在企业迅速壮大的过程中，要保持创始人团队的稳定合作尤其不容易。在这背后，工程师出身的马化腾一开始对于合作框架的理性设计功不可没。从股份构成上来看。5个人一共凑了50万元，其中马化腾出了23.75万元，占了47.5%的股份；张志东出了10万元，占20%的股份；曾李青出了6.25万元，占12.5%的股份；其他两人各出5万元，各占10%的股份。虽然主要资金都由马化腾所出，他却自愿把所占的股份降到一半以下。"要他们的总和比我多一点点，不要形成一种垄断、独裁的局面。"而同时，他自己又一定要出主要的资金，占大股。"如果没有一个主心骨，股份大家平分，到时候也肯定会出问题，同样完蛋。"

保持稳定的另一个关键因素就在于搭档之间的"合理组合"。据中信出版社、蓝狮子财经出版中心签约作家，中国资深互联网观察家林军回忆说："马化腾非常聪明，但非常固执，注重用户体验，愿意从普通用户的角度去看产品。"张志东是脑袋非常活跃、对技术很沉迷的一个人。马化腾技术也非常好，但是他的长处是能够把很多事情简单化，而张志东更多是把一件事情做得完美。许晨晔和马化腾、张志东同为深圳大学计算机系的同学，他是一个非常随和而有自己的观点但不轻易表达的人，是有名的"好好先生"。而陈一丹是马化腾在深圳中学时的同学，后来也就读深圳大学，他十分严谨，同时又是一个非常张扬的人，能在不同的状态下激起大家的激情。如果说，其他几位合作者都只是"搭档级人物"的话，只有曾李青是5个创始人中最好玩、最开放、最具激情和感召力的一个人，与温和的马化腾、爱好技术的张志东相比，是另一个类型。其大开大合的性格，也比马化腾更具攻击性，更像拿主意的人。不过或许正是这一点，也导致他最早脱离了团队，单独创业。

后来，马化腾在接受多家媒体的联合采访时承认，他最开始也考虑过和张志东、曾李青3个人均分股份的方法，但最后还是采取了5人创业团队，根据分工占据不同的股份结构的策略。即便后来有人想加钱、占更多的股份，马化腾也说不行，"根据我对你能力的判断，你不适合拿更多的股份"。因为在马化腾看来，未来的潜力要和应有的股份匹配，不匹配就要出问题。如果拿大股的不干事，干事的股份又少，矛盾就会发生。

可以说，在中国的民营企业中，能够像马化腾这样，既包容又拉拢，选择性格不同、各有特长的人组成一个创业团队，并在成功开拓局面后还依旧能保持长期默契合作，是很少见的。而马化腾成功之处，就在于其从一开始就很好地设计了创业团队的责、权、利。能力越大，责任越大，权力越大，收益也就越大。

【思考与讨论】

1. 通过阅读上述案例，讨论团队组合的原则。
2. 马化腾为什么不独自创业再聘请创业团队创业？
3. 马化腾是如何利用制度来约束和调动团队成员的潜能并放大成企业文化的？
4. 如何看待创业团队成员的离去？

第 6 章　创业机会

【课程目标】

使学生全面了解和掌握创业机会的概念、创业机会的来源、创业机会的识别和创业机会的评估等相关知识，同时通过案例讨论和模拟实训的方式来提高学生分析问题及解决问题的能力，并培养学生综合运用所学的创业机会理论知识的能力。

【知识点】

1. 创业机会的概念
2. 创业机会的来源
3. 创业机会的识别
4. 创业机会的评估

【技能点】

1. 理解创业机会的概念。
2. 了解创业机会的来源。
3. 学会如何识别创业机会。
4. 学会如何进行创业机会的评估。

【引例】

小小蜜蜡店年赚过百万

几年前蓝景云偶然发现香港很多人包括演艺界明星喜欢在手腕上戴一串水晶手链或蜜蜡手链，明星的穿着打扮时刻影响着追星族。对女性研究较透彻、专做女人生意的香港人蓝景云，经过一番研究和市场调查后，发现水晶的利润高得惊人，从中看到巨大的商机，于是决定投资去做水晶首饰的生意。

水晶首饰一般是穿好了一条条卖，蓝景云却独辟蹊径，将水晶拆散逐粒卖，这样不仅节约了成本，还可以根据顾客的需求，将不同的水晶任意组成一条手链或饰物。由于价廉物美，在百业萧条之际，蓝景云经营的水晶店却一枝独秀。

在做水晶生意时，蓝景云又接触到比水晶更高层次的蜜蜡，天然蜜蜡的价值远高于天然水晶，而且利润更为丰厚，上等蜜蜡的价格不菲。2003年，蓝景云在香港沙田希尔顿商场，以月租3万多港元租下一个只有六平方米的商铺，起名"清雅古蜡"，经营半年后平均每月保持20多万港元的营业额，成本只需三四万港元，加上铺租，纯利润有十七八万港元。

2004年年初，他与朋友合作在广州投资开了国内第一间蜜蜡专营店"清雅古蜡"，2005年，他又在广州环市中路世界贸易广场四楼再投资开了"清雅古蜡"分店。

蓝景云坦言，之所以他的蜜蜡店经营得那么好，原因有几方面：首先是货品广，品质可以说是城中最佳者，许多玩蜜蜡的专家收藏的货品都不及他手上拥有的品质好；再者价格优惠，此外，他有一套他人无法仿效的销售手法。通常有新货品回来时，店员会通知熟客来看货，如果顾客遇到心仪的货品带的钱却不够，店员会为顾客保留数日。

蓝景云说投资一家像样的蜜蜡店，没有200万就不要考虑了，钱都压在进货上了，遇到好的货品就要设法购入，因为蜜蜡属于稀有资源，是经过数千万年而成，凡是上等的好货都不愁没有买家，而且蜜蜡是保值的。

成功秘诀：①利润丰厚，类似古董，没有标准的定价准则；②竞争对手少；③装修格调高雅、古朴，灯光和颜色搭配运用俱佳；④深谙顾客心理，销售手法独特、有效；⑤货品无论是款式还是种类都比较丰富。

6.1 创业机会的概念及特征

【阅读材料】

胡润中国富豪榜的诞生

胡润，1970年出生在卢森堡，就读于英国杜伦大学，专业学的是中文。1990年到中国留学，后来就留在安达信会计师事务所上海分部工作，成为了一名会计师。但是，胡润遇到了一件麻烦事，每次休假回到英国，大家都会很好奇地问他，中国怎么样。这个问题看似简单，不过还真是难回答，关键是没有标准，偌大一个中国，五千年历史，十三亿人口，说什么呢？

胡润为了这个事特别烦恼，不少人对他说，你一个在中国留学的人，连这么个简单的问题都回答不了，你这个学上到哪里去了。每次回国，胡润都要受这种刺激。1999年，正好是中华人民共和国成立50周年，胡润就想，我给你介绍50个中国特别成功的人，不就可以让你知道中华人民共和国成立50年来的变化吗？基于这样的想法，胡润后来推出了富豪榜。

创业机会是指在市场经济条件下、社会的经济活动过程中形成和产生的一种有利于企业经营成功的因素，是一种带有偶然性并能被经营者认识和利用的契机。创业是建立在机会基础上的。在企业创建时期，真正的商业机会比团队的智慧、才能或可获得的资源更为重要。创业机会是创业的核心要素，创业过程是围绕着创业机会的识别、开发和利用的一系列过程。

创业机会实际上是一种可能的未来盈利机会，而且客观存在，关键是你是否能及时把握。这一机会需要有实体企业或商业行动的支持，通过具体的经营措施来实施，以实现预期的盈利。创业机会是未明确市场需求或未充分使用的资源或能力，它不同于有利可图的商业机会，其特点是发现甚至创造新的目的—手段关系来实现创业收益，对于产品、服务、原材料或组织方式有极大的革新，能提高效率。

创业者就是比较好地把握了商业机会从而成功创业。例如，蒙牛的牛根生看到了乳业市场的商机，好利来的罗红看到了蛋糕市场的商机，在现实生活中，这样的例子不胜枚举。也有创业者不仅成功创业，而且还改变人们的生活和休闲方式，甚至创造出新的产业。例如，易趣、阿里巴巴利用互联网开设网店，当当网、亚马逊等成功地将互联网技术引入图书销售业，艺龙旅行网和携程网等成功地将互联网技术引入旅游咨询服务业等，这些都极大地改变了人们的生活方式和消费观念。

创业机会具有如下重要特征：

第一，具备潜在的盈利性。这一特征有两个层面的含义。一方面，盈利性是创业机会存在的基础。创业者追逐创业机会的根本目的是基于创业机会组建企业，进而获得财富。如果创业机会不具备盈利性，对于创业者而言就不构成创业机会。另一方面，创业机会的盈利性是潜在的，并非一目了然。这就需要创业者拥有一定的知识和技能，同时也要有相关领域的实际经验。因此，这也为创业机会的识别和评价带来了一定的难度。

事实上，创业机会具有很强的时效性，往往转瞬即逝。如果不及时把握住，错失良机，或者这个机会所富有的价值便不复存在，或者被其他创业者抢占先机，原有的拥有巨大价值的创业机会便会沦为一条无价值的市场信息。因此，创业者应当做好准备，一旦发现有价值的创业机会，就及时行动。

第二，创业机会在不断开发中提升其潜在价值。创业机会的潜在价值依赖于创业者的开发活动，创业机会不是被发现的，而是被创造出来的。创业机会的最初形态很可能仅仅是一些散乱的信息组合，在创业过程中各类利益相关者积极地参与到机会识别中来，不断磨合各自的想法，创业机会的基本盈利模式才能逐步呈现，并转化为正式的企业。由此可见，创业机会的潜在价值具有很强的不确定性，而且并非即刻就可实现在实际创业中，其价值大小会随着创业者的具体经营措施和战略规划而发生变动。如果创业者的战略方案与创业机会的特征相匹配，创业机会的价值就能够得到很大的提升，创业活动也能够获得较好的效果。如果相关战略规划与创业机会特征不匹配，甚至有严重的失误，即使创业机会潜在价值很强，也无法得到最有效的开发，因而导致创业失败。

6.2 创业机会的来源

创业者一般要经历痛苦的抉择和发掘创业机会的过程。而创业的机会，往往潜藏在创业者精心潜思和积极进行创业准备的过程中，有时候创业者的创意构成了创业机会的根本来源。也就是说，想要获得创业的成功，首先要获得好的创意，但是创意从何而来呢？大部分创意来自刻意、有目标地寻求问题的解决办法或取悦顾客的机会。

综合国内一些学者的研究成果，创业机会的具体来源主要有以下几个方面：科技的进步、政策与法律的变化、社会和人口因素的变化、市场需求的变化等。

（1）科技的进步。 科技进步带来的创业机会，主要源自新的科技突破和社会的科技进步。通常，技术上的任何变化，或多种技术的组合，都可能给创业者带来某种创业机会，具体表现在三个方面。

1）新旧技术的更替。当某一领域出现了新的科技突破和技术，并且它们足以替代某些旧技术时，通常随着旧技术的淘汰和新技术的未完全占领市场而暂时出现市场空白。

2）新技术的出现。一种能够实现新功能、创造新产品的新技术出现，无疑会给创业者带来新的商机。例如互联网的发明伴随着一系列与网络相关的创业机会，晶体管的发明促使索尼走向全球市场等。

3) 新技术带来的新问题。多数技术的出现对人类来说都既有利又有弊,即在给人类带来新利益的同时,也会给人类带来某些新的问题。这就会迫使人们为了消除新技术的某些弊端,再去开发新的技术并使其商业化,就可能成为新的创业机会。例如节能环保装置就会带来新的创业机会。

硅谷华人李广益第一次成功创业正是抓住了较容易操作的数字信号处理芯片技术,该技术的成熟使得生产高速调制解调器不再困难;还有如晶体管的出现与普及,使英特尔、摩托罗拉、东芝、日立等新公司诞生并壮大。这些都是对技术机会成功把握的实例。

(2) 政策与法律的变化。 政策与法律的变化能够产生创业机会,是因为它使创业者提出更多不同的想法,而这些创业者可能在一个常规体制下是被禁止进入的。政策与法律的变革也清除了很多不利于生成新企业的官僚政治障碍,这些障碍的清除,使得创业者的创业成本大大降低,原来无利可图的创业项目变得有利可图。

希望集团的诞生就是受益于农村改革开放政策的典型。1982年刘永好兄弟作出了改变他们一生的决定:砸碎"铁饭碗",自主创业。他们都在20世纪70年代高考竞争最为激烈的时候考上大学,不久又都捧上了当时令人非常羡慕的"铁饭碗"。当改革开放的春风吹到成都平原这块富饶的土地时,他们的创业激情被唤起了。通过对当时的政治、经济等一系列创业环境的仔细分析之后,他们把目光投向了自己最为熟悉的农村——这片后来为他们带来巨大财富的天地。当时改革开放已经开始,农村的改革先于城市,农民中出现了很多养鸡养猪专业户,此外几乎所有的农民家庭都要零散地养些鸡和猪作为副业,农村已率先呈现出蓬勃发展的态势。于是他们决定就从最熟悉的农村入手,从事生态养殖和饲料生产,加入改革的大潮。事实证明,他们当初对创业环境的分析是完全正确的,他们所创办的公司就是今天的希望集团——中国最大的民营企业,其创始人刘永好也连年被列入中国富豪排行榜。

政策与法律的变化也可能通过强制增加需求的方式创造出新的商机,如汽车安全带。政策与法律的改变可以为新企业带来机会,比如对某些行业进入限制条件的放宽(如民用航空、资源开采等)、政府采购政策的导向(对科技型中小企业、创造大量就业的企业)有可能为新企业带来机会。

(3) 社会和人口因素的变化。 不同时期的社会和人口因素的变化会产生不同的需求。随着现代社会发展的加快,这种变化中的需求更加明显。社会和人口是紧密联系在一起的,有时候社会文化的变革也是创业机会产生的引擎,例如计划生育政策使得教育市场高速发展;单身贵族的产生促进了小户型商品房的热销;

人口寿命延长导致的老龄化问题，使老龄用品市场扩大；欧美人口减少的趋势也使一些大学产生招收来自发展中国家留学生的需要，从而产生了一些针对国际学生的服务项目。社会和人口因素的变化改变了人们对产品和服务的需求，需求的变化就产生了创业的机会。

表 6-1 是根据教育部公布的有关数据，对我国高校 2001—2007 年毕业生人数进行统计的结果，具体反映出随着我国 20 世纪 80 年代以前生育高峰出生的人口不断进入就业年龄，在高等教育扩大招生规模的政策影响下，我国人口因素的发展变化。

表 6-1　我国 2001—2007 年人口变化表　　　　单位：万人

人数	2001 年	2002 年	2003 年	2004 年	2005 年	2006 年	2007 年
新出生人数	1702	1647	1599	1593	1617	1584	1594
大学毕业生人数	115	145	212	280	338	413	495
大学毕业未就业人数	23	51	64	76	101	124	144
全国总人口	127627	128453	129227	129988	130756	131448	132129

表 6-1 的数据表明，我国人口基数越来越大，大学毕业生越来越多，与之成鲜明对比的是就业形势日趋严峻。越来越多的人不能顺利就业将导致国内消费需求缩小，因而教育培训等行业会蓬勃发展，国家也会加大对就业和创业的扶持力度。

此外，随着人口与社会年龄结构的变化，相关年龄段的人会体现出特有的社会需求，见表 6-2。

表 6-2　不同年龄阶段的消费需求倾向

时期	年龄阶段	优先考虑的因素	主要消费
幼稚期	20 岁以下	自己、兴趣活动、教育	服装、汽车、娱乐、旅行、爱好等
求偶期	20 多岁	自己及他人、结婚、职业	家具、装修、娱乐及其用品、储蓄
筑巢期	20 岁到 30 多岁	孩子及职业	家具、幼儿护理用品、保险、生活用品
满巢期	30 岁到 50 多岁	孩子及他人、职业、中年危机	儿童食品、服装、教育、交通、牙齿护理、职业及生活咨询
空巢期	50 多岁到 70 岁	自己及他人、亲戚	家具、装修、娱乐、旅行、爱好、豪华汽车
鳏居或寡居期	70 岁到 90 岁	自己、健康、孤独	健康护理服务、饮食、安全舒适的产品、电视、书籍、长途电话

(4) 市场需求的变化。 市场需求表明某个行业里目标客户对产品和服务的偏好特征。市场需求变化将使这些偏好特征变得突出和明显,从而产生新的创业机会。

1) 市场上出现了与经济发展阶段有关的新需求。相应的,就需要有企业去满足这些新的需求,这同样是创业者可以利用的创业机会。中国台湾省首富王永庆在16岁的时候,用200元在嘉义一条偏僻的巷子里租一个很小的铺面开了一家米店。那时,嘉义已经有20多家米店,竞争非常激烈。他的米店开办最晚,规模最小,而且地理位置很不好,没有任何优势。经过仔细观察对比之后,王永庆认为提高米的质量是最根本的方法。20世纪30年代的中国台湾省,农村还处在手工作业状态,农民把稻谷收割后铺放在马路上晒干,然后脱粒,这样,一些沙子、小石子之类的杂物不可避免地掺杂在里面。用户在做米饭之前,还要挑拣沙子,很不方便,对于这种现象,买卖双方对此都习以为常,不把它当一回事。然而,王永庆却从这一司空见惯的现象中找到商机。他和两个弟弟一起动手,不辞辛苦,不怕麻烦,一点一点地将夹杂在米里的秕糠、沙石之类的杂物挑出来,然后再卖。这样,王永庆米店卖的米质量就要高出其他米店,深受顾客好评,从此他的米店生意一改往日的冷清局面,渐渐地红火起来。

2) 当期市场供给缺陷产生的创业机会。非均衡经济学认为,在供求平衡的市场,总是存在一些供给不能实现其价值。因此,创业者如果能发现这些供给结构性缺陷,同样可以找到可以利用的创业机会。王永庆通过提高米质使生意开始兴隆起来,但并没有停止前进的脚步,他发现当时的售后服务是很有缺陷的。当时,用户都是自己到米店买米,自己搬回家。王永庆认为弥补这个缺陷正是扩大生意的有效途径,于是他决定主动送货上门。他的这一行为受到顾客的普遍欢迎。当时尽管有许多米店,但是却没有送货上门的,王永庆的这一服务项目实际上是一项创举。送米的同时他还帮用户将米倒进米缸里。如果米缸里有旧米,他就将旧米倒出,擦干净缸,将新米放到下面,旧米放在上层。如此,陈米就不因存放过久而变质。王永庆这一周到的服务令顾客深受感动。在送米的过程中,王永庆了解到,当地居民大多数以打工为生,生活并不富裕,有时货到却收不上款。为了解决这一问题,王永庆采取按时送米、约定到发薪之日再上门收钱的办法,极大地方便了用户,深受用户的欢迎,而那些接受服务的用户渐渐地成了王永庆的忠实客户。他的米店也随之生意兴隆,蒸蒸日上。王永庆注重米质、诚实守信的优质服务方法,让嘉义人都知道在米市马路尽头的巷子里,有一个卖好米并送货上门的王永庆。由于口碑好,王永庆的米店很快壮大起来。经过一年多的资金积

累,王永庆创办了一个碾米厂。就这样,王永庆从米店的生意开始,慢慢地打开了通向中国台湾省首富之路的大门。

3)产业转移带来的市场机会。从历史看,世界各国各地的发展进程是有快有慢的。即便在同一国家,不同区域的发展进程也不尽相同。这样,在先进国家或地区与落后国家或地区之间,就有一个发展的势差。当势差大到一定程度时,由于国家或地区之间存在成本差异,再加上经济发展到一定程度,环保问题往往会被先进国家或地区率先提上议事日程。这时,先进国家或地区就会将某些产业向外转移,这就可能为落后国家或地区的创业者提供创业的机会。根据亚洲鞋业协会 2007 年年底的统计,广东的鞋业企业中,已经有 25% 左右到东南亚地区,如越南、印度、缅甸等国家设厂,有 50% 左右到中国内陆省份如湖南、江西、广西、河南、四川等地设厂,只有 25% 左右的企业还处于观望状态。这是一种梯次转移,是符合经济规律的一场规模越来越大的产业迁移潮。产业迁移潮的背后蕴涵着大量的创业机会。

4)从比较中寻找差距,差距中往往隐含着某种商机。通过与先进国家或地区比较,看看别人已有的东西哪些我们还没有,借鉴西方国家成熟企业的发展经验,也可能发现某种创业机会。1999 年,李彦宏着手创办百度的时候,国内已经有搜索客、悠游等专业搜索引擎公司,一些门户网站如搜狐等,也开展了自己的搜索引擎业务。与它们不同的是,李彦宏搬来了在美国成功的经营模式,一直参照美国公司成长。百度的成功和李彦宏的海归背景关系密切,这是从中外比较中寻找差距的结果。

6.3 创业机会的识别

【阅读材料】

"名片墙"引来的顾客

2003 年,徐育宏在 108 国道旁开了一家北方饭店。原以为靠近国道,会有许多过路司机停下来吃饭。3 个月过去了,生意仍然冷冷清清,徐育宏就决定春节过后把饭店转让出去。

一天,饭店来了两位客人,付账时说:"老板,我们是做楼板吊运车生意的,我留些名片给你,麻烦你给来吃饭的客人介绍,生意做成了,我们付给你中介费。"徐育宏心想,这还不是小事一桩?于是,为让客人都能看到,他将名片贴到了墙上。

几天后，一位客人来吃饭时见到了这张名片，十分高兴，原来他早就想买这种楼板吊运车，但一直不知道在哪里可以买到。他抄下了名片上的地址和电话号码。一笔生意就这样做成了，徐育宏也因此获得了300元的中介费。

渐渐地，北方饭店墙壁上的名片贴得越来越多，来来往往的生意人也跟着将自己的名片贴在墙上，希望借此拓展自己的客源。一天，徐育宏看着被名片贴得花花绿绿的墙壁，突然想，既然大家这么喜欢将名片贴在墙上，何不干脆专门设一面"名片墙"呢？此举果然使北方饭店打出了自己的特色。冲着这面"名片墙"，越来越多的人成了饭店的常客。

饭店的生意日益红火，收到的名片也越来越多，没几个月，北方饭店已经收到了6000多张名片。徐育宏又制作了一面10多平方米的移动式"名片墙"，将名片进行分类，并粘到一张板子上，然后放到饭店门口展示。饭店门口的移动式"名片墙"吸引了更多的路人，一时间，北方饭店名声大噪。

在"名片墙"推出后，北方饭店的业务量节节攀升，生意最好的时候，一天内顾客达到500人。

如何识别创业机会是创业者在成功创业的路上首先要解决的问题。好的创业机会必然具有特定的市场定位，专注于满足顾客需求，同时能为顾客带来增值的效果。创业需要机会，机会要靠发现。要想寻找到合适的创业机会，创业者必须善于识别创业机会，并紧紧抓住创业机会实现创业梦想。

6.3.1 影响创业机会识别的因素

先前经验、认知因素、社会关系网络、创造性是影响创业机会识别的四类主要因素。

（1）先前经验。在特定产业中的先前经验有助于创业者识别机会。比如上海舜宇海逸公司就是凭借专业技术研究经验，从光电通信失败的泡沫里"打捞"出来创业机遇的。同时，创业经验也非常重要，一旦有过创业经历，创业者就很容易发现新的创业机会，这就是"走廊原理"。把创业者的创业之路喻为旅途，是指创业者一旦创建企业，即开始了一段旅途，在这段旅途中，通向创业机会的"走廊"将变得清晰可见。在创业实践中，某个人一旦投身于某产业创业，将比那些从产业外观察的人更容易看到产业内的新机会，很少出现"不识庐山真面目，只缘身在此山中"的情况。

(2) 认知因素。 机会识别往往还呈现出先天技能或一种超人的认知过程。因此，也有人把创业成功者的这种天赋异禀称为创业者的"第六感"，很多时候，平常人熟视无睹的现象，在他们看来却是千载难逢的机会。多数创业者以这种观点看待自己，认为自己比别人更警觉。警觉在很大程度上是一种习得性的技能，拥有某个领域更多知识的人，往往比其他人对该领域内的机会更警觉。比如，上海舜宇海逸公司创始人韩小逸和袁海骏，两位本来就是世界级的光电通信材料工程师，在别人看到光电通信泡沫破灭纷纷远离这个行业时，他们却看到了光电通信技术与电力传输技术交融的机会。

(3) 社会关系网络。 个人社会关系网络的深度和广度影响着机会识别。建立了大量社会与专家联系网络的人，比那些拥有少量网络的人容易得到更多的机会和创意。在社会关系网络中，按照关系的亲疏远近，各种关系可以划分为强关系与弱关系。强关系以频繁相互作用为特色，形成于亲戚、密友和配偶之间；弱关系以不频繁相互作用为特色，形成于同事、同学和一般朋友之间。实践证明，创业者通过弱关系比通过强关系更可能获得新的商业创意，因为强关系主要形成于具有相似意识的个人之间，从而倾向于强化个人已有的见识与观念。而在弱关系中，个人之间的意识往往存在着较大差异，因此某个人可能会对其他人说一些能激发出全新创意的事情。

(4) 创造性。 创造性是产生新奇或有用创意的过程。从某种程度上讲，机会识别是一个创造过程，是不断反复的创造性思维过程。

对个人来说，创造过程可分为五个阶段，如图 6-1 所示。

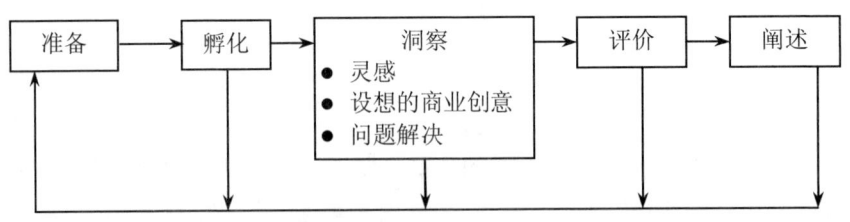

图 6-1　创造过程的五个阶段

在图 6-1 中，水平箭头表示创造过程持续发展经过了五个阶段。垂直箭头，表示在某个阶段、某个人停顿下来或没有足够信息使认识继续下去，其最佳选择就是返回到准备阶段。

准备是指创业者带入机会识别过程中的背景、经验和知识。利用经验识别机会尤为关键，研究表明，50%～90%的初创企业创意来自其先前工作经验。

孵化是创业者深入思考与提炼问题的阶段，也是对事情进行深思熟虑的时期。孵化有时是有意识的行为，有时是无意识的行为并出现在从事其他活动的时候。

洞察又叫"灵感"体验，是识别闪现，此时问题的解决办法被发现或创意得以产生。在商务环境中，这是创业者识别出机会的时刻。有时候，这种经验推动过程向前发展；有时它促使个人返回到准备阶段。例如，创业者可能意识到机会的潜力，但认为在追求机会之前需要有更多的知识和考虑。

评价是创业过程中仔细审查创意并分析其可行性的阶段。许多创业者错误地跳过这个阶段，他们在确定创意可行之前就去设法实现它。评价是创业过程中特别具有挑战性的阶段，因为它要求创业者对创意的可行性进行公正的评价。

阐述是创造性创意变为最终形式的过程，详细情节已构思出来，并且创意变为有价值的东西，如新产品、新服务或新的商业概念。在创业活动中，阐述阶段也是撰写商业计划书的阶段。

6.3.2 创业机会识别的过程

创业机会识别过程如图 6-2 所示。

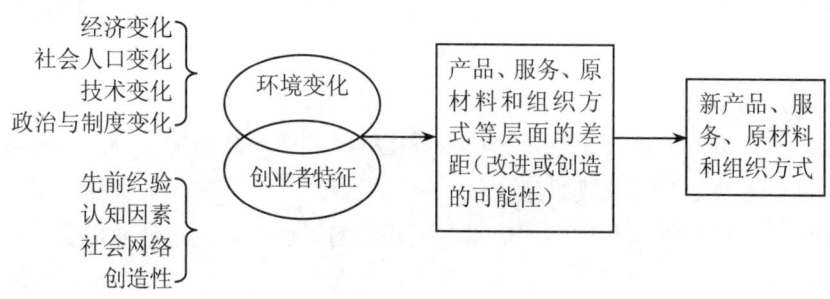

图 6-2　创业机会识别过程

由图 6-2 可以看出，创业机会识别是创业者与外部环境（机会来源）互动的过程，在这个过程中，创业者利用各种渠道和方式掌握并获取有关环境变化的信息，从而发现现实世界中在产品、服务、原材料和组织方式等方面存在的差距或缺陷，找出改进或创造的可能性，最终识别出可能带来新产品、新服务、新原料和新组织方式的创业机会。这一过程可以概括为机会搜寻、机会识别和机会评价三个阶段，如图 6-3 所示。

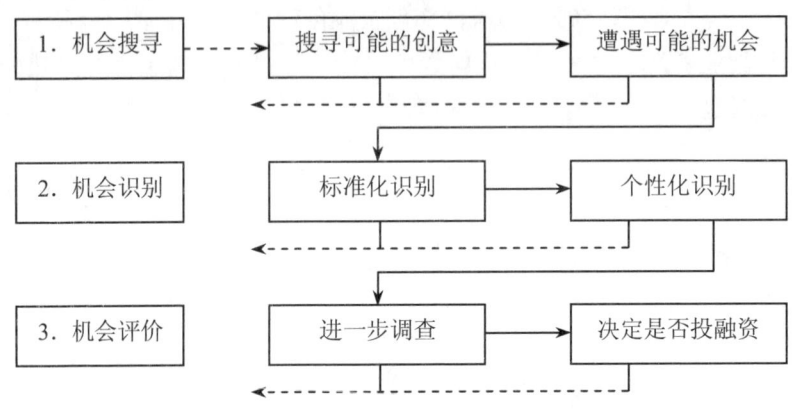

图 6-3　创业机会识别过程的三阶段模型

阶段 1：机会搜寻。这一阶段创业者对整个经济系统中可能的创意展开搜索，如果创业者意识到某一创意可能是潜在的商业机会，具有潜在的发展价值，就将进入机会识别阶段。

阶段 2：机会识别。相对整体意义上的机会识别过程，这里的机会识别应当是狭义上的识别，即从创意中筛选合适的机会。这一过程包括两个步骤：首先是通过对整体的市场环境以及一般的行业进行分析，来判断该机会是否在广泛意义上属于有利的商业机会，即机会的标准化识别阶段；其次是考察对于特定的创业者和投资者来说，这一机会是否有价值，也就是个性化的机会识别阶段。

阶段 3：机会评价。这里的机会评价已经带有部分"尽职调查"的含义，相对比较正式，考察的内容主要是各项财务指标、创业团队的构成等。通过机会的评价，创业者决定是否正式组建企业，吸引投资。

实际上，机会识别和机会评价是共同存在的，创业者在对创业机会进行识别时也在有意无意地进行评价活动。创业者在机会开发中的每一步，都需要进行评价，也就是说，机会评价伴随于整个机会识别的过程。在机会识别的初始阶段，创业者可以非正式地调查市场的需求、所需的资源，直到判定这个机会值得考虑或是进一步深入开发；在机会开发的后期，这种评价变得较为规范，并且主要集中于考察这些资源的特定组合是否能够创造出足够的商业价值。

6.3.3　创业机会识别的方法

识别创业机会有四种常用的方法。

（1）通过"新眼光"调查，甄别机会。新的眼光来源于敏锐的觉察力和判断力。是否善于发现新的商机和问题事关一个企业的成败。要做到用新眼光看待新问题,没有知识的积淀和文化的底蕴是不行的。只有掌握多种知识,完善知识结构,用知识武装自己,做一个博学的人,才能综合分析事物的发展规律以及提出解决问题的最佳方案。"新眼光"调查就是转换看问题的方法,细致观察并及时把想法记录下来。想法越多,就越有可能找到最适合的业务和目标市场。

例如,阅读某人出版的作品,利用互联网搜索数据,寻找包含你所需要的信息的报纸文章等都是调查的形式。只有明确应该注意哪些问题以及如何更加快速地切入问题的核心,创业者才能建立自己的直觉,形成"新眼光"。当通过资料调查对行业、顾客、供应商和竞争对手有了基本的了解后,就可以开始与人交谈了。面对面调查时不要把自己的意识强加在他人身上,学会问问题,如向消费者提问:希望本地的音像店卖什么?会选择网上购物吗?每个月花在快餐上的钱有多少?向销售商和供应商询问:我们这样的业务需要什么样的广告?什么产品比较热门?向小企业主询问:银行往来对象是谁?第一笔融资来自哪里?广告花费占销售额的百分比是多少?等等。

(2)通过系统分析发现机会。围绕宏观环境和微观环境的变化,通过系统分析发现机会。创业者细心观察和分析企业所处的政治、法律、技术、人口等宏观环境的变化,同时研究顾客、竞争对手、供应商等微观环境的变化,从中发现机会。借助市场调研,从环境变化中发现机会,是发现机会的一般规律。

日本汽车公司识别和把握美国汽车市场机会就是一个很好的案例。20世纪60年代初,日本汽车公司利用政府、综合贸易商社、企业职能部门,甚至美国市场研究公司广泛收集信息。通过市场调研,他们发现有机可乘:美国人把汽车作为身份或地位象征的传统观念正在削弱,汽车作为一种交通工具更重视其实用性、舒适性、经济性和便利性;美国的家庭规模正在变小,核心家庭大量出现;美国汽车制造商无视环境变化,因循守旧,继续大批量生产大型豪华车,因此存在一个小型车空白市场。于是,日本汽车制造商设计出满足美国顾客需求的美式日制小汽车,以其外形小巧、价格低廉、舒适平稳、耗油量低、驾驶灵活、维修方便等优势敲开了美国市场大门。

(3)通过顾客建议发现机会。一个新的机会可能会由顾客识别出来,因为顾客知道自己究竟需要什么,然后就会为创业者提供机会。顾客的建议多种多样,非正式建议居多,但顾客的抱怨也是很好的建议。无论何种方式,一个讲究实效的创业者总是渴望从顾客那里征求意见和建议。

(4)通过创造获得机会。这种方法在新技术行业中最为常见,它可能始于明确满足的市场需求,从而积极探索相应的新技术和新知识;也可能始于一项新技术发明,进而积极探索新技术的商业价值。通过创造获得机会比其他任何方式的难度都大,风险也更高,但如果成功,其回报也更大。索尼公司开发随身听就是一个很好的例子。索尼公司觉察到人们希望随身携带一个听音乐的设备,并利用公司微缩技术的核心资源从事项目研究,最终开发出划时代的产品——随身听,取得了巨大的成功。

6.4 创业机会的评估与评价

【阅读材料】

八位大学生组团创业

义乌工商学院大学生林梦定在进行网络创业受挫后,经过调研,决定开家奶茶店,她知道对于开一家奶茶店,自己的钱是远远不够的,后来她想到可以通过外面的资金来开店。刚开始,林梦定总是被拒之门外,后来遇到了一个总经理,当他听到林梦定的想法后,觉得眼前这个女生很大胆,想法很不错,所以非常支持林梦定,给了她一笔资金。于是林梦定在学校附近盘下了一家奶茶店。

她对创业机会进行了评估,知道一个人干不了,根据经营奶茶店的需要,在班里找了一群有专业特点的同学,组成了一个创业团队,并根据专长进行人员分工:林梦定作为总负责人,主要负责奶茶店相对比较重大的事;作为会计的李春燕负责有关财务方面的工作;徐燕娜负责组织与策划活动;陈英、春英在这个团队里负责外联,顾名思义就是负责与外界的各类交流;毛桂英主要负责吧台管理及饮品的制作;叶芳均主要负责各方面的设计工作;潘靖主要负责烧烤。2011年4月1日,林梦定梦寐以求的奶茶店正式开张。

合办婚庆公司,一年赔8万元

毕业于沈阳化工学院的丁莹莹和崔英,感觉婚庆是个朝阳行业,于是向家人借款12万元,联手开了一家婚庆公司。然而她们的事业却一直步履维艰,一年下来赔了8万元。为了方便事业起步,她们选择以加盟的方式开店,光加盟费就花了4万元左右。2007年12月,她们做成第一笔婚礼庆典,虽然收了3000多元,但扣除各种费用,最后还赔了钱。之后,她们又陆续为20多对新人操办了婚礼庆典,每场价格在 5000 元至 20000 元不等,但利润极低。现在,扣除各种费用,俩人每月能剩三四千元,但是相对于当初投资的高额成本,这点钱只是杯水车薪,远远不能让她们安下心来。婚庆生意为什么不好做呢?丁莹莹说,最主要的是店铺选址太偏僻,"蜗居"在公寓里,宣传又没有做好,知名度不够。然后店铺规模档次"高不成、低不就",而目前沈阳市婚庆公司大大小小有 2000 多家,大打价格战,她们没有价格优势。另外请司仪、摄像师,租花车等,每次要支付一定的费用,再扣除场地费,盈利很少。再加上公司推广宣传力度不够,使得婚庆公司生意清淡。

创业仅有激情是不够的。面对创业机会要进行评估。所有的创业行为都来自绝佳的创业机会,创业团队与投资者均对创业前景寄予极高的期望,创业者更是对创业机会在未来所能带来的丰厚利润和似锦前程满怀信心。但是,时常有悲剧发生。为了尽可能避免发生这样的情况,创业者应该在成功地进行机会识别后,再以比较客观的方式对创业机会进行评价。对创业者来说,市场机会的评价类似于投资项目的评估,这对投资能否取得收益无疑是十分重要的,也可帮助创业者从另一角度来分析其创意是否具有继续发展成为一个企业的实际价值。事实上,有 60%~70%的创业计划在最初阶段就被否决,就是因为这些计划不能满足创业投资者的评价准则。

6.4.1 建立评价指标体系应遵循的原则

为了全面、真实地反映被评价机会的价值构成,并使评价指标体系便于操作,建立评价指标体系时,应遵循五大原则。

(1)系统性原则。机会评价指标体系的关键是抓住主要因素,突出评价重点,虽然不要求面面俱到,但要做到尽可能完整、全面系统地反映创业机会的全貌。

(2)科学性与实用性原则。指标体系必须正确反映评价项目各价值构成要素的因果、主辅、隶属关系及客观机制,在满足完备性要求的前提下,指标的设置力求简练、含义明确和便于操作。

(3)互斥性与有机结合原则。指标体系有必要排除指标间的相容性,消除因重复设置指标而造成评价结果失真的不合理现象。避免出现过多的信息包容、涵盖而使指标内涵重叠。但指标完全独立就构不成一个有机的整体,因此指标之间应有逻辑关系。

（4）动态与稳定性原则。为了进行综合的、动态的比较，指标设置应静态和动态相结合，并具有相对稳定性，以便借助指标体系探索系统发展变化的规律。

（5）可比性原则。机会综合评价的目的是鉴别机会的优劣，选择最优机会。因此，机会比较要建立共同的比较基础和条件，符合可比性原则。

6.4.2 机会评价指标体系

机会评价指标体系简单的只有两三项指标，复杂的可达数百项指标。指标的多少视创业者性格和创业机会识别的复杂程度而异。同等条件下，细心、严谨的创业者在进行机会评价时，会考虑较多的评价指标；在对较难识别的创业机会进行评价时，多数创业者会选择较完备的评价指标体系对其进行综合评价。

（1）行业与市场。一个具有较大潜力的企业应该能够生产出满足客户需求的产品，这种产品应能令客户感到具有较大的价值。也就是说，对客户来说，他们能够从产品或服务的购买中得到利益，或比预期成本低，或可获得较明显的、可衡量的、确定的价值。因此，有吸引力的市场机会应该容易识别，且预期能带来持续收入。其次，创业者应尽量避免进入竞争激烈的市场，一是风险太大，二是毛利和获利能力较低。

（2）经济因素。投资回报率在 15%以上被认为是必需的，那些税后利润不到5%的企业是十分脆弱的。有着较少或中等程度的资本需要量的投资机会是有吸引力的，如果创业需要太多的资金，这样的机会就比较缺乏吸引力。考虑到初创企业的盈利能力，较多地投入研究开发资金显然不现实。

（3）收获条件。创业的目的主要有两种：一是作为一项事业经营下去，二是实现资本的保值增值。若有更好的机会，创业者一般会考虑将现有的企业出售。作为风险投资者，也要考虑在一定的时间将所投资金抽回。因此退出机制对于创业机会的评估也相当重要。资金的退出主要有企业被收购或出售、公开发行股票等途径。有吸引力的机会应该能够拥有或者想象一种获利和退出的机制，没有退出机制的机会就没有太大的吸引力。

（4）竞争优势。成本优势是竞争优势的主要来源之一。成本可分为固定成本和可变成本，从另一角度，又可分为生产成本和销售成本等。较低的成本给企业带来较大的竞争优势，从而使相应的投资机会比较有吸引力。一个新企业如果不能取得和维持一个低成本生产者的地位，它的预期寿命就会大大缩短。

若能对价格、成本和销售渠道等实施较强的或有力的控制，则机会就有吸引力。这种控制与市场实力有关，是一种相对力量。拥有专利或具有某种独占性（局部垄断），就能将竞争者阻挡在市场之外。

（5）**管理团队**。一支强大的、拥有一些行业"超级明星"的管理队伍，对于机会的吸引力是非常重要的。这支队伍一般应该具有互补性和一致性的技能，以及在同样的技术、市场和服务领域具有赚钱和赔钱的经验。如果没有一个称职的管理团队，则机会就没有吸引力。

（6）**致命缺陷**。有吸引力的机会不应该有致命缺陷，一个或更多的致命缺陷将使一个机会变得没有吸引力。通常，这些缺陷涉及上述种种指标中的一个或几个。在许多例子中，市场太小、市场竞争太激烈、进入市场的成本太高或竞争者不能以有竞争力的价格进行生产等，都可以是一种致命的缺陷。

（7）**创业者的个人标准**。创业机会的选择应该是创业者自愿的结果。这涉及创业者的性格特征、能力本位和期望目标，创业者想做什么、能做什么。要想度过不可避免的失望和临近的灾难，创业者需要对企业有激情，而且能力和愿望密不可分。

（8）**战略性差异**。在相对成熟的市场里，有吸引力的机会应避免产品或服务的同质化，需要有创新思维。另外，具有灵活的适应能力，能快速地调整生产和经营，也是有吸引力的机会的特征之一。

【阅读材料】

创业者需要经过一层又一层的筛选，在众多机会中筛选出真正适合自己的创业机会；创业者还需要对机会进行评估，有效地降低创业风险，避免失败。评估过程包括审查机会的创造和延伸、机会的真正价值和认知价值、机会的风险和回报、机会与企业家个人技能和目标的匹配、在竞争环境中机会的独特优势等。

蒂蒙斯提出了一个被广泛应用的机会评估模型。这一模型包含的评估标准有市场和财务分析、风险评估以及管理团队的品质等。蒂蒙斯的创业企业机会评估模型是目前风险投资家、创业者所普遍使用的创业机会评估方法。该方法总结了八大类指标来评估一个创业企业的表现和未来发展情况。尽管蒂蒙斯也认为，现实中有成千上万适合创业者的特定机会，虽然未必能与这个评估模型相契合，但客观上说蒂蒙斯的这个框架是目前包含评估指标比较完全的一个体系。蒂蒙斯的机会评估模型指示如下：

（1）**行业与市场**。

1）市场容易识别，可以带来持续收入。

2）顾客可以接受产品或服务，愿意为此付费。

3）产品的附加值高。

4）产品对市场的影响力大。

5）将要开发的产品生命力长久。

6）项目所在的行业是新兴行业，竞争不完善。

7）市场规模满足投资要求，销售潜力有逐年扩大的空间。

8）市场成长率在30%～50%甚至更高。

9）现有厂商的生产能力几乎完全饱和。

10）在五年内能占据市场的领导地位，市场占有率达到20%甚至更高。

11）拥有低成本的供货商，具有成本优势。

（2）经济因素。

1）达到盈亏平衡点所需要的时间在2年以下。

2）盈亏平衡点不会逐渐提高。

3）投资回报率在25%以上。

4）项目对资金的要求不是很大，能够获得融资。

5）销售额的年增长率高于15%。

6）有良好的现金流量，能占到销售额的20%～30%。

7）能获得持久的毛利，毛利率要达到40%。

8）能获得持久的税后利润，税后利润率要超过10%。

9）资产集中程度低。

10）运营资金不多，需求量是逐渐增加的。

11）研究开发工作对资金的要求不高。

（3）收获条件。

1）项目带来的附加价值具有较高的战略意义。

2）存在现有的或可预料的退出方式。

3）资本市场环境有利，可以实现资本的流动。

（4）竞争优势。

1）固定成本和可变成本低。

2）对成本、价格和销售的控制较高。

3）已经获得或可以获得对专利所有权的保护。

4）竞争对手尚未觉醒，竞争较弱。

5）拥有专利或具有某种独占性。

6）拥有发展良好的网络关系，容易获得合同。

7）拥有杰出的关键人员和管理团队。

（5）管理团队。

1）创业者团队是一个优秀管理者的组合。

2）行业和技术经验达到了本行业的最高水平。

3）管理团队的正直廉洁程度能达到最高水准。

4）管理团队知道自己缺乏哪方面的知识。

（6）致命缺陷。

本部分的评估指标为机会是否存在致命缺陷。

（7）创业家的个人标准。

1）个人目标与创业活动相符合。

2）创业家可以做到在有限的风险下成功创业。

3）创业家能接受薪水减少等损失。

4）创业家渴望进行创业，而不只是为了赚大钱。

5）创业家可以承受适当的风险。

6）创业家在压力下状态依然良好。

（8）理想与现实的战略性差异。

1）理想与现实情况相吻合。

2）管理团队已经是最好的。

3）在客户服务管理方面有很好的服务理念。

4）所创办的企业顺应时代潮流。

5）所采取的技术具有突破性，不存在许多替代品或竞争对手。

6）具备灵活的适应能力，能快速进行取舍。

7）始终在寻找新的机会。

8）定价与市场领先者几乎持平。

9）能够获得销售渠道，或已经拥有现成的网络。

10）能够允许失败。

蒂蒙斯的机会评估模型是基于美国的经验总结设计的，主观性较强，相配套的法律法规、文化背景与我国也有很大差异，因此，对中国人来说还需进一步探讨比较客观的评估方法，不能将他的一整套体系照搬照用。结合我国国情建立的评估标准才是我国科学的评估体系。

姜彦福、邱琼采用对中国企业中高级管理者发放调查问卷的方法，将蒂蒙斯的机会评估模型进行了中国实证研究。在这个框架下提出了适合中国创业者进行非正式评估或投资人在进行尽职调查前快速评估创业机会的关键指标序列。该研究结果说明：从指标大类的评估结果看，资深创业者对这些指标的认识更为全面，蒂蒙斯的机会评估模型更适用于创业者。

在八类指标中，资深创业者凭借其创业经验对"机会是否存在致命缺陷"更为重视，这反映出资深创业者与一般管理者的重要差异。在个人标准这一类指标上，两者表现出比较一致的认识，说明资深创业者与一般管理者都要求创业活动能与个人目标相吻合。

从单项指标序列的具体内容来看，资深创业者比管理者更重视创业团队的组成、经验和创业者个人承担压力的情况，更重视机会的经济价值（包括利润和成本情况）和战略意义，更重视机会不能存在任何致命的缺陷。尽管前者在行业与市场的大类因素上重视程度有差异，但对顾客的强调和重视程度还是比较一致的。

从研究分析的结果来看，中国创业者在进行机会评估时应该最重视人的因素。可以从五个方面去综合分析人的因素：创业团队是否有优秀管理者；是否拥有优秀的员工和管理团队；创业家在承担压力的状态下心态是否良好；行业和技术经验是否达到本行业内的最高水平；个人目标与创业活动是否相符。机会本身的市场因素（顾客是否愿意接受该产品或服务）和经济因素（机会带来的附加价值具有较高的战略意义，能获得持久的税后利润，税后利润率要超过10%，固定成本和可变成本低）也很重要。而且，机会本身不能存在任何致命的缺陷。

6.4.3 机会评价方法

对创业机会的评价，目前尚无一种一致公认的方法。创业者在进行非正式评价时，往往不考虑评价指标体系和评价方法，仅凭直觉作出判断。综合考虑国内外的研究成果，创业机会的评价一般用定性分析。

定性评价创业机会的流程包括五大步骤：第一步，判断新产品或服务将如何为购买者创造价值，判断新产品或服务使用的潜在障碍，如何克服这些障碍，根据对产品和市场认可度的分析，得出新产品的潜在需求、早期使用者的行为特征、产品达到预期收益的时间；第二步，分析产品在目标市场投放的技术风险、财务风险和竞争风险，即进行风险的分析；第三步，在产品的制造过程中是否能保证足够的生产批量和可以接受的产品质量；第四步，估算新产品项目的初始投资额，确定使用何种融资渠道；第五步，在更大的范围内考虑风险的程度，以及如何控制和管理那些风险因素。

小　结

　　创业机会是未明确的市场需求或未充分使用的资源或能力，是可能给创业者带来盈利的商业机会。发现、评估及利用创业机会是任何一项创业活动的开端。潜在企业家不论其原先拥有的知识多么渊博、经历多么丰富，其所直接掌握的信息和资源总是有限的，凭借其独自掌握的信息和资源，往往无法迅速有效地掌握创业机会。创业者需要更广泛地营造一个关系良好、信息流畅的社会关系网络。只有不断地积累社会资本，创业者才能在快速变迁的产业环境中立于不败之地。

　　创业机会来源于科技的进步、政策与法律的变化、社会和人口因素的变化、市场需求的变化等四个方面。识别创业机会有四种常用的方法：通过"新眼光"调查甄别机会；通过系统分析发现机会；通过顾客建议发现机会；通过创造获得机会。在现实经济生活中，适于创业的机会并不是很多。蒂蒙斯提出了一个被广泛应用的机会评估模型。这一模型包含的评估标准有市场和财务分析、风险评估以及管理团队的品质等。创业机会的评价必须建立评价指标体系，同时遵循系统性原则、科学性与实用性原则、互斥性与有机结合原则、动态与稳定性原则和可比性原则等五个原则；多数创业者会选择较完备的评价指标体系，对其进行综合评价时，必须考虑行业与市场、经济因素、收获条件、竞争优势、管理团队、致命缺陷、创业者的个人标准及战略性差异等八个方面的因素。定性分析是评价创业机会的主要方法。

【案例分析】

<h3 style="text-align:center">从泡沫里"打捞"的创业机遇</h3>

　　很多人都在寻找赚钱的门道，其实商机无处不在，关键看你有没有发现商机的眼光。

　　韩小逸和袁海骏，舜宇海逸公司的两位创始人，他俩的研发成果颇为奇特——从泡沫里"打捞"创业机遇。

　　21世纪初，美国硅谷的 Avanex 收购了另一家创业企业。他俩是公司的技术骨干，当时正是光电通信的泡沫膨胀期。后来，泡沫破灭，光电通信元器件成了"没落贵族"，价格急跌而供应过剩，这是机会。

　　就像"硅谷传奇"的标准版本，车库成了袁海骏检验技术创意的实验室。身为世界级的光电专家，他搜肠刮肚，想在现成的光纤技术方案里选出一个，找出其他的可能性。

他找到了。袁海骏的技术构思是电流产生磁场，磁场影响光传播。因此，光可以做"尺"，通过测光来测电。他将一种光通信传感器嫁接到电网上，作为数十万伏骨干电网的"电流计"。电力行业管这种设备叫"电流互感器"，而光电互感器被普遍认为代表了新的技术方向。它是建设智能电网的核心器件。有分析师认为，到2020年，光电互感器在中国将拥有近千亿元的市场容量。

虽然他们的商业计划书只有三页，但中国最大的光学科技公司——舜宇集团很快同意投资1760万元。

"搞光的想不到电，搞电的不太懂光。"袁海骏解释他们的技术优势。当然，从理论设想到实际技术，有一大段路要走；再到产业化，还要走一大段路，需要时间，也需要钱。

【思考与讨论】

1. 袁海骏如何从自己熟悉的技术领域挖掘出创业机会的？
2. 技术创新带来的创业过程必须具备什么条件？
3. 结合上述创业案例和自己熟悉的情况，讨论和分享创业者如何发现创业机会、识别创业机会，并将创业机会转化成创业成功的起点。

第 7 章 创业风险

【课程目标】

使学生全面了解和掌握创业风险的概念及特征、创业风险的类型及规避等相关知识,同时通过案例讨论和模拟实训的方式来提高学生分析问题及解决问题的能力,并培养学生综合运用所学的创业风险理论知识的能力。

【知识点】

1. 创业风险的定义、特征、来源和类型
2. 创业风险规避

【技能点】

1. 理解创业风险的概念及特征。
2. 了解创业风险的类型及规避方法。

【引例】

中远航运:风险管理履险如夷

中远航运股份有限公司(简称"中远航运")在航运风险管理和控制上,有针对性地做好各种风险的预测、评估、分析、化解和转化工作,把经营目标和规避风险的措施联系在一起,通过有效的风险管理(控制),识别出真正的航运风险,并有针对性地制定相应的遏制和防止措施,尽最大努力规避了风险。

一、灵活经营避风险

受宏观调控、油价上升、铁矿石价格上涨、人民币升值以及中美、中欧贸易纠纷不断等诸多因素影响,国际干散货运输市场持续下滑,反映国际干散货船运价走势的波罗的海指数,一直处于震荡下滑走势,最低跌至 2510 点。

对此,中远航运除了充分利用航运市场周期性波动、高位高做、在适当时机租入或租出船舶外,还采取了"从拥有船向控制船转变"的经营策略。他们积极推进租入船工作，以现有固定航线为依托，立足中远航运擅长的杂货经营领域租入船舶，并根据市场的波动情况，提前在高位锁定经营。同时，在适当提高租金水平的情况下，把原有的出租船延长租期，规避航运市场下滑的风险。

在市场较好的情况下，中远航运在稳定现有出口货源的基础上，根据各个航线的不同情况，积极揽取高价设备及项目货运；为保持航线回程货源的稳定，适时签订不同货源COA（包运租船）合同，以平衡季节性货物的影响，既解决了基础货源不稳定的问题，又稳定了航线效益；还根据市场变化随需应变，对在相同航路上的不同航线进行货源合理化组合，提高每一艘船舶的载重量、舱容利用率，实现了效率、效益最大化。

二、营销策略作保障

有效的航运风险管理需要能识别出真正的航运风险。中远航运以营销的方式和多种有效措施，努力做好规避经营风险工作，为公司经营效益持续稳定增长提供了保障。

在多年的航运经营中，中远航运在踏踏实实地抓好船舶管理和经营的同时，认真加强对世界经济发展、航运市场和船舶市场的研究，合理规划公司船队的发展规模，选择合适的时机进行新船建造和二手船的买卖，如购入和租进了广远公司的47艘船舶，使公司运力与世界经济发展和运量增长相适应，增强未来的可持续发展能力。

中远航运根据经营特种船舶的战略定位，在不断发展特种杂货船队、逐渐做大规模的同时，努力打造"特"字品牌。例如，以泰安口轮、康盛口轮两艘新型半潜船为技术核心，在特种货物运输市场、船舶管理、人才培养三个方面体现特色；以现代企业管理的机制，在船队结构、优质服务、创新经营三个方面打造品牌。几年来，中远航运通过两艘新型半潜船，多次圆满完成了超大型海上采油设备的运输与安装工作，在国际航海界引起了极大的反响。

中远航运一直坚持"走出去，请进来"，通过走访客户了解客户需要，努力满足客户需要；通过邀请客户到公司、上船舶等办法，让客户目睹公司的优质服务和自己的货物得到的稳妥装运和妥善保管，从而增强客户使用中远航运船舶的信心。此外，通过与货主签订长期包运合同等方式保证运价的稳定，并积极参与运输项目的竞价投标；通过专业的技术和高质量的服务建立长期揽货渠道，在市场波动中保持业务的稳定增长；在动态发展的贸易环境下，努力挖掘客户资源，既规避了经营风险，又保证了公司主要货源，从而保障了货源的稳定性。

三、全力化解汇率风险

目前,国际外汇市场剧烈波动,国内人民币升值,许多企业都面临汇率变动的风险,中远航运从事国际远洋运输业务,其业务结算也会受到一些影响。

针对国际、国内汇率形势以及公司内在的收支结构、外汇资产、负债结构等面临的汇率风险,中远航运进行认真的研究,采取各项有效措施,提出防范汇率风险的对策,努力化解各种风险因素。他们积极调整收支结构,坚持"满足外汇支出需求,维持外汇收支平衡,保持人民币盈余"的思路,尽最大努力地防范汇率风险。

在风险防范策略上,一方面,进行外汇收入币种多样化筹划,帮客户考虑以什么货币计价和结算才合算,以协商、双赢的原则进行结算。另一方面,积极探讨对供应商的支付币种,减少非美元外汇支出,增加美元支出。力求实现收支平衡,增强防范外汇结算汇率波动风险的弹性。

在实际工作中,中远航运加强客户细分管理,积极维护、开发人民币大客户,以巩固人民币收入来源;挖掘潜在的人民币大客户(尤其是美元短缺客户)以改善收入货币结构,力求实现美元收支平衡,保持人民币收支盈余。合理调整资产、负债结构,以适当利用外汇负债对冲人民币升值;积极催收运费,实时结汇,适当减持外汇资产,防范外汇资产贬值风险。条件成熟时,积极探讨运用金融衍生工具进行套期保值交易,加强汇率风险管理。

中远航运还时时关注国际、国内汇率市场环境,建立汇率风险防范机制,定期对汇率风险加以分析,对汇率风险进行度量,并对风险防范效果进行评价,适时调整风险管理策略。

7.1 创业风险的概念及特征

【阅读材料】

让"大象"翩翩起舞——晋亿螺丝整合资源控制风险

螺丝又称"工业之米",就如同经营粮食一样,螺丝制造行业也面临着规模和利润的两难选择:一来螺丝的单位利润微薄,必须依靠规模实现效益;二来因为螺丝种类繁多,扩大规模必将带来大量库存,这样会占用大量周转资金,进一步拉低利润率。为了提高利润率,必须降低成本。因此,晋亿螺丝的降低成本之路从整合角度出发,在上游原材料供应方面,投资上游工厂设备,整合钢铁材料与材质处理;因为运输成本占总成本的 25%~30%,在下游运输环节方面加以系统规划，晋亿螺丝首先选择位于沪杭铁路、302国道和大运河三线交汇的浙江嘉善作为厂址，并将自己的原料库与大运河河岸直接相通，且自建三座私人码头接驳货物。

为了解决库存管理的困难，晋亿螺丝建立了自动化立体仓库。自动化立体仓库采用开放式立体储存结构，其存放空间相当于传统仓库的5倍；自动仓库与制造系统构成了一个一体化的物流体系，其中半成品与模具自动仓库相配合，提高了制造工序的作业效率，而成品自动仓库成为实现企业内、外产品转移的物流中心。晋亿的信息管理系统包括业务、生产、技术、成本、采购、材料及制成品等相互关联的子系统，实现生产、采购、配置库存和交货一体化。在灵活的信息化手段支持下，晋亿的超级库存这只大象不仅没有成为包袱，反而成为企业规模发展的不二利器，使企业在瞬息万变的市场中从容起舞。

晋亿的目标并不止于制造业，更重要的战略升级是：运用其成熟的物流管理技术做中国第一家五金行业的专业第三方物流公司。信息平台让螺丝产业不再是单纯的制造业，而变成集管理与服务优先型的新产业形态。

【点评精要】

螺丝生产行业的企业特点是规模小且分散（这种分散不仅表现在企业地点分布上，更多表现在螺丝的种类分布上），低端产品（通用件）可以采取规模化生产，但由于生产企业太多，产品同质化严重，大大拉低了利润率；高端市场（非标件）利润丰厚，但是难以实现规模化，只能采取订单式生产，生产企业数量有限，规模不大。晋亿螺丝的商业模式的核心秘密在于，利用垂直整合的利润优势支持超级库存的规模效益，二者在信息系统和物流系统的高效准确支持下形成良好的互动和有效循环，靠整合大赚效率和物流的钱。并且，晋亿螺丝紧紧抓住了下游客户的需求特征以及需求的时效性这两大核心，一方面全方位满足了客户需求，降低客户工作量；另一方面对客户需求量能快速满足，解决了客户的时效性需求，从而获得了强大的竞争力。

创业是一种高风险的活动，创业的过程是机遇与挑战、成功与失败并存的过程，是承担风险和化解风险的过程。商场如战场，竞争过程是没有硝烟的战争，和所有企业一样创业企业会面临各种企业运行的风险，相比较而言，创业企业的风险会更大。创业初期是创业的最危险时期；处于成长阶段的新创企业也同样面临多方危险，甚至面临着生存与发展、倒闭与持续创业的局面。一般来说，创业的收益率与风险性成正比，收益越高，风险就越大。因此，每个创业者都必须增强风险意识，强化风险与危机管理。

7.1.1 创业风险的概念

创业风险是指企业在创业过程中遇到和存在的风险，是由于创业环境的不确定性，创业机会与创业企业的复杂性，创业者、创业团队与创业投资者的能力与实力的有限性而导致的创业活动偏离预期目标的可能性。

相比已经正常运行的企业而言，创业企业所遇到的风险是比较高的；认识创业风险和合理规避与化解风险是创业者面临的一个重要任务。一般来讲，在创业过程中，创业者需要投入大量的人力、物力和财力，需要采用和引入各种新的技术、产品、市场资源及生产要素，需要建立或者改造现有的组织架构、管理体系、业务流程等。由于技术不断更新换代和市场复杂多变，创业企业必然会遇到各种意想不到的情况和各式各样的困难，从而使得经营结果偏离了创业初期的设想，导致创业的期望与现实背离。而这些与创业活动相关的各种因素的不确定性也会带来创业风险。

一旦出现创业风险，创业企业的利益一定会受到一定程度的损害，甚至给创业企业带来极大的生存威胁。应对创业风险，一定要迅速做出反应，拖延只会错失最佳调控时机，使情况更加严重，乃至失控进而使企业利益受损。创业风险的不确定性会引起潜在的负面影响，会对企业的组织及其员工、产品、服务、资产和声誉造成巨大损失。

7.1.2 创业风险的特征

创业风险产生于与创业企业活动相关的各种因素的不确定性，因此，依据主要的影响因素，创业风险的特征主要表现在如下几个方面：

（1）创业风险的客观存在性。 一个新生的创业企业，面临的不确定性因素决定了风险产生的必然性。企业管理界普遍认为创业企业除了死亡、税收外，没有什么是确定的，换言之，创业风险就像地震、台风、洪水、瘟疫、意外事故的发生等，都不以人的意志为转移，是独立于人的意识之外的客观现象。创业企业只能在一定的时间和空间内，改善创业风险存在和发生的条件，以降低风险发生的频率和风险给创业企业带来损失的程度，而不能彻底消除风险。创业风险的客观存在性要求创业者正视创业风险，并积极对待创业风险，通过各种技术、手段来减少损失。

（2）创业风险的不确定性。 创业的过程往往是将创业者的创新技术或奇思妙想变为现实的产品或服务的过程，这个过程本身就存在各种各样的不确定因素，而这些影响创业的各种因素经常受各种条件的影响而不断变化，难以预测。这就决定了创业风险的不确定性特征。创业者可以分析以往发生的一系列类似事件的统计资料，对某种投资风险发生的频率及造成的经济损失程度作出主观上的判断，从而对可能发生的风险进行预测和衡量。风险的测量过程就是对风险的分析过程。这种经验主义式的风险分析过程对风险的控制与防范、决策与管理具有举足轻重的影响。

（3）**创业风险的损益双重性**。如果能正确认识并充分利用风险，会使收益有很大程度的增加。例如，开发一个房地产项目，若预期收益很大，那么风险也必定大，如果形势不好，极有可能发生亏损；若形势转为有利，收益也会大为增加，这就是损益的双重性。风险结果的双重性说明对待风险不应该消极地预防，更不应该惧怕，而是要将风险当作一种经营机会，敢于承担风险，积极应对，并在同风险的博弈中规避和战胜风险。

（4）**创业风险的可变性**。这个特征有两重含义，一方面是创业风险的可控性，另一方面是创业风险的可变性。创业风险在一定条件下是可以转化的。这种转化包括三个方面。

1）风险量的变化。随着创业者风险意识的增强和风险管理方法的完善，某些风险在一定程度上可以控制，以降低其发生的频率和损失程度。

2）某些风险在一定的空间和时间范围内可被消除。

3）新的风险产生。

（5）**创业风险的可测性**。个别情况下创业风险的发生是偶然的，不可预知的。但通过对大量风险事件的观察和总结，可以发现其规律。还可以大量资料为依据，利用概率和数理统计的方法测算风险事故发生的概率及损失程度，并构造出损失分布模型，以作为风险估测的基础。

7.2 创业风险的来源

创业企业的成功取决于创业环境、创业机会、创业者及创业团队的能力、创业投资者的实力等条件，而创业环境具有不确定性，创业机会与创业企业本身存在复杂多变的特点，创业者、创业团队与创业投资者的能力与实力本身就是有限的。这些是创业风险的根本来源。普遍情况下，创业过程往往是将创业者的创新技术或奇思妙想变为现实的产品或服务的过程，在这一过程中，存在着几个基本的、相互联系的缺口，它们是上述不确定性、复杂性和有限性的主要来源。创业风险在给定的宏观条件下，主要来源于这些缺口。

（1）融资缺口。创业者往往没有足够的资金将其技术或构思实现商品化，从而给创业带来发展资金缺口，造成一定的风险。通常，只有极少数投资者愿意鼓励创业者跨越这个缺口，如富有的个人、专门进行早期项目风险投资的公司，以及政府资助计划等。投资者往往因不能确定创业者构想的可行性，没有看到创业者的技术或构思的产品或服务的商品化事实，为规避投资风险而驻足观察，等待创业者所描述的产业市场局面的出现。

（2）技术和市场缺口。如果创业项目仅是创业者个人认为一个特定的科学突破或技术突破可能成为的商业产品，此时仅仅停留在创业者自己满意的论证程度上。然而，这种程度的论证后来不可行了，在将预想的产品真正转化为商业化产品（大量生产的产品，即具备有效的性能、低廉的成本和高质量的产品）的过程中，在能从市场竞争中生存下来的过程中，需要大量复杂而且可能耗资巨大的研究工作（有时需要几年时间），从而形成创业风险。

（3）信息和信任缺口。信息和信任缺口存在于技术专家和管理者（投资者）之间。技术专家知道哪些内容在科学上是合理的，哪些内容在技术层上是可行的，哪些内容是无法实现的。在失败的创业案例中，技术专家要承担的风险一般表现在学术上、声誉上受到影响，以及没有金钱上的回报。管理者（投资者）通常比较了解将新产品引进市场的程序，但当涉及具体项目的技术部分时，他们不得不依赖技术专家，可以说管理者（投资者）是在拿别人的钱冒险。如果技术专家和管理者（投资者）不能充分信任对方，或者不能够进行有效的交流，那么这一缺口将会变得更深，带来更大的风险。

（4）资源缺口。可资利用的资源多寡决定了创业者成功的可能性的大小。没有足够支撑创业成功所需的资源，创业者将一筹莫展，创业也就无从谈起。在大多数情况下，创业者不一定也不可能拥有所需的全部资源，这就形成了资源缺口。如果创业者没有能力弥补相应的资源缺口，要么创业无法起步，要么在创业中受制于人，从而形成创业风险。

（5）管理缺口。创业者不一定是出色的企业家，不一定具备出色的企业管理才能。这种缺口通常表现为两种：一是创业者利用某一新技术进行创业，创业者可能是技术方面的专门人才，却不一定具备专业的管理才能，从而形成管理缺口；二是创业者往往有某种奇思妙想，可能是新的商业点子，但在战略规划上不具备出色的才能，或不擅长管理具体的事务，从而形成管理缺口。

创新教育与创业基础

7.3 创业风险的类型

【阅读材料】

李晓华:在大风险中大赢

2000 年,李晓华被美国《福布斯》杂志评选为中国 50 富豪第 11 位,拥有个人资产 2.5 亿美元。李晓华的创业,处处充满了美国西部牛仔闯世界的味道,他一次次大胆的"投注"就像冒险家在征服世界。

一、代理"章光 101"

1978 年,李晓华从北大荒回到了北京。那时,中国正值改革开放初期,李晓华内心充满对新鲜事物的强烈渴求。他第一次到广州进货,正值 T 恤衫、变色眼镜走俏,虽然利润丰厚,但他并未为之所动。他来到广州商品交易会陈列馆,一台美国进口的冷饮机吸引了他。当他把冷饮机运回北京时,已经囊中空空了。

没有多久,就进入夏天了。李晓华把这台新鲜玩意儿,运到北戴河海滨。他向当地人介绍说:"这是新玩意,在中国是第一台。如果你们同意,你们出场地、人员、办营业执照,我出设备。赚钱各拿一半。"

这个夏天他净赚了十几万元。第二年入夏前,他果断卖掉了这台冷饮机,果然,这年夏天北戴河到处都是冷饮机。很多投资做冷饮的人血本无归。

在日本留学期间,他无意中发现老板桌上的报纸有条不起眼的新闻:"中国生产的'101'毛发再生精在日本价格一路上扬。"李晓华立即返回国内。几番周折与"101"结成了生意伙伴,并成为"101"毛发再生精在日本的经销代理商。

在他的策划下,"101"风靡了整个日本。在不到一年的时间里,李晓华成了亿万富翁。

二、马来西亚淘金

李晓华通过各种渠道了解到,马来西亚要修一条公路,因为马来西亚发现了一个很好的油气田。但是马来西亚并没有对外公布油气田的消息,因为消息一旦公布,公路两边或者公路上的土地就会大幅度增值。

李晓华认为自己的机会又来了。但让李晓华为难的是这个项目要十多亿美金,而他自己并没有那么多资金,李晓华说:"我所有的资产加起来也做不成这个事情,因为它的资金量太大了。"

这时候,他开始游说银行,为了获得贷款,李晓华把他所有的资产,包括他的房屋、车辆等全部放到银行里面抵押。一等就是好几个月,油气田的消息却一点没有。李晓华开始住在马来西亚的五星级酒店里等待消息,接着转到四星级酒店,再后来,他交不起房钱了。

一个老华侨同情地对李晓华说:"你住到我这儿吧。"李晓华就在老华侨的仓库里支起了一张床,吃最便宜的盒饭。

就在半年贷款期限刚刚要过的时候,也就是说银行需要李晓华马上偿还贷款的时候,他等待的消息终于公布了。几天后,很多人找李晓华买地,他把购买的土地以购买时几倍的价格全卖了。

李晓华赢了,他面对风险时的巨大承受力,使他又一次成了商场上的大赢家,这是他商旅中最险的一笔。

创业企业从创业之初到成长期间,所面临的风险多种多样。根据风险的发生、发展和破坏性等规律,创业风险总体上可从五个方面进行划分。

(1)按风险来源的主客观性划分,创业风险可分为主观创业风险和客观创业风险。

创业者的身体与心理素质等主观方面的因素一定会影响到创业的成败,如果这些主观影响因素导致创业失败,则称为主观创业风险。在创业阶段,市场的变动、政策的变化、竞争对手的出现、创业资金的缺乏等客观因素也可能导致创业失败,这些客观因素所导致的创业风险就是客观创业风险。

(2)按创业风险的内容划分,可分为技术风险、市场风险、政治风险、管理风险、生产风险和经济风险。

由于技术方面的因素及其变化的不确定性而导致创业失败,称为技术风险。由于市场情况的不确定性导致创业者或创业企业损失,称为市场风险。由于战争、国际关系变化或有关国家政权更迭、政策改变而导致创业者或企业蒙受损失,称为政治风险。由于创业企业管理不善而产生的风险,称为管理风险。由于创业企业提供的产品或服务从小批试制到大批生产而导致的风险,称为生产风险。由于宏观经济环境发生大幅度波动或调整而使创业者或创业投资者蒙受损失,称为经济风险。

(3)按风险对所投入资金即创业投资的影响程度划分,可分为安全性风险、收益性风险和流动性风险。创业投资的投资方包括专业投资者与投入自身财产的创业者。

从创业投资的安全性角度来看，不仅预期实际收益有损失的可能，而且专业投资者与创业者自身投入的其他财产也可能蒙受损失，即投资方的财产安全存在危险，就是安全性风险。虽然投资方的资本和其他财产不会蒙受损失，但预期实际收益有损失的可能性，就是收益性风险。投资方虽然投资，但是资金有可能不能按期转移或支付，造成资金运营的停滞，使投资方蒙受损失，从而形成流动性风险。一般情况下，流动性风险不会造成投资方的资本、其他财产以及预期实际收益蒙受损失。

（4）按创业过程划分，创业风险可分为机会的识别与评估风险、确定并获取创业资源风险和新创企业管理风险。

机会的识别与评估、确定并获取创业资源、新创企业管理是创业过程所必须经历的三个主要阶段，这三个阶段都存在风险。

1）机会的识别与评估风险。一方面创业必须择机而行，就是要对创业机会进行识别与评估。在这个过程中，由于各种主客观因素，如信息获取量不足，把握不准确或推理偏误等，创业一开始就面临方向错误的风险。另一方面存在机会风险，即由于创业而放弃了原有职业所面临的机会成本风险。

2）确定并获取创业资源风险。创业一定存在资源缺口，而创业者无法获得所需的关键资源，或获得这些资源的成本较高，从而给创业活动带来一定风险。

3）新创企业管理风险。创业企业必须进行有效管理，主要包括管理方式的确定、企业文化的选取与创建、企业发展战略的制定、核心技术的开发与应用、高效营销活动的策划与组织实施等全方位管理。这些企业管理过程中存在的风险，构成了新创企业管理风险。

（5）按创业与市场和技术的关系划分，创业风险可分为改良型风险、杠杆型风险、跨越型风险和激进型风险。

1）改良型风险，是指利用现有的市场、现有的技术进行创业所存在的风险。这种创业风险最低，经济回报有限，较难获取较高的经济回报，生存和发展比较困难。因为一方面会遭遇已有市场竞争者的排斥或进入既有市场壁垒的限制；另一方面，即便进入，想要占有一定的市场份额也非常困难。

2）杠杆型风险，是指利用新的市场、现有的技术进行创业存在的风险。这种风险比较高，对一个全球公司来说，这种风险往往是地理上的，常见于挖掘未开辟的市场，如彩电行业利用原有技术进入农村市场。

3）跨越型风险，是指利用现有市场、新的技术进行创业存在的风险。这也是一种风险较大的创业,主要体现在创新技术的应用方面,主要体现为技术的替代,常见于企业的二次创业,领先者可获得一定的竞争优势,但模仿者很快就会跟上,其技术创新带来的市场领先优势很快被抹平。

4)激进型风险,是指利用新的市场、新的技术进行创业存在的风险。该风险最大,如果市场很大,可能会带来巨大的机会,对于第一个行动者而言,其优势在于竞争风险较低;但是知识产权保护力度很弱,市场需求不确定,确定产品性能等,均会带来巨大风险,从而形成激进型风险。

7.4 创业风险的规避

【阅读材料】

"稻草人"连过两次创业风险

一、发现稻草商机——成功创业

20世纪80年代,邢雪森做起了出口贸易。一个偶然机会,他发现当时在国内不值钱的稻草在日本却卖得比大米还贵。他顺藤摸瓜了解了一下,原来这种稻草在日本被专门用作一种牛的饲料。有了这个重大发现后,邢雪森就开始在东北三省专门收购稻草,经过压缩、烘干等多道工序后出口到日本。几年下来,稻草出口给他带来了不菲的收入。

从2000年开始,邢雪森出口稻草的生意遇到了麻烦。由于日本对稻草质量标准的提高,邢雪森收购的稻草中每年都有2000多吨因不达标而积压在手里。稻草放在仓库里浪费空间,烧掉了又可惜,这让邢雪森很是为难。

二、投身黑牛养殖——规避风险

手中的稻草该如何处理,邢雪森急于找到一个妥善的解决办法。他最终决定引进吃稻草的高档牛,这样既利用了不达出口标准的稻草,又可以开拓高档牛肉市场。

不久,他从澳大利亚引进黑牛的胚胎进行繁殖,很快就繁殖出了1万头黑牛。邢雪森在大连建起了现代化的牧场,并把靠出口稻草赚的利润源源不断地投到黑牛饲养上。然而,问题还是出现了。

三、预留资金——再度化解风险

2005年6月,出差在外的邢雪森接到来自日本的电话,日本方面如数退回了他此次出口的 3000 吨稻草,同时宣布暂停对稻草的进口。退回稻草的损失不说,暂停进口意味着切断了邢雪森所有的资金来源。而此时牧场里的近 2 万头黑牛正处在催肥阶段,不可一日无粮。资金链一断,牧场的亿元投资将付诸东流。情急之中,邢雪森连夜赶回大连。

此时唯一的办法就是迅速筹到百万资金,可此时邢雪森已经把所有的钱都投到了牧场上。邢雪森做好了破产的准备。

正所谓"置之死地而后生",原来总管财务的邢雪森的妻子早就留了一手,在公司账户之外留了一笔风险备用金。这笔"救命"钱帮他们的生意再度化险为夷。

创业的过程,就是创业者不断规避风险的过程。趋利避害是人类的本能,而主动挑战风险的创业者更应该具备规避风险的能力,这是防止创业失败和减少损失的必要条件。常见的规避创业风险的方法如下所述。

7.4.1 培养风险意识,敢于面对风险

创业风险难以避免,不敢承担风险的企业难以发展壮大。利润与风险往往成正比,要想获得创业的成功,就必须敢于冒更大的风险。风险本身并不可怕,可怕的是不敢面对。古人云,"生于忧患,死于安乐",导入到创业风险管理范围里,其新意就是提醒创业者要提高风险意识,不仅要正视风险、预见风险产生的可能性,而且要敢于面对风险。

创业涉及的领域和知识是多方面的,创业者应虚心征询多方意见,不同的意见往往是预测和识别风险的重要渠道。这些意见中,尤其要重视反对意见。创业者要善于听取多方意见,善于综合不同意见并找到适合自己企业的解决办法,而不能忽视或回避风险。

当风险出现的时候,创业者要冷静面对,理性处理,从长远利益和企业的发展出发,争取将损失降到最小。1995 年,某知名保健品公司的一种止疼药被人掺进了毒药,有的患者因此而丧生。在这种情况下,该公司可以有两种典型的处理办法。其一,收回该药,但这会造成巨大损失,消费者会转向其他品牌。其二,公司可以召开新闻发布会,声称技术指标还没有定论,整个局势都在控制中,这样可以稳住公众,减少损失。但是此时,它们还是恪守了"公司首要的职责是对医护人员、患者及其家属负责"这一坚持多年的价值观。它们收回了市面上所有的这种止疼药。这当然损失惨重,但是,凭借公司的信誉和产品质量,该公司很快又回到了市场占有率第一的位置。

7.4.2 预测风险,谨慎决策,理性分析

激烈的市场竞争要求创业者每走一步都要慎之又慎,稍有疏忽,就可能导致创业失败。因此,创业者要经常预测风险、识别风险并根据可能发生的风险采取理性的决策。风险并不是没有规律的,事先科学的预测与周密的防范措施都有助于创业者规避风险。以下是部分预测和防范风险的方法,有助于创业者理性决策。

(1)慎选项目,不要盲目冒进,也不要过分求稳和保守。创业者未经冷静的分析和调查,不要盲目打入陌生市场;避免在影响资金周转的项目上投资,也不要轻易同时经营好几个项目;在市场变化的同时,也不能原地踏步。总之,创业者应当根据不断变化的市场需求,预测可能的风险,并理性决策,戒骄戒躁。

(2)重视竞争。市场竞争是非常残酷的,创业者往往在最初低估了来自竞争者的反抗,最后经历了种种磨难,遭遇了种种风险,才明白原来一切都来自竞争的压力。

(3)重视营销。在市场竞争中不要相信"酒香不怕巷子深"的神话。创业者在起草营销计划时,胸中应该有两笔账:一是实事求是的商业预算,二是产品上市初期的惨淡经营。在市场经济环境下,创业者不主动出击,是难以有客户主动上门的。

(4)别对外部支持希望太高。别靠外援创业,少与犹豫不决的客户打交道,避免与付款记录不佳的客户合作。一般情况下,银行对新创企业都不太信任,所以在企业出现些许财政问题时就会放弃对企业的支持。

7.4.3 控制风险,建立风险处理和防范机制

控制风险是指在预测和识别风险的基础上,在风险发生之前就采取措施,使发生风险时损失最小,甚至使风险不发生。控制风险在操作上难度很大,它要求创业者一方面要牢固树立风险意识,随时掌握企业潜在的风险,从而尽量提前调整;另一方面要有快速的反应能力,有强有力的风险防范手段。以下是部分控制和防范风险的方法,有助于创业者建立风险处理和防范机制。

(1)不要在起草文件时留下后患。在起草文件、合同时应该求助于法律顾问,因为国家对每种形式的经济主体在法律和税收等方面都有一些特殊的规定,而创业者必须对此了如指掌。

(2)在人事上慎选慎用。创业者在录用新人的时候不能只看候选人的业务能

力，同时还必须考察他的品质和他与企业相融、共同进退的可能性。此外，为了避免浪费时间，创业者需要对工作日程做妥善的安排，一位称职的秘书往往能起到很重要的作用。

（3）不要将支出预算定得太少。由于创业者大多急于尽快将可行性计划付之于实践，所以他们往往忽视支出预算问题。风险投资专家认为，按照各项技术指标计算出的支出预算总额和收入预算总额在实践中都有 20%～30% 的出入。企业在运行过程中，无论何时都可能需要增加一些计划外的开支，而收入则会因一些偶然因素的影响而减少。

（4）建立紧急事件预警和处理机制。紧急事件预警和处理机制有助于减轻或消除意外风险对企业的影响和破坏，同时，由于权责到人，一些其他风险都能在一定程度上得以有效的预防。

某口服液曾经风靡一时，1996 年的销售额达到 80 亿元。在一些城市，人们因买某口服液排起了长龙。然而就在 1996 年 6 月，某市 77 岁的陈某经医生推荐服用某口服液，同年 9 月，陈某皮肤出现病状，经医治无效后死亡。他的儿子认定是喝了某口服液造成的，同年 12 月向某市中级人民法院起诉。法院将陈某未服用的两瓶某口服液送到某医药生物制品鉴定所，其鉴定报告称：该检品为不合格。1998 年 3 月，法院一审判决某公司败诉，宣称陈某是服用某口服液致死，并判赔及没收某公司 1029.8 万元的产品。一审之后，全国 20 多家媒体对此事进行了广泛报道。很快全国人民都知道某口服液会喝死人。发展如日中天的某公司提起了上诉，还把报道这件事情的所有媒体告上法庭。终于在 1999 年 3 月，某省高级人民法院在二审中依据专业单位提出的新的鉴定报告，做出了某公司胜诉的终审判决。拿到胜诉判决的某公司，却再也站不起来。此时，全国的销售已经陷入瘫痪状态，工厂已全面停产。一个地方案件何以造成这么大的重创？其实，此次事件只是某公司风险的导火索，在创业期间迅速膨胀时失去控制的一线销售、无序的管理和缺乏紧急事件预警和处理机制才是某公司创业失败的真正原因。

7.4.4 寻求合作，共享收益，共担风险

在企业经营的过程中，竞争是绝对的，但是有时为了求得长远发展，获得更大利益，妥协、合作、联合等都是必要的。创业者可以通过合伙、合作、联营等方式，实现和他方共享收益、共担风险。实践证明，在激烈的竞争中寻求合作者，不仅可以壮大彼此的力量，也可以取长补短，增强自己的风险防御力。这对于走

出低谷、迎接挑战、战胜风险的创业者有着十分明显的作用。这些方法主要有如下几种：

（1）避免独自解决一切问题。创业者的一个通病就是过高估计自己的能力，他们总以为自己无所不能。企业管理是一项费时费力的工作，不重视合作与风险规避会大大影响企业的经济效益。

（2）尽量把风险大的项目分解外包。比如创业者要进行某项风险比较大的投资或经营活动时，完全可以把这个项目分成许多小的项目，再将这些小项目中风险大的但别人能接受的部分推给其他公司，自己则共享收益，共担风险，一旦风险发生，便可转嫁风险。

（3）不要拒绝必要的合作和规模化经营。单枪匹马的经营者要掌握好管理、技术和市场这三个决定成功的关键因素，需要付出极大的努力。所以，如果创业者所从事的领域需要比较强的实力，就不要拒绝与他人合作。往往在共同发展的背后是风险的共同承担。

（4）避免与合作伙伴发生误会。为了不让事情发展到这种地步，创业者在合作之初就与合作伙伴一起把各自的权限和职责范围确定下来。

7.4.5　分散风险，多元化运作，多层次开发

"不要把所有鸡蛋放在一个篮子里"就是指分散风险。常见的多元化主要有产品服务的多元化、经营行业的多元化、资本运作的多元化、投资方式的多元化等，使风险在不同活动领域里得到分散。以开发产品为例，多层次开发可分为四个层次：第一个层次是增加同一产品的花色品种、规格型号，甚至可以生产不同质量的产品，以增加产品的覆盖面，满足不同消费者的需要；第二个层次是增加同类产品的生产，例如生产汽车零配件的企业可以增加摩托车零配件生产等；第三个层次是向同行业产品的上下游延伸，例如化工产品的辅助产品深加工等；第四个层次是向行业外产品延伸，例如机械加工企业开发房地产等。以上四个层次的组合本身也存在一定的风险，而且从第一层次到第四层次按顺序风险逐渐加大。但是，创业者必须注意经营不要太分散，否则容易丧失更为重要的核心竞争力。

7.4.6　转移风险，以退为进

为了避免独自承担风险损失，创业者应主动有意识地将损失和与损失有关的后果转嫁给其他组织或者个人。

创业者总是会尽力去排除和回避风险，把不能回避的风险转嫁出去，不能转嫁或者损失程度小的可以自留。企业在经营的过程中，有时为了求得长远的发展，不得不放弃一些暂时的利益，以渡过难关，这就是转移风险。特别是风险已经酿成时，就要牺牲某些局部甚至全部利益，以求再生。

（1）降价抛售，以退为进。产品过剩对于企业来说是一个致命的问题，如不采取果断措施，继续拖延下去，是十分危险的。因此，在产品过剩的情况下，采取降价措施，以增加市场份额，就是一种转移风险的方式。当然，降价策略的辅助措施还有提高产品质量、完善售后服务等。

（2）丢车保帅，寻找"替罪羊"。要将风险减少，有一定实力的企业经营者完全可以寻找一个能转嫁风险的"替罪羊"。这个"替罪羊"可以是独立承担民事责任的子公司，也可以是其他关联企业，此谓丢车保帅。

（3）购买保险，防患于未然。投保实际上不会降低风险，但通过保险所给予的赔偿金能弥补一些损失甚至全部损失，因此，它是弥补风险的主要方式。保险对经常要冒风险的人很有用处。社会服务行业，如海运、石油产业及汽车运输与销售行业，发生风险的概率相对高，更要注意买保险。但什么都买保险，就有可能超出企业成本的负担能力，影响企业资金周转与运作。所以，买保险的关键是选择值得投保的项目。

（4）申请破产保护。当企业的财务陷入困境，经过一系列的整顿仍不见起色、面临绝望的困境时，就应当考虑采取破产保护手段。这是迫不得已的下策。一个企业宣告破产之后，其经营立即停止，企业交由清算小组管理。经过清算仍不能偿还的债务，将转嫁给债权人自己承担。申请破产也是创业者可以采取的转移风险的方式。

7.4.7 规避风险，果断退让，走为上策

当然，如果对自己的实力有清楚的了解，认识到前面的风险是自己无论如何都不能承受的，那么及时清除这种危险可能出现的条件，或避开这条可能遭受损失的道路，另辟蹊径，也未尝不是一种有效地规避风险的方法。正如李晓华从领先一步的优势中赚得丰厚利润后，便清醒地预见到风险，于是急流勇退，顺便把机器卖了个高价，在后来的激烈削价竞争中，他丝毫不受影响，可谓是"三十六计，走为上策"的经典运用。所以，清楚地认识到自己的处境，避开迎面而来的巨大风险，"退一步是为了进两步"，这是商界人士的有智选择。如果逞强好胜，迎面而上，这种行动往往招致灭顶之灾。

小　结

创业是一种高风险的活动,创业的过程是机遇与挑战、成功与失败并存的过程,是承担风险和化解风险的过程。一旦出现创业风险,创业企业的利益一定会受到一定程度的损害,甚至给创业企业带来极大的生存威胁。应对创业风险,一定要迅速做出反应。

客观存在性、不确定性、损益双重性、可变性和可测性是创业风险的五大特征。在给定的宏观条件下,创业风险主要来源于融资缺口、技术和市场缺口、信息和信任缺口、资源缺口、管理缺口等五个方面。根据风险的发生、发展和破坏性等规律,创业风险总体上可从五个方面进行划分:按照风险来源的主客观性,分为主观创业风险和客观创业风险;按照创业风险内容归类,分为技术风险、市场风险、政治风险、管理风险、生产风险和经济风险六种风险;按照风险对所投入资金的影响程度,分为安全性风险、收益性风险和流动性风险;按照创业过程,分为机会的识别与评估风险、确定并获取创业资源风险和新创企业管理风险;按照创业与市场和技术的关系,分为改良型风险、杠杆型风险、跨越型风险和激进型风险。

创业风险是可以规避的,主要的规避方法有:培养风险意识,敢于面对风险;预测风险,谨慎决策,理性分析;控制风险,建立风险处理和防范机制;寻求合作,共享收益,共担风险;分散风险,多元化运作,多层次开发;转移风险,以退为进;规避风险,果断退让,走为上策。

【案例分析】

"龙虎计划"导致覆灭——TCL跨国并购失败案

从1997年到2003年,TCL用了短短的6年就获得巨大成功:彩电业务超越原来的老大哥长虹,新切入的手机业务狂飙突进,把称雄中国市场多年的跨国企业打得节节败退。于是TCL正式吹响了进军国际的号角,先小试牛刀于施奈德,再大展拳脚于汤姆逊,更一鼓作气拿下阿尔卡特。引来国人的一声声喝彩,甚至引发了国际市场对中国企业"狼来了"的惊呼。然而,与登顶的艰辛和漫长相比,从繁华到轰然倒塌的转换却是如此迅捷,TCL甚至还没有来得及施展为国际化所做的种种准备,压顶的巨浪就汹涌而至了:从赢利10多亿到巨亏10多亿,竟然仅仅只用了一年。

TCL这次国际化动作失利的真正原因在于战略假设的错误，而战略假设上的偏差主要表现在对市场风险的估计不足，对国内、国际市场环境变化带来的风险估计失误。

简单说，TCL在这个时候选择开始国际化战略，是认为其经营的两大业务（彩电和手机）在国内市场上已经取得了比较稳固的地位。这个稳固的大后方可以给TCL的国际化之旅提供足够的回旋余地，包括不测风险的应对和长时期的亏损。事实上，这两个支点在2004年都发生了位移，以液晶和等离子为代表的平板电视对传统显像管电视的替代突然提速，以极快的成长速度迅速向主流市场挺进，但引领这次潮流的不是以行业老大自居的TCL，而是外资和海信、厦华之类的二线品牌。当行业进入转折点的时候，TCL却正深陷海外市场。而手机业务，跨国品牌在一时被国产品牌一顿乱拳打得难以招架之后，逐渐站稳脚跟，并利用技术和世界市场的规模优势展开疯狂反扑，通过彩屏、摄像、时尚等概念的推出收复失地，国产品牌被迎头痛击，纷纷倒地，根深叶茂的TCL虽然一息尚存，由于冲锋在前，自然也受伤最深。战略假设上发生错误，企业所面对的风险将是最严重的。

【思考与讨论】

1．从导致TCL业务大滑坡的原因分析TCL面临了哪些致命的创业风险。
2．TCL的创业失败仅仅是因为没有预见到创业风险吗？
3．从TCL的事例中体会创业风险的预测、控制、防范与规避。

第 8 章　商业模式

【课程目标】

使学生掌握商业模式的基本概念、构成要素、特征,以及对商业模式的评价、商业模式的设计框架等相关知识,为其他模块的学习夯实基础。本章通过对我国大学生创业模式类型的分析,教会学生如何选择适合自己的创业模式,并运用大学生创业成功与失败的典型案例,让学生分析出各案例成功的经验与失败的教训。

【知识点】

1. 商业模式的概念、基本要素
2. 商业模式的评价
3. 商业模式的特征
4. 商业模式的设计框架

【技能点】

1. 了解我国大学生创业模式的类型。
2. 学会如何选择创业模式。
3. 分析大学生创业成功的原因、吸取失败案例的教训。

【引例】

淘宝网的创业模式

淘宝网是亚太地区最大的网络零售商圈,致力打造全球领先的网络零售商圈,由阿里巴巴集团投资创立。可从以下几个角度分析淘宝网的商业模式。

一、营运模式

(1)体验式营销——免费。淘宝网成立伊始,就坚持认为中国当前的市场还不成熟,消费者无法接受收费服务,全面推广免费策略,在极短的时间内就吸引了巨大的顾客群体，迅速地进行了市场扩张。

（2）差异化的市场推广策略。淘宝网作为一个后发企业在成立之初就遭到了易趣网公开的排斥和封杀，对此淘宝网避开了易趣网的锋芒，巧妙地采用了游击式的推广策略。

（3）付款环节，淘宝提供了关联服务——支付宝。账号和个人淘宝账号关联，在申请淘宝账号时一并生成。

（4）信用评价体系。在交易完成后，淘宝会邀请买家对卖家进行打分。

（5）其他。淘宝网还提供消费者维权通道、售后保障等，对售后纠纷进行处理，为维护消费者的合法利益提供帮助。

二、盈利模式

网站的收费来源主要包括交易服务费（包括商品登录费、成交手续费、底价设置费、预售设置费、额外交易费、安全支付费、在线店铺费）、特色服务费（包括字体功能费、图片功能费、推荐功能费）、增值服务费（信息发布费、辅助信息费），以及网络广告等。

三、支付模式

支付宝账户付款、支付宝卡通支付、网上银行付款（银行卡）、信用卡支付等多种支付方式。

四、管理模式

（1）淘宝网的信用模式评价机制。信用评价是会员在淘宝网交易成功后，在评价有效期内（成交后3~45天），就该笔交易互相评价的一种行为。信用评价不可修改。

（2）引入了实名认证制。淘宝网区分了个人用户与商家用户认证，两种认证需要提交的资料不一样，个人用户认证只需提供身份证明，商家认证还需提供营业执照，且一个人不能同时申请两种认证。

五、物流体系

淘宝网为了方便用户进行网上交易，邀请物流公司为支付宝用户提供特别服务和优惠价格，并制定了《支付宝推荐物流服务的使用规则》。

六、技术模式

（1）即时通信工具。即时通信工具能够迅速进行虚拟场景的实时交流，如QQ、MSN、阿里旺旺等。

（2）支付宝。安全支付是C2C的软肋，也是中国电子商务面临的首要问题。淘宝网推出支付宝服务，有力地保证了网络交易者的利益不受侵害。

8.1　商业模式概述

【阅读材料】

一位美国大学生在清扫宿舍时,从大家的床底下扫出很多硬币。归还给舍友们时,舍友们都不要,说硬币装着麻烦,此后他积攒的硬币越来越多。于是他就思索,硬币会给人带来麻烦,麻烦意味着商业价值,麻烦越大,蕴含的商业价值跟机会就越大。因为超市的硬币流通量最大,他就在超市安装了一台硬币交换机,投进去硬币可以兑换出相应的纸币,他只在中间赚取9%的手续费。手续费和超市按一定的比例分成,这个生意并不需要特别高的人力成本,不需要高科技,成功的关键就是签订了一个排他性的独占协议,即超市只能和他一家签,不能和别的企业再签,最后这家公司很快在纳斯达克上市。

这是一个很简单的商业模式,这位美国大学生因为用了一个正确的商业模式运作生意,使得财富的聚集速度很快。今天的中国市场是全世界机会最佳的市场,但是如果没有一个好的商业模式,创业就很难成功。

商业模式(business model)的概念最早出现于20世纪50年代,但直到1990年才广泛传播和流行。现在,商业模式已经成为创业者和风险投资者挂在嘴上的常用名词。几乎每个创业者都确信,有了一个好的商业模式,创业成功就有了一半的保证。什么是商业模式呢?商业模式是为了在市场中获得利润而规划好的一系列商业活动。商业模式是商业计划的核心内容。

8.1.1　商业模式的概念

一个企业在筹建、创立、发展过程中,必须依靠三大支柱,共同支撑起企业的一系列过程,如图8-1所示。

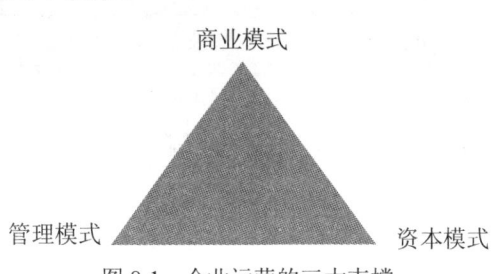

图8-1　企业运营的三大支撑

在商务实践中，投资人和企业的经营者一定要将商业模式放在首位，其次才是管理模式。摩托罗拉拥有资源、拥有品牌、拥有人才，最终衰落的原因有两个：一个是没有抓住趋势，一个是没有好的商业模式。好的管理模式可以体现商业模式的价值，不好的管理模式不能实现商业模式，但是管理模式并不能解决商业模式的问题。

商业模式从全新的角度来考察企业，是一个正在形成和发展中的新的理论和操作体系，很多概念和内容尚未定位。此外，商业模式涵盖了企业从资源获取、生产组织、产品营销、售后服务到研究开发、合作伙伴、客户关系、收入方式等几乎一切活动。

咨询师米切尔和科尔斯（2004）对商业模式的定义是：一个组织在何时（when）、何地（where）、为何（why）、如何（how）和多大程度（how much）地为谁（who）提供什么样（what）的产品和服务（即"5W2H"），并开发资源以持续这种努力的组合。

清华大学雷家骕教授概括出商业模式的定义是：一个企业如何利用自身资源，通过一个包含了物流、信息流和资金流的特定商业流程，将最终的商品和服务提供给客户，并收回投资、获取利润的解决方案。

较为通俗的定义是：商业模式就是描述企业如何通过运作来实现其生存与发展的"故事"。也有人直白地说："赚钱了才是商业模式。"例如，在网络热潮时期，硅谷的许多创业者就通过给投资者讲一个好的"故事"而获得了巨额融资。

【阅读材料】

2003年12月至2004年12月在纳斯达克上市的中国企业的商业模式见表8-1。

表8-1　中国企业的商业模式

公司名	上市时间	主营业务（商业模式）
携程网	2003/12/09	在线旅游服务
掌上灵通	2004/03/04	无限彩铃和铃声专业服务
Tom在线	2004/03/10	无线服务
中芯国际	2004/03/17	芯片制造
盛大国际	2004/05/13	网络游戏运营和开发
空中网	2004/07/09	无线内容和无线应用服务

续表

公司名	上市时间	主营业务（商业模式）
前程无忧网	2004/09/28	人才招聘
金融界	2004/10/15	金融信息产品和增值服务
e龙	2004/10/29	在线旅游
第九城市	2004/12/15	网络游戏运营

（资料来源：姜彦福，张帏. 创业管理学[M]. 北京：清华大学出版社，2005.）

8.1.2 商业模式的核心要素

商业模式一般都体现客户价值最大化、整合、高效率、系统、盈利、实现形式、核心竞争力、整体解决方案等八大关键词。这些内容构成了成功商业模式的八大要素，缺一不可。实践证明，顾客、价值和利润构成商业模式的三个核心要素。换言之，一个好的商业模式必须回答以下三个基本问题：

（1）企业的顾客在哪里？

（2）企业能为顾客提供怎样的（独特的）价值和服务？

（3）企业如何以合理的价格为顾客提供这些价值，并从中获得企业的合理利润？

当评判一个企业是否提出了真正具有创新性的商业模式时，首先需要从逻辑上回答上述问题，需要判断它能否为顾客、股东和员工，甚至其他利益相关者带来实际的价值和利益。能够为多方创造价值的商业模式被定义为一个好的商业模式。

2004年，谷歌公司的成功上市和上市后的优异表现，使人们更加深入地思考商业模式及其对创业成功的作用。一个成功的商业模式是对现有方法的有效改进或突破，即改变"5W2H"中的一个或几个。通常，企业的业务价值链可以划分为两个部分：

（1）与生产有关的所有"后端"行为，如产品设计、原材料采购、生产制造等。

（2）与销售有关的所有"前端"行为，如寻找并接近客户、交易谈判、分销产品或提供服务。

新的商业模式是对存在于现有业务中的价值链的改变。一种新的商业模式可能始于设计一种新产品，以满足一项未能完好满足的需求，如百度的搜索引擎和定向广告链接服务；也可能始于一个流程的创新——用更好的方法从事一种成熟产品或服务的生产、销售或分销，如易趣网、戴尔、沃尔玛。不过，现实中的商业模式创新也可能源于这两部分不同环节的创新组合，如苹果公司的数字音乐播放器产品 iPod 与 iTunes 音乐在线商店的组合。一方面，iPod 容量大，其时尚的外观设计迎合了年轻人的喜好，40GB 硬盘的标准配置可以容纳近一万首歌曲；另一方面，苹果的 iTunes 音乐在线商店把 iPod 和 99 美分音乐下载服务联系起来，其简单便捷赢得了大多数用户的青睐，并带动了苹果公司的 iPod 音乐播放器产品的销售。苹果公司还和 U2 乐队共同推出了 iPod+U2 的合作联盟，为 iPod 产品进一步"摇旗呐喊"。

8.1.3 商业模式的评价

商业模式的内容十分广泛，凡是与企业活动有关的内容，几乎都可以纳入商业模式范围。现在经常提到的商业模式包括电子商务模式、B2B 模式、B2C 模式、拍卖模式、代理模式、广告收益模式、会员模式、佣金模式、社区模式等。

在人们所熟悉的商业世界中，任何一个商业组织都有其特定的商业活动业务流程，这一业务流程汇集了物流、信息流、资金流，最终以增值的商品或服务传递到客户手中，并产生每个组织所赖以生存和发展的收益。概而言之，与每个商业组织相联系的业务、流程或其核心环节的抽象，就是它的商业模式。

一个具有吸引力的、成功的商业模式，通常需要具备某些能够防仿造价值与竞争优势的特点，而这些特点往往影响着创业企业的成功与否，也正是商业模式评价不可忽略的重要因素。

（1）商业模式的适用性。 由于不同企业自身情况千差万别、市场环境变幻莫测，商业模式必须突出不同于其他企业的独特性。这种独特性表现在它怎样为自己的企业赢得顾客、吸引投资者和创造利润。严格地说，一个企业的商业模式应当仅仅适用于自己的企业，而不可能原封不动地照搬照抄其他企业。从实际运行看，商业模式没有好坏之分，只有是否适用的区别，适用的就是好的，适用较长久的就是较好的。因为，商业模式的逻辑就是最终体现企业的制度和实现方式。

（2）商业模式的有效性。 有效性就是是否能够体现企业如何持续发展、如何持续盈利、如何赢得更多客户。有效性也是商业模式的关键要素。在经济全球化、信息化的今天，无论哪个行业或企业，都不可能有一个万能的、单一的、特定的商业模式,以保证自己在各种条件下均产生优异的财务结果。因此,评价商业模式的好坏,最根本的一条在于它的有效性。可以认为,有效的商业模式是企业在一定时期、一定条件下,选择的能够为自己带来最佳效益的有效的盈利战略组合。

根据埃森哲咨询公司对 70 家企业的商业模式所做的研究分析,这种盈利战略组合应当具有 3 个共同特点。

1)提供独特价值。独特价值可以理解成新的思想,通常情况下也被理解为产品和服务独特性的组合。这种组合要么可以向客户提供额外的价值,要么使客户能用更低的价格获得同样的利益,或者是用同样的价格获得更多的利益。

2)独有的,不可模仿。企业通过确立自己与众不同的商业模式,如对客户的悉心照顾、无与伦比的实力等,来提高行业的进入门槛,从而保证利润来源不受侵犯。

3)可操作性与实事求是。可操作性与实事求是就是把商业模式建立在对客户行为的准确理解和把握上。有效的商业模式是丰富和细致的,并且它的各个部分要互相支持和促进,改变其中任何一个部分,它就会变成另外一种模式,就可能影响其有效性。

(3)商业模式的前瞻性。前瞻性是商业模式的灵魂所在。商业模式是与企业的经营目的相联系的,一个好的商业模式要和企业长远的经营目标相结合。商业模式实际上就是企业为达到自己的经营目标而选择的运营机制。企业的运营机制反映了企业持续达到其主要目标的本质的内在联系。企业以盈利为目的,它的运营机制必然突出确保其成功的独特能力和手段,以吸引客户、雇员和投资者,在保证盈利的前提下向市场提供产品和服务。但是,仅仅如此是不够的,因为这只是商业模式的"现在式",而商业模式的灵魂和活力则在于它的"将来式",即前瞻性。也就是说,企业必须在动态的环境中保持自身商业模式的灵活反应、及时修正、快速进步和快速适应,即具有长久的适用性和有效性,以达到持续盈利的目的。

8.2 成功商业模式的特征

【阅读材料】

陈建豪:解读戴尔直销模式成功之谜

陈建豪于 1994 年毕业于美国纽约大学大众传播系。在互联网领域从业十多年,具有丰富的互联网营销管理及电子商务经验,历任雅虎中国运营副总裁、易趣网中国市场部高级副总裁、RealNetwork首席运营官。现受邀加盟戴尔公司。

记者:戴尔并不是直销模式的发明者,IBM、惠普、DEC也都有过直销的经历,但今天提到直销成功的典范,业界和消费者都自然想到的是戴尔。在这近30年的直销经验中,戴尔直销模式成功的基础在哪里?

陈建豪:我想,戴尔模式的成功需要三个大的条件。

第一,用户的消费习惯是关键。在PC厂商寻找用户的同时,最终用户也在寻找厂商,且用户需要更方便、快捷地得到厂商和产品信息,一部分人愿意到商店或店面寻找,另一部分人则更愿意直接通过网络、电话与厂商联系,这部分人直接影响到戴尔的销售规模。

第二,戴尔的品牌效应。戴尔逐步建立起的品牌效应让用户了解到,选择戴尔,就意味着产品的优秀品质和全球快速响应带来的成本的降低以及便捷的购买方式。

第三,高效率的定制生产和价格优势对消费者来说具有极大的吸引力。因为戴尔创办公司的初衷就是要提高运营效率、快速响应市场需求,从而取得价格优势。

记者:在戴尔以直销闻名之后,有不少IT厂商试图学习戴尔,但没有哪一家能大规模采用,或知难而退,或因无法把控而失败。为什么戴尔的直销模式不可复制?

陈建豪:从表面上看,戴尔的核心是直销,但人们往往忽略了在背后支撑的戴尔的高效流程。从本质上说,戴尔实施的是低成本竞争战略,核心能力就是做到成本最低。戴尔公司直销模式的精华在于"按需定制",在明确客户需求后迅速做出回应,并向客户直接发货。同时由于减少了不必要的成本和时间,戴尔公司能够腾出更多的精力来理解客户需要。

面对愈演愈烈的经济波动、成本与竞争压力,创业企业及创业者必须为企业的可持续发展寻找新的方向。创业企业依靠创新机制,恰恰可以走出依靠低价竞争的泥潭,实现高效的竞争。然而,由于不同行业的差异,及宏观和微观经济环境的共同影响,没有一个单一的商业模式能够保证在各种条件下都产生优异的财务回报。尽管如此,我们仍需要对商业模式的内在属性进行解构,提炼商业模式的属性框架,唯有如此,才能够有利于现实商业模式的分析以及创新商业模式的构建。

在戴尔直销模式的背后,隐藏着一些重要的支持因素,如戴尔对客户需求的关注。戴尔坚信客户的需求是企业所要首先关注的，因此，戴尔力图做顾客的顾问，帮助顾客作正确的决策，让企业真正为顾客创造更大的价值。同时，戴尔注重客户反馈，基于顾客意见进行灵活的调整。据称，戴尔内部还成立了专人客户负责制，为所有戴尔用户设立客户档案，他们可以随时随地联系到专门的戴尔客户代表，能根据客户的不同情况制订最适合的IT解决方案。除了在客户关系处理上加以关注，在企业运作方面，戴尔一直实行精细化管理。低成本一直是戴尔模式的核心，但价格的竞争力并不等于要做赔本买卖，这就要求公司管理阶层在压缩开支方面做到极致。同时，直销模式能够成功还跟戴尔的供应链管理方式密不可分。戴尔在渠道建设、原材料供应方面也做得非常成功，和供应商的合作非常密切，通过为供应商提供长期产量预测以便进行制造预测，将整个系统中的库存量保持在最低。零库存、快速制造模式缩短了供求距离，没有库存风险和成本，因此戴尔的产品价格极具吸引力。这一系列系统的企业运营过程构成了戴尔的商业模式。

从上述的商业模式分析中发现，成功的商业模式应具备如下三个条件：

（1）全面性。商业模式是对企业整体经营模式的归纳总结。一方面，商业模式包含营销、管理等基础层面，以引导基层员工的操作；另一方面，在企业发展战略层面，商业模式必须涵盖企业的整体发展目标和发展方向，同时，在各个不同的管理职能分类上，也必须设想可行的经营方案。商业模式的全面性一是体现在创业者对创业发展中可能遇到的各类问题进行了深刻而全面的思考，也制订了有效的应对方案；二是要求创业者不能忽略支持其内在盈利性的某些要素，但也不需要涵盖所有经营管理中琐碎的事务。商业模式需要提炼归纳，提取更为重要的要素，这样对企业的整体发展才具备更强的指导意义。

（2）独特性。提供独特价值是成功的商业模式的显著特点。创业者通过寻找和设计其独特的商业模式，以保证市场占有率的稳步甚至快速增长。这种独特价值表现在创业者能够向客户提供额外价值，或者使得客户能用更低的价格获得同等价值，或者是用同样的价格获得更多的价值。例如，如家酒店连锁公司通过全力拓展其独创的经济型连锁酒店，以低价、舒适、干净为特色，吸引了大批中小商务人群和休闲游客，常年入住率保持在90%以上。这一独特的商业模式与传统意义上的酒店经营模式迥然不同。

商业模式独特价值的根本来源是创业者所拥有的独特资源以及基于资源独特性所构建的发展战略，这一战略包括未来可行的公司层面发展战略，同时也包括市场经营层面的竞争战略，如独特的营销方案及分销渠道。

（3）难以模仿性。不可被模仿是成功的商业模式的核心特征。易于被他人模仿的商业模式，极易失去独特的领先优势，从而丧失可持续发展的优势，因为迅速跟进的追随者很快就会使创业企业的盈利能力大大下降。因此，难以模仿的商业模式首先意味着企业的经营模式是可持续的。创业者至少可以通过有效的手段在一定时间内维持企业的成长速度，而不用太早陷入行业竞争的旋涡中。

难以模仿的关键在于两个方面：首先是创业企业的商业模式要充分发挥先行者的优势，让后进入者的获利可能降至最低，这样后进入的追随者对模仿现有商业模式的兴趣就不会很大；其次，为了实现难以模仿的商业模式，创业者必须注重细节。只有执行到位，注重每一个细节，这一特定的商业模式才是竞争对手难以效仿的。当然，如果有可能，创业者必须运用知识产权保护的有力武器以防止模仿。

全面性、独特性、难以模仿性构成了商业模式的基本属性。对于成功的商业模式来说，这三个属性之间的关系类似于通常意义上的木桶效应，任何一个层面存在短板都会对商业模式造成重大伤害。因此，创业者在准备创业的时候，尤其需要警惕那些在其他层面特别突出，但是在某一个层面上存在缺憾的商业模式。

8.3 商业模式设计的注意事项

【阅读材料】

雀巢公司曾经开发出一个咖啡系统，包括相互配套使用的咖啡胶囊和咖啡壶各一个，然后组建了一个直销团队专门销售该咖啡系统。咖啡机由专门的公司生产，咖啡胶囊从母公司采购，最后由直销团队把该咖啡系统向酒店和办公室销售。这种商业模式有一定的风险性：第一，客户关系管理有问题，目标客户是酒店和办公室，而酒店客户有一定的流动性，所以该模式会断绝团队和客户之间的往来，也就是产品和消费者之间没有直接的关系；第二，咖啡胶囊、咖啡壶、销售人员在没有市场保证的前提下已经占用了大量的资金，风险非常大，这个项目做了两年后业绩并不明显。

后来换了一位经理，对销售方案做了一些微小的调整，咖啡壶授权给老佛爷、哈罗德这种专门和顾客打交道的百货公司，自己不用承担任何风险，并且能分到授权费，同时百货公司在卖咖啡壶时登记下顾客的资料，最后统一交给公司，如果顾客需要咖啡，公司24小时内就可以直接送货上门，这样大大增加了业绩。这个商业模式的成功在于，第一，和客户直接建立了联系；第二，把风险转给善于承担风险的公司，而不把风险都集中在自己身上。

拥有核心技术或者围绕某个奇思妙想设计完成的技术手段，是确保创业企业迅速发展的先决条件。事实上，创业企业的市场要想发展，核心技术确实重要，但企业的全面创新却更加重要。企业创新的核心是商业模式的创新，它比科技的创新更重要。纵观西方著名的商业机构，都拥有独特的商业模式，其精髓远远超越了科技，包括高盛、沃尔玛、星巴克都没有传统意义上的核心技术。所以过度强调科技有可能导致创业企业误入歧途，科技是竞争手段不是目的，不能为科技而科技。面对筹备、运行和发展创业企业的需要，必须做好商业模式的设计，必须提炼一个完美的商业模式的设计框架。布鲁斯·R.巴林格认为商业模式包括核心战略、核心资源、核心伙伴和顾客界面，见表8-2。

表8-2 商业模式的组成要素

核心战略	核心资源	核心伙伴	顾客界面
企业使命 产品/市场范围 差异化基础	核心能力 战略资产	供应商 合作伙伴 其他重要关系	目标顾客 销售实现与支持 定价结构

对于初创企业而言，商业模式的这四大关键性要素必须全部正常运转。这样，企业才能充分发挥商业模式的作用。

8.3.1 核心战略

核心战略是商业模式设计应首先考虑的要素，主要描述创业企业如何与竞争对手进行竞争，包括企业使命、产品/市场范围、差异化基础等基本要素。

（1）明确企业的使命。企业商业模式预期实现的目标是企业的使命，主要指衡量企业绩效的标准。例如，戴尔公司的使命是成为世界上最成功的计算机公司，在所服务的市场上传递最佳的顾客体验。为此，戴尔在七个方面满足了顾客希望，它们是最高品质、领先的技术、有竞争力的价格、口碑良好的服务和支持、迅捷的定制化能力、优异的企业公民形象、财务稳定。通过戴尔公司的使命陈述，我们可以很容易看出企业的意图。西南航空公司的使命是以热情、友善、自豪和充满企业精神的态度提供最高品质的顾客服务。这同样能清晰传达企业做什么和如何竞争的信息。

（2）明确产品和市场定位。创业企业必须有产品，而且必须锁定一个恰如其分的市场身份，也就是常说的市场定位。一个好的商业模式应该明确企业所集中专注的产品和市场，因为产品和市场的选择直接影响企业盈利的方式。例如，雅虎网站起初提供免费的互联网搜索服务，并通过在网站上创造广告空间来获利，但是到 2000 年，电子商务泡沫开始破灭，广告收入锐减，雅虎网站为创造更稳定的收入流，开发了更多的订刊服务，拓宽了其产品范围，商业模式也随之变化。

企业从事经营活动的市场也是其核心战略的重要因素。例如，阿里巴巴把中国供应商作为它的目标市场，其意义重大。当时首席执行官马云之所以没有选择只把经济实力较强的大企业作为目标市场，是因为阿里巴巴的价值不能局限于对大企业已有业务的信息化服务。针对中国加工行业相对过剩的市场环境，马云选择了为尽可能多的中国供应商服务，因而产生了免费入网的概念，并随之产生了企业信用认证等概念。

（3）明确与竞争对手的差异。创业企业必须创新，创新的核心表现就是力求实现与竞争对手在产品或市场上的差异化。从宏观视角来看，企业一般可以选择成本领先战略或是产品差异化战略。采用成本领先战略的企业努力在产业内获取最低的成本，并以此来吸引顾客。相反，采用差异化战略的企业以提供独特而差别化的产品，以质量、服务、时间或其他方面为竞争基础。多数情况下，新创企业很难采用成本领先战略，因为成本领先要求规模经济，创业企业短期内很难形成规模经济。差异化战略往往是创业企业取得顾客认可的最佳方式。

8.3.2 核心资源

核心资源在很大程度上会决定和制约一个企业商业模式的实现，而创业企业的核心资源丰富程度，更是决定其商业模式能否实现的前提。因此，对于新创企业而言，其核心资源从创业初期就开始受到创业者特质、机会识别的能力等因素的制约。而两种最为重要的资源则是企业的核心能力和战略资产。

（1）核心能力。核心能力（core competency）是指企业的主要能力，是使企业在竞争中处于优势地位的强项，是其他对手很难达到或者无法具备的一种能力。核心能力也是一种资源或者能力，是企业市场竞争优势的源泉。它是企业产品领先于市场的独特技术和能力，对于吸引顾客有着巨大的贡献，并且难以被竞争对手模仿。美国苹果公司的手机设计，索尼公司的多样化、小型化能力等均是企业核心能力的具体表现。对于创业企业而言，核心能力是新创企业获取最大价值的根源。为了增强自己的核心能力，新创企业应当识别具有独特性、对顾客有价值、难以模仿、灵活性高等特征的技术。

在新创企业发展之初，核心能力使企业能够明确差异化特征，并创造出独特价值。例如，我国的小米手机公司利用价廉而性能优良的智能手机来确立自己的核心能力，即拥有市场上最先进的处理器、最大的显示屏、最大的内存空间以及最低的市场价格。

从新创企业的长期发展来看，企业可以通过核心能力获得成长以及在互补性市场上建立优势地位。例如，全球著名快餐公司肯德基，在已经建立了西方快餐的营销核心能力的基础上，开始根据中国市场的需求改变其业务，并且推出一系列中国特有的快餐食品。这种运用企业核心能力开发新机会的过程，又被称为资源杠杆。

（2）战略资产。战略资产（strategic assets）是指那些在某个具体市场上构成企业成本优势或差异化优势基础的资产。战略资产具有难以被模仿或难以被替代、非交易性、积累过程缓慢、创造顾客价值等特征。对于新创企业而言，是否拥有稀缺的、有价值的资产（设备、位置、品牌、专利、顾客数据信息、高素质员工和独特的合作关系等）尤为重要。企业的品牌也是一项特别有价值的核心资产。例如，必胜客利用其温馨的就餐环境和独特的美食来建立品牌形象，而其他类似的快餐店想要获得同样的消费者品牌认可度则需要付出更多的努力。创新企业一定要思考如何将自己的核心能力与战略资产综合起来以形成自己的可持续竞争优势。这也是新创企业筹集投资资金的关键性要素。核心资产优势往往需要企业通过实施独特且难以模仿的价值创造战略来实现与维持。

8.3.3 核心伙伴

企业的合作核心伙伴包括供应商和其他重要关系。

在大多数情形下，新创企业不具有执行所有任务所需要的全部资源，因而需要依赖其他合作企业以发挥自己的重要作用。一般企业不会单独包办一项产品的全部价值链程序，因为这样不仅会耗费大量的时间与成本，而且不能有效构建竞争优势。例如，美国苹果公司因其装配手机的核心技术而具备差异化的竞争优势，但却从其他公司采购手机的显示屏、处理芯片等。虽然，苹果公司自己具备开发显示屏与芯片的能力，但这些不是它的强项，不具有核心能力，因此转而寻找伙伴并形成供应链网络。另一方面，苹果公司借助成熟的快递网络向全球发送产品，而不自己投资筹建苹果公司的物流系统。这就是企业依赖伙伴网络提供的资源，完成创造具有更高价值的产品与服务的典型案例。

但是与新创企业合作必然存在风险，因此，新创企业必须经常努力地去说服伙伴公司与自己进行合作。这样的风险在产品面世之前、未经市场检验的新商业模式上更高。这时新创企业就必须在取得其他企业信任的同时，努力提升合作伙伴的绩效，这样风险程度才会降低。

（1）供应商。供应商（supplier）是向其他企业提供服务或零部件的企业。例如，微软公司是提供操作系统服务的供应商。供应链（supply chain）是指参与某产品的生产过程，从原材料到最终销售的所有企业组成的网络。企业的供应商在自己的商业模式的运作中发挥了重要的作用。

一般而言，企业与供应商维持着有限的关系，它们之间甚至还构成竞争关系。如今，企业在努力转变这种与供应商的竞争关系。企业在需要某些产品的时候，往往同多个供应商进行沟通，以压低价格，与它们结成伙伴网络以获得长期的互惠。这种转变来自企业更多地关注供应链管理，因为它是贯穿产品供应链的所有信息流、资金流与物资流的协调。这种关注既可以审视价值链的始末端，又能发现节约成本、提高质量和改进产品的机会。

（2）其他重要关系。新创企业还需要与其他企业合作以完成商业模式的有效运作。如表 8-3 所列，这类重要合作关系的常见类型有合资企业、合作网络、社会团体、战略联盟与行业协会等。这些企业的合作，有助于使新创企业效率最大化，帮助企业提高产品与服务的质量。例如，麦当劳与可口可乐公司就是这样一种独特合作关系。麦当劳负责全球快餐连锁店与食品的开发，而可口可乐公司则在店内提供独一无二的碳酸饮料，并且在杯子上也印有可口可乐公司的标志。

表 8-3　企业合作的常见类型

合作形式	描述
合资企业	两个或更多共用某些资源的企业创造的实体，是一个独立的、被共同拥有的组织
合作网络	一种中心辐射式的组织结构，处于中心地位的企业组织其他各种企业形成相互依赖的关系
社会团体	有相同需求的一组企业，为实现其需求而联合起来组建的一个新实体
战略联盟	建立交换关系的两个或更多企业间的一种组织安排，它不具备合资性质
行业协会	同一产业内的企业形成的一种组织（一般是非营利性的），目的在于收集与传播交易信息，提供法律和技术咨询，提供相关业务培训，并提供一个联合游说政府的平台

对大部分新创企业而言，建立并有效管理合作关系的能力是商业模式成功的重要因素。同时，新创企业管理合作关系的能力也是它们形成竞争优势和最终成功的核心。

8.3.4 顾客界面

顾客界面（customer interface）是商业模式的重要构成要素，是指企业如何与顾客进行相互作用。顾客界面的类型选择依赖于企业在市场竞争中如何选择。瑞波特和贾沃斯基认为，决定顾客如何看待一家企业及其品牌互动点的界面系统，正在变成竞争优势的新阵地。例如，京东商城只在互联网上出售各类商品，不依赖线下卖场也不建自己的实体商场；而苏宁电器则通过传统的实体店面和网络两类途径来进行家电销售。

对新创企业而言，顾客界面的选择对企业的产品定位、市场竞争的方法选择等环节都有非常重要的影响。顾客界面包含了三个次级要素：目标市场、销售实现与支持、定价结构。

（1）目标市场。目标市场（customer market）是企业在某个时点追求或尽力吸引的有限的个人或企业群体。企业选择的目标市场可以影响到企业所做的各类事情，例如市场品牌定位、培育合作关系、开展推广活动等。例如，著名国际品牌路易·威登（LV）公司将那些愿意为国际流行前线的挎包和鞋子支付昂贵费用的中青年消费者视为目标顾客。因此，它在品牌定位、战略资产和广告推广等方面所作的决策与其他一些皮包公司完全不同。

拥有清晰界定的目标市场将使企业受益。由于目标顾客具有特殊性，路易·威登公司能够因为自己的目标顾客市场而引领国际潮流，并且能够将自己的营销推广活动聚焦于目标顾客。

（2）销售实现与支持。销售实现与支持（fulfillment and support）描述了将企业产品或服务送达顾客的方法。它也指企业利用的渠道和提供的顾客支持水平。而这些都可以影响企业商业模式的形式与特征。

不同的企业在产品或服务如何送达顾客方面的表现差异较大。有些企业的产品简单、价格低廉并且市场需求大，则通过供销网络直接进入市场，以此送达顾客。而有的企业，如具有科技核心竞争力的苹果公司，通过两种途径将产品推广至全世界：一是借助自己的官方网站，建立自己的推广和销售渠道；二是在全球各大洲建立自己授权的直营店，销售产品并提供售后服务。

另外，企业愿意提供的顾客支持水平也影响着企业的商业模式，有些企业将自己的产品和服务差异化。例如,航空公司提供的 VIP、头等舱服务专柜和专用通道等,通过高水平的服务和支持向该部分顾客提供附加价值。而有些酒店的顾客服务也包括协助停车、顾客引导、服务无盲区等,以这些优势来向顾客提供高水平的服务。

(3)定价结构。企业的定价结构会随着企业的目标市场和定价原则的不同而产生变化。例如,有的通信公司按照服务时间收费,如移动通信公司的通话费用等;而有的企业则按照服务的不同内容定价收费,如汽车 4S 店按照汽车的保养内容收费。

企业可以采用普通方式或特殊方式,通过定价结构产生差异化。通常,新创的中小企业难以通过价格优势来实现差异化战略,具备资金实力的大企业采用此方式可形成独特的战略。例如,我国的京东商城在销售日常用品方面,从开始就具备价格领先的优势。美国团宝网(Groupon)公司创新地利用团购价格的优势,通过网站和广告,推出价位诱人的各类产品,从而率先占领团购网的市场。

总之,新创企业只有客观认识自己,并且开发出适合自己的、非常有效的商业模式,才能在商业战争中获得胜利。与新创企业进行合作的每个因素,从合作伙伴到顾客,都是在自愿的基础上进行的,因此,新创企业应设法适当地激励其合作伙伴和顾客。企业有效商业模式的构成要素是核心战略、核心资源、核心伙伴和顾客界面,综合考虑这些要素并关注它们,是新创企业成功的关键。

8.4 我国大学生的创业模式

【阅读材料】

订餐网如何创新商业模式?

美国有一家上市公司叫 Opentable(开桌网),专营网络饭店预定,成立于 1998 年,2009 年 5 月上市。这家公司股价上升 60%,市值 6 亿美元,市盈率达到不可思议的 300 倍,同时 Opentable 是一个做软件的公司。因为大量的供应商非常地散乱,没有绝对的品牌优势,而另一边有大量的买家,拿不到这些相关的信息,所以这家网站作为一个平台,让供应商和买家相互匹配。Opentable 这个模式和中国的订餐网站有很多不同,中国的订餐网站是对餐馆的一个宣传,网友看到这家餐馆的信息后去用餐,因为网站和餐馆没有建立直接的联系,网站并不了解有多少网友去用餐,也就不能拿到真正的佣金。而 Opentable 不是一家订餐的网站,是一个软件公司,它设计了一款餐馆可以使用的软件,目标是比较高档的商务餐馆,收取少量的初装费后收取月租,餐馆装上这个软件后,和这个网站就建立了连接,两边的信息是共同的,客户是否去用餐网站很清楚,如果客户是在 Opentable 订餐网订餐,那每个客户收 1 美元,如果直接在餐馆网站上订餐,那每个客户收 0.25 美元。这家公司坚持走高端和商务的路线,在美国有超过 1 万家的餐厅来合作,且合作伙伴遍及美国、加拿大、英国等地。Opentable 这个网站给我们的启示是:第一,用软件做了一个平台,且软件可以卖钱;第二,通过软件,获取了餐馆的信息;第三,这个平台是在大量供应商和购货商彼此信息不通的情况下设计出来的,只要是这种结构的市场,都有机会用这种方法来运作。

美国戴尔计算机公司的总裁麦克·戴尔曾说:"创业没有准则。"确实,世界上没有哪一种固定的模式可以保证创业者一劳永逸实现创业梦想。生活有多种可能,成功有方法可循,但绝不止一种途径。面对缤纷精彩的创业成功者的故事,新创业者邯郸学步、东施效颦,不加创新地效仿,是很难获得成功的,只能沦为笑柄。创业者必须坚守创新精神,根据自身的实际情况,有的放矢、量体裁衣地选择适当的创业模式,才有可能取得成功。

调研:请深入调查了解"美团"和"饿了么"的商业模式,请说明其异同?

目前成功的商业模式多种多样,下面择取比较典型的、可行的创业模式进行分析,以供创业者参考利用。

8.4.1 互联网创业

网络创业是一种比较新的创业模式。

21 世纪是网络的世纪,互联网是最大的趋势。借助互联网现成的网络资源,不用从头开始,相对比较容易。

互联网的出现开启了一个崭新的信息时代,深深地改变了我们的生活与行为方式。电子商务已进入高速增长期,蕴涵着巨大的创业机会。

目前的互联网创业,主要有两种形式:一是网上开店,即在网上注册,成立网络商店;二是网上加盟,以某个电子商务网站门店的形式经营,利用母体网站的货源和销售渠道。

互联网创业模式主要有以下优点:门槛低,成本少,风险低,方式灵活,特别适合初涉商海的创业者。像易趣、淘宝、阿里巴巴等知名商务网站,拥有较为完善的交易系统、交易规则、支付方式和成熟稳定的客户群,加盟这些网站,可谓近水楼台。

此外，网络创业还得到了政府的重视和支持，政府在政策和服务上给予了诸多的优惠和帮助。例如，上海已经在普陀、静安两区建立了电子商务创业园，为创业者提供优质的创业环境和服务。

对初次尝试网络创业的大学生而言，互联网创业事先要进行多方调研，选择既适合自己产品特点，又具较高访问量的电子商务平台。相比较来说，网上加盟的方式可能更为适合，这样能在较少的投入下启动创业，边熟悉游戏规则，边依托成熟的电子商务平台发展壮大。

当然，大学生在网络创业过程中必然会遇到一些困难，如信用等级低，难以找到稳定可靠的货源，缺乏资金支撑，缺乏网络经营的基本技能与经验，难以确定经营方向，耐心和韧性不够等。要解决这些问题，既需要创业者的意愿、勇气、能力、坚持和创意等个人素质，也需要网络创业大环境的改善和政府政策、财政上的支持。此外，健全网络创业的法制建设也是必不可少的。

8.4.2 加盟创业

加盟者不必自己探索开创新事业的路子，只需向加盟商支付一定的加盟费，就可以经营一个知名的品牌，并长期得到特许者的业务指导和服务。调查资料显示，在相同的经营领域，个人创业成功率低于20%，而加盟成功率在80%~90%；牛顿曾有句名言："我能看得更远一些，那是因为我站在巨人的肩膀上。"对于大学生创业者而言，也不妨尝试"站在巨人肩膀上"的创业模式——加盟创业。

加盟创业以其分享品牌、分享经营、分享资源等诸多优势，逐渐成为备受青睐的创业新方式。目前，连锁加盟有直营、委托加盟、特许加盟等形式，投资金额根据商品种类、店铺要求、技术设备的不同，从几千元至几十万元不等，可满足不同类型的创业者。

加盟创业的最大特点是利益共享，风险共担。创业者只需支付一定的加盟费，就能借用加盟商的品牌优势，利用现成的商品和市场资源，并能长期得到专业指导和配套服务，分享总部提供的支持、培训、管理、广告、促销等，而不必摸着石头过河，从而大大降低了创业风险。

对初次尝试加盟创业的大学生而言，加盟创业要经过以下步骤：

第一步，选准行业。

第二步，找对品牌。

第三步，查看直营店业绩。

第四步，查看是否具有完善的加盟机制。

第五步，查看是否具有健全的培训体系。

第六步，对总部与加盟店进行实地考察。

第七步，仔细阅读合同文本。

第八步，提升创业能力。

同时，初次创业的大学生选择加盟创业务必慎重，小心提防以下加盟陷阱：

（1）投身的行业前景不佳。如果这个行业或这种店的产品，是民生必需而非一时流行并且处在成长阶段，那么，意味着目前的竞争尚不激烈，未来整个市场的成长空间很大。越早投入，获利的空间就越大，赚钱的概率也就越高。

举例来说，"土家烧饼"曾经在全国不少地方风靡一时，在其刚开始的时候，看准时机第一个月开业的烧饼店，1~2个月就可以收回成本，但"土家烧饼"热潮只持续了不到半年，加上各地一窝蜂地开连锁店，其利润已经微乎其微。如果说在第三、第四个月开店的创业者还能够勉强收回成本，那么后期开店的人则很多血本无归。

（2）加盟总部的经营管理经验和知识不足。管理经验是创业者从加盟总部获得的重要资源之一，而许多连锁加盟总部的管理者并不具备经营管理的经验和知识，只是因为开了几家生意很好的店，遇到别人加盟开分店的要求，便草率地成立一个加盟总部，这种类型的总部以餐饮业为最多。

连锁加盟总部需要具备的管理知识很多，包括商品的开发与管理、商圈的经营、营销与广告宣传活动、人员的招募与管理、财务的规划与运作。而有些总部甚至没有开设直营店，不具备店务的经营管理知识，也就不能协助加盟创业者很好地长期经营店务。

如果加盟店选址较好，依靠大量的客流，就可以维持较好的生意；但如果开店的地点比较普通，销售的商品过气而导致生意下滑，那么店务的经营管理马上就会出现问题。例如前几年炙手可热的500c.c红茶店，在流行风潮衰退后，选址地点比较普通的门市大都经营惨淡。

（3）加盟总部过于强势，合约对加盟者限制较多。一般而言，比较强势的加盟总部能在管理模式、财务结构、营销活动等方面给予加盟者实质的帮助。但俗话说"店大欺客"，其实，不止"欺客"，有时实力强大的加盟总部还会以一种强势的姿态，凌驾在加盟店主之上，对后者动辄刁难、罚款，甚至以解约相威胁。

此外，许多强势的总部在加盟合约上的限制条款很多，而且单方面突出对总部有利的内容，淡化加盟店主的权益，甚至在合约上会出现一些违法条文。大多数创业者，尤其是大学生，由于经验与时间不足，很难深入了解合约上的陷阱，再加上急于创业，往往匆匆签约而着了对方的"道儿"。

所以，大学生创业者需要在签约前多走访几家加盟店，多拜访请教，了解总部在签约之后的服务和总部人员的心态，看看存不存在刁难或欺诈加盟店主的情况。例如国内有些规模较大的便利商店系统，总部人员非常强势，刁难加盟店并威胁解约的事情时有发生，法院经常会接到加盟主的控告申诉。

（4）加盟总部的财务结构不健全。从某种程度上说，财务结构是一家企业的生命线，直接决定了企业的生死存亡。大学生创业者选择加盟总部时，要尽可能了解其财务状况。总部的财务结构是否健全，很难在外表上"一览无余"。一种最简单的测试方式就是：看加盟签约时要支付给总部的履约保证金是要求现金，还是商业本票或者不动产抵押。

一般来说，刚成立不久的加盟总部由于财力单薄，资金的压力大，往往要求加盟店提供的履约保证金为现金。有可能出现由于总部财务结构不健全，导致公司资金周转困难而倒闭，总部应该提供的后勤支持责任无法继续完成，而加盟店主的保证金也拿不回来的情况。所以，除了在同行业间调查了解之外，加盟创业者最好选择以不动产抵押方式提供履约保证的加盟企业，尽量避免现金流失。

此外，加盟者还应注意加盟总部是不是有对加盟店的收款期限缩短，对供货厂商的付款期限延长，积欠或者已经开票支付的货款要求换票等情形发生。如果出现以上情况，除了说明总部的商品采购管理机制存在问题外，更大的可能也许就是总部无法正常支付货款而使得厂商停止供货，这时加盟者务必要提高警惕。

（5）加盟总部缺乏应变能力。一般而言，门市经营行业的店面风格要针对主力商品的消费模式来设计，但市场是不断变化的，商品也有固定的生命周期，所以门市的装潢与格调也要能够随时根据这些变化做出相应的调整。如果加盟总部不具备这种商品开发的应变能力，那么当现有的商品组合步入衰退期，不能迎合消费者新的需求变化时，就不能跟上竞争者的调整步伐，导致加盟门市的生存能力大打折扣。

以目前颇为流行的咖啡店为例，消费者的年龄结构有下降的趋势，而且商品的变化也呈现出从原来以传统口味咖啡为主，到意式咖啡、花式咖啡的需求变化；花果茶口味的饮品也有不断增加的趋势。所以，咖啡店主想达到提高营业额的经营目的，除了要在商品结构上进行调整之外，咖啡店的装潢格调也要变得更轻松、更新潮，色泽由以往的深暗色系转向较为明亮的色系。如果创业加盟者所选择的总部对于外在环境变化的敏锐度、应变力过低，这个品牌的集客能力就会大大下降，营业额和销售利润也会迅速下降。

（6）加盟总部设计的盈利计算方式存在缺陷。一些加盟总部常常为了简化计算公式，或者让加盟者获得一种诱人的高额获利的假象，并未将实际营运时所需的开办费用、租押金、营运周转金等列入公式中计算，从而使得加盟者低估资金投资总额。

另外，加盟总部提供给加盟者参考的门市获利计算方式往往只有一种呆板模式的算法，而不能够针对不同的经营规模、不同的商圈环境，提供各种不同的营业收入分析评估体系。这会使得加盟者无法准确计算将来可能产生的收入、费用及盈亏状况，从而增加了加盟者创业的不确定性风险。

因此，加盟者需要注意的是：正确的经营观念必须将收入低估，而把费用高估，准备预留3～6个月的营运周转资金，并将这些都列入营运计划的资金流量计算当中。在与加盟总部洽谈时，加盟者只有将这些实际经营中所必需的费用核查清楚，才不会在实际经营时遇到资金不足的困难。

除了要注意门市的获利计算公式之外，加盟者也要仔细考察加盟总部的收入与利润是如何创造出来的。如果加盟店赚钱而总部不赚钱，那么总部很可能就因为连连亏损而被拖垮。

（7）加盟体系的发展速度过快。生活中我们常常可以看到这样一种现象：有些加盟总部因为一炮走红而广受欢迎，于是开始不断扩张，致使加盟店数量剧增，规模扩大，呈现一派形势大好的局面。但欣欣向荣的背后也可能早已暗流涌动：急速的规模扩充，除需大量资金投入外，还可能会因为规模不经济而造成一段时间的亏损，部门及人员的增加也会产生沟通不协调的问题，从而增加工作失误，降低效率。

因此，加盟创业者一定要注意：自己所投身的连锁总部一旦出现这种现象，就预示着企业很可能即将遭遇上述陷阱——总部财务结构不健全。最终的结果很可能是原先精心构筑的貌似金碧辉煌的事业大厦因不堪负重而轰然倒塌。

（8）加盟大品牌一定可以赚钱。俗话说："背靠大树好乘凉。"于是，一些创业者认为，加盟大品牌就一定能赚钱。因为加盟大品牌可以通过特许经营借助品牌优势减少广告宣传开支，分享总部经营经验，定期获得总部支持等。这让一些没有相关行业经营背景的加盟者尝到甜头的同时，也让另一些人产生了错觉：只要有特许商的支持，任何领域都可以大胆涉足。于是我们可以看到，有些人尽管对餐饮业一窍不通，但眼见别人加盟大品牌后获利颇丰，便飞蛾扑火一般投身其中，结果自然不尽如人意。

其实当前特许经营行业多种多样，涉及各行各业。如果投资者想要加盟特许经营企业，首先要对市场有一定了解，前期要对整个市场需求做初步的调查。其次，要从自身的资金状况出发，挑选适合自己的加盟项目。再次，要尽可能选择自己熟悉、适合自己的行业和领域。唯有如此，创业成功的梦想或可期待。

（9）对"低成本、高回报"期待值过高。现实生活中，我们经常可以看到一些诸如"2万元开快餐店，轻松当老板""零费用加盟，一年收回成本"等夸大特许经营的宣传广告。在这些诱人广告的狂轰滥炸之下，有些人便以为特许经营市场进入门槛低，无需太多的资金投入就能轻易获得高额回报。

其实，这种宣传手段根本不符合特许经营的特点，因为在特许经营过程中，不论品牌大小，任何特许者都不能保证加盟者加盟后能够成功盈利，更不用说高额回报了。加盟者加盟的是一个品牌，一个特许经营体系，并非一旦加盟就胜券在握、高枕无忧。现实中就有很多不规范的特许者以特许经营为幌子，承诺短期收回成本，变相高价推销产品，甚至非法敛财。因此，在决定选择特许经营模式之前，加盟者要对这种模式以及特许者有充分的认识与了解，以免被那些不切实际的虚假广告所蒙蔽。具体来说，可以采取以下几种措施：

1）实地考察特许总部的情况。特许者的宣传往往天花乱坠，加盟者当然不能照单全收，所以加盟者要通过实地考察去了解这个企业的经营情况，做到"任他巧舌如簧，我自心中有数"。对加盟者而言，最重要的是考察商标。因为加盟本质上是品牌的加盟、品牌的特许，而特许最核心的要素是品牌、技术与服务。特许经营商独有的东西才能够拿出来收取一定的加盟费，使加盟者在最短的时间内获得最大的利润，此时品牌就显得尤为关键。所以，加盟者要了解商标注册的具体情况，如是否有商标注册证，注册时间多长，特许者的品牌在多大范围内被人接受或了解等。

2）通过加盟店了解实际经营情况。加盟店能够反映特许经营企业的真实情况，包括经营情况、服务情况等，加盟者如果能够获得第一手资料，考察加盟店能否盈利，无疑是对自己的投资提供了一个重要参考。

3）考察特许经营企业的自身实力。加盟者可以到工商局查询公司的注册情况，包括注册地点、注册资金、研发新品能力、能够提供何种服务、专有技术和专有服务的核心内容等。此外，还可以通过观察其直营店的经营状况去了解总部的经营管理能力。

4）了解相关的政策、法律法规。2007 年年初，商务部出台了新的《商业特许经营管理条例》（以下简称《条例》），并于 2007 年 5 月 1 日正式实行。《条例》明确提出了特许者应该承担的责任，如他们的信息披露义务等。了解类似的政策、法律法规，加盟者可以更好地保护自己的合法权益。

（10）加盟成功模式能够轻易复制。邯郸学步、东施效颦尽管为人诟病已久，但现实生活中仍然不乏重蹈覆辙者。例如，一旦某个加盟店获得成功，便有大批投资者蜂拥而至，纷纷效仿。虽然偶尔也有幸运者脱颖而出，但大部分追随者却都折戟沉沙，败走麦城。因为一些加盟者认为依靠成熟品牌特许就能坐收渔利，但他们没有考虑到，对于经营者来说，在获取利益的同时需要承担相应的风险，而简易的模仿很少能够创造奇迹。

说到底，创业经营还得依靠自己。虽然很多特许经营品牌的商业模式是现成的，品牌大小也可能对经营有一定的作用，但市场最终还是要靠自己摸爬滚打，探索出一种适合自己的经营模式，所谓"因地制宜"，也就是这个意思。一言以蔽之，加盟创业虽然广受欢迎，但也绝非轻易能做到一本万利。总的来说，这种创业模式应注意以下三点：

第一，选择行业门槛低但回报高的行业，例如房产中介等。

第二，选择新兴产品，一旦竞争产品增多、营业额下降，应立即转向。

第三，整体投资不宜过大，尽量寻找利润高、投入少的小产品加盟。没有经验的人切忌盲目加盟大的连锁项目。

8.4.3 兼职创业

兼职创业即在工作之余再创业。孟子曾告诉我们说："鱼，我所欲也；熊掌，亦我所欲也。二者不可得兼，舍鱼而取熊掌者也。"但就创业而言，我们未必不可以尝试一种鱼与熊掌兼得的方式——兼职创业。

大学生兼职创业可分为两个阶段：其一是大学期间通过兼职获得创业经验，甚至创业资金；其二是工作后利用工作外的空余时间兼职创业。

曾有媒体报道，华南某大学美术系大三学生阿非，有感于大学生就业形势日益严峻，未雨绸缪，大一寒假就开始了自己的兼职生涯。阿非早为自己定下了明确的目标：毕业时赚取人生第一桶金，然后开个小公司或者做点小项目，开创一份属于自己的事业。

大一暑假前，阿非同时接了 3 份兼职工作，暑假里每天都忙得不亦乐乎。阿非先在网上找到了一份幼儿园兼职美术老师的工作，教小朋友水彩画，一周两个课时，下午和晚上上课。此外，阿非还接了一些平面设计的散单，同时还到一个广告公司兼职上班，负责策划设计之类的工作。一天辗转好几个地方，阿非只能利用在公交车上和中午饭后的时间抽空休息片刻。身兼三职，压力和辛苦可想而知，但为了梦想奋斗，又怎么能不乐在其中呢？这样辛辛苦苦一个月下来，阿非居然赚了8000多元。阿非现在已经挣了几万元，虽然数目不大，但也已经远远超过了他的预期。阿非准备下学期好好策划一下创业计划，用他的话说：毕业的同时也是创业的开始。

大学生在校兼职创业有多种途径，如家教、导游、促销员、礼仪、翻译、服务生等，这些工作看似低端、辛苦，但不是有句话叫作"宝剑锋从磨砺出，梅花香自苦寒来"吗？

2004年7月，上海试行在职人员可向各类企业（外资企业除外）出资入股的政策后，个人创业又多了一种选择。其实不止上海，从全国范围来看，兼职创业因其进退有据的优势，已经为越来越多的人尤其是知识层次较高的白领阶层所接受。

张萌两年前大学毕业后被分配到政府机关，工作轻松。大学期间就喜欢写作的她便在工作之余写稿。如今报社的稿酬比过去提高了许多，收获颇丰的张萌惊喜地发现原来爱好也可以变成一份不错的兼职。于是她买了电脑，上了网，并订阅30多份报纸，开始把写稿当成一份事业来做，有针对性地向各家报社投稿。现在张萌每月的稿费收入有2000多元。更重要的是，由于兼职，张萌的生活变得快乐而充实。现在的张萌，又开始打算自学互联网知识，在适当的时候做一家文学网站或一份电子杂志。

这种方式一般是利用自己的专业经验和自身的资源在上班时间外，进行创业尝试并增加收入，好处是没有任何风险，但应该处理好本职工作与创业的关系。

对于大学生和上班族来说，兼职创业的优势在于无须放弃本职工作，又能充分利用在工作中积累的商业资源和人脉关系，实现鱼和熊掌兼得的梦想，而且不必面对背水一战、进退维谷的窘境，大大减少了创业风险。但兼职创业需要在几条战线上同时作战，对创业者的精力、体力、能力、耐力都是极大的考验，因此要量力而行。此外，兼职创业者最好选择自己熟悉的领域，分清事业发展的主次，在重点做好本职工作，不损害所在单位利益的前提下，开展创业活动。

8.4.4 团队创业

团队创业就是具有互补性或者有共同兴趣的成员组成团队进行创业。如今，创业已非纯粹追求个人英雄主义的行为，团队创业成功的概率要远高于个人独自创业。一个由研发、技术、市场、融资等各方面组成的优势互补的创业团队，是创业成功的法宝，对高科技创业企业来说更是如此。美国硅谷流传着这样一条规则：由 MBA（工商管理硕士）和 MIT（麻省理工学院）博士组成的创业团队，几乎就是获得风险投资的保证。虽然这种说法有些夸大其词，却揭示了这样一种事实：创业已告别个人英雄主义时代，团队创业渐入佳境。

另据媒体报道，团队创业因其将资本、人力化零为整的优势，使一些有着相似经历、背景的创业者聚集在团队创业的大旗之下，由退役军人、大学校友、下岗工人组成的创业团队迅速壮大。

各级政府和高校组织的"大学生创新创业大赛"等活动，为大学生团队创业提供了一个新的创业孵化器。创业大赛这个平台孕育了许多知名企业，包括清华大学王科、邱虹云等组建的视美乐，上海交大罗水权、王虎等创建的上海捷鹏在内的一大批新兴企业。

需要注意的是，这一模式在组建创业团队时，最重要的是要考虑成员在知识、资源、能力或技术等方面的互补性，充分发挥个人的知识和经验优势。这种互补将有助于强化团队成员间的相互协作。一般来说，团队成员的知识、能力结构越合理，团队创业成功的概率就越大。

8.4.5 概念创业

凭借创意、点子、想法创业就是概念创业。当然，这些创业概念必须标新立异，至少在打算进入的行业或领域是个创举，只有这样，才能抢占市场先机，才能吸引风险投资商的眼球。同时，这些超常规的想法还必须具有可操作性，而非天方夜谭。"一沙一世界，一叶一菩提"的哲理想必早已为人所熟知，但很少会有人真切地认识到，一个点子就可以成就一项事业。

比尔·盖茨在总结自己的成功经验时曾说："是什么使微软从小人物一跃而起呢？我们拥有当时巨人没想到的点子。我们总是在思考曾经遗漏过什么可以使我们保持胜利的东西。"美国视算科技公司董事长艾德·麦克肯的感触如出一辙："我觉得我真正擅长的是当我有了一个点子，然后和一个真正的企业家一起去做，在形成小团队后，愈做愈大，一路发展下去。"

这种凭借创意、点子或想法创业的方式催生了一种新的创业模式——概念创业。弗雷德·史密斯隔夜传递的想法成就了全球最大的快递运输公司——联邦快递；贝利把旧报纸当作礼品，出售给生日日期与报纸出版日期相同者，从而改变了旧报纸的命运；大卫·克罗克"会飞的邮件"的离奇想法变成了为人们普遍利用的电子邮件。第一家网络书店、第一个搜索引擎网站雅虎、第一个拍卖网站易趣网不断刷新了人们的思维和拓展了人们的视野，于是很多人开始相信：灵光一闪的奇思妙想也可以成为创业梦想开始的地方。湘南学院美术设计学院学生陈丽娟等把地方特有湘昆演员脸谱设计成文化旅游产品的创意，获得政府大力支持。

对具有强烈的创新意识而又缺乏资源的创业者来说，概念创业无疑是一条实现梦想的捷径。但需要注意的是，创业需要创意，然而创意绝不等同于创业，概念创业要求点子必须标新立异，但这些超常规的想法还必须具有可操作性，天方夜谭要变成现实，最终必须落到地面。此外，创业还需要在创意的基础上，将技术、资金、人才、市场经验、管理等各种因素融合在一起，如果仅凭点子盲目行动，创业成功也无异于痴人说梦。

一个点子固然能够成就一项事业，但要实现概念创业的成功，把脑中的概念变为财富金矿，还要经过以下三个步骤。

（1）科学分析。当产生了创业灵感之后，创业者应对创业点子进行冷静而细致的分析，了解自己的创意是否独具匠心，是否具有广阔的市场需求，是否具有可操作性，在推行过程中有无防止"克隆"的保护措施等，在此基础上选择最有发展前途并且风险相对较小的创业方案。

（2）多方咨询。很多时候，我们总是在别人的目光里认识自己，因为很多时候我们总是当局者迷。所以，创业者除了要对自己的创业灵感进行自我审视之外，最好在行动前多听听各方面的意见和建议，如成功的创业者、风险投资家、创业咨询机构等。他们提供的宝贵经验和专业指导，不仅能起到拨云见日的作用，还可以避免个人意见可能导致的片面性。

（3）积极行动。创业不等于幻想，创业是实干家的实践活动，而非空想家的思维过程，因此概念创业最终还是要落实到积极行动上。一个新颖别致而又切实可行的创业想法只有落实到一些具体的实践活动中才有获得成功的可能性，其中技术、资金、人才、市场经验、管理方法等各种资源的获得必不可少。

8.4.6 工作室创业

目前，一种新的创业形式——工作室创业，正在全国各地悄然兴起。录音工作室、形象设计室、摄影工作室、服装设计室等像雨后春笋般不断涌现。据报道称，工作室创业正在引发新一轮创业热潮，而大学生以其观念新、魄力大、技术强的优势，成为工作室创业的主力军。

当周围同学都在忙于实习、找工作的时候，贵州某大学美术系大二年级的学生贾兴业（化名）却整日沉迷于他的漫画工作室。这位20岁出头的小伙子曾自信地对记者说："干吗找份工作绑住自己？我的事业已经开始。"

贾兴业的漫画工作室成立于2005年下半年。所谓工作室，就是在网上申请一个个人主页，然后不断加入自己的漫画作品和漫画业内自己感兴趣的一些动态消息。通过网络，他不仅结识了很多志趣相投的朋友，还收到不少报纸、杂志的约稿函。贾兴业每天起床后第一件事就是上网进入自己的工作室，论坛中内容丰富的帖子总能让他兴奋不已。他会不厌其烦地搜集各种动漫新闻和自己喜欢的漫画作品与网友分享。现在他已在《视野》《艺林》《文化博览》和《现代快报》等报刊上开设了漫画专栏或不定期发表作品，因此平均每月都能获得2000元以上的稿费，工作室成为他生活开支的主要来源。

工作室创业的好处是手续简便，正规一点可以到工商局办理登记，实际上很多工作室没有也无须办理任何手续，也没有办公场地等费用支出，在家即可投入生产。由于工作室几乎没有其他成本，因而其服务价格具有相当强的竞争力。

工作室创业要求个人拥有较新的创意或较强的专业技能，因为大部分工作室以大脑或技术为产品，性价比是市场上制胜的关键，但价格便宜也要以高质量产品为支撑才能维持经营，而且在创业初期也必须通过各种关系，主动开展业务，积极联系有产品需求的客户。

工作室创业应该注意以下几点：

（1）团队组建。一个比较活跃的工作室团队的人数应该在5～10人，其中2～5名专职，3～8名兼职。团队中应有2～3个业务过硬的核心人物，这样才能给工作室带来较多的业务，并保证任务的质量令客户满意。

（2）业务开展。工作室成立初期的业务开展应该采用主动出击的方式，努力利用各种关系，向市场推介产品，争取尽可能多的客户并与之建立信任合作的关系。此外，还可以采取守株待兔的办法。工作室可以在媒体上刊登广告或在互联网上发布帖子，等待有需求的客户上门合作。

（3）经营策略。

1）保持工作室创意或技术上的优势。创意或技术是工作室创业的"本钱"，正所谓"留得青山在，不怕没柴烧"。创业者只有保持自己创意或技术上的优势，创业之火才能经久不息，成燎原之势。

2）做好多方面宣传推广工作。由于创业方式的特殊性，工作室创业的宣传推

广工作必不可少。首先,要立足地方,面向地方,做好宣传工作,努力形成一定地域的知名度;其次,要与媒体建立广泛的联系,利用媒体渠道扩大影响;再次,还要充分利用互联网宣传自己。例如,到各种网站上发布工作室的相关信息,到各种论坛的灌水区发布帖子等。

(资料来新:张天桥,侯全生.大学生创业第一步[M].北京:清华大学出版社,2008:79.)

大学生创业成功与失败的案例

【成功案例】

案例一:24岁大学生立志办出中国500强企业

不到24岁,没有任何背景,从卖鞭炮、MP3起家,在校期间先后创办了三家公司。华中科技大学武昌分校大四学生龚世威所推广的银通卡计划2008年销售会超过1亿元,2009年将突破3个亿。他在进大学时就给自己定下了奋斗目标:要创办中国500强企业。

1. 第一桶金:高中时办培训班

龚世威是湖北黄冈黄梅人,小学五年级时跟随父母来武汉定居。

"高中时,别的同学都爱看武侠小说,我却天天看创富书籍,想着创业。"龚世威说。2003年,他参加完高考后,就和两个同学找到武汉的一家知名培训学校,成功说服了学校领导答应他们以这所培训学校的名义创办暑期补习班。之后,他又找到另一家培训学校,商议由他负责师资和招生,学校提供宿舍。短短两个月,龚世威就挣了几千元。

2. 分期付款卖MP3:赚了10多万元

2003年夏天,龚世威考入华中科技大学武昌分校工程管理专业。

"当年圣诞节的时候,大伙儿想赚点钱出去玩,就想到在学校卖烟花。"怀揣着向一位广东同学借来的700块钱,龚世威的烟花生意只进行了3天,就赚了3000多元。

2004年他成立了红顶科技公司。这时,校园里流行起了MP3,但多数大学生的购买力弱,看的人远远比买的人多。龚世威利用部分厂商年底急着清货回款的心理,找到商家协商,采取分期付款的方式进到MP3,然后在学校推出分期付款购机业务。只要是本校的同学,出示相关学生证和身份证,付40%的首期,就可以带一个MP3回家。后来,他还在其他学校增开了销售点,经营范围也扩展到手机、电脑等,最后,他还推出了"零首付"业务。这一次,他赚了 10 多万元。

3. 为毕业生办托运:获利 30 万元

由于工作太忙,龚世威在大二的时候选择了休学一年。这个时候,他也迎来了创业的第一次大转折——成立自己的物流公司。

2006 年夏天,龚世威发现学校的毕业生离校时,都在贱卖自己的生活、学习用品。一打听才知道是因为托运不便。当时只有邮政和中铁开通了托运业务,收费也比较高,但生意非常好。经过市场调查,他发现物流公司利润非常高,市场前景也很好。龚世威高薪从其他物流公司挖来专业人员,了解全部运作流程后,买来一辆货车,注册成立了物流公司。经过一年运作,公司盈利 30 多万元,有全职员工 50 多人。

4. 银通卡:一年销售额突破 300 万元

2006 年年底,龚世威偶然得知央行一直封闭的预付费卡业务即将逐步放开,于是开始积极争取。2006 年,龚世威成立了自己的第三家公司——武汉银商通科技有限公司,获得了与银通卡的合作机会。

在银通卡里存入现金,可以在指定的商场、超市、酒店里刷卡消费,还可以享受一定的折扣。在他的努力下,银通卡迅速在武汉市铺开。2008 年,银通卡已可以在航空、百货、休闲等二十多个行业、三百多个场所刷卡消费。2007 年销售额就突破了 3000 万元大关。

谈到今后的奋斗目标,龚世威说,进大学时,他给自己定下的创业目标是进入中国企业 500 强。"从现在的资产和经营来看,达到这个目标应该没有问题。"龚世威很自信。

案例二:创业成功的大学生团队年底前开起自己品牌的分店

一群在校大学生凑钱开了一家汽车美容装饰店,不仅生意越做越兴隆,而且已经准备创立自己的洗车品牌。这家汽车美容装饰店位于成都双桥子蜀都花园后门的街边,尽管这条街的人流车流并不大,但他们靠周到热情的服务吸引了不少回头客,有时店里还要加班到晚上 12 点以后。

这家店的主要股东是三个大学生:陈小华、唐博、周贤兵,而店员则是在校大学生。

1. "领头羊"陈小华

开洗车店的发起人是电子科技大学大四学生陈小华,从提出开店思路到让洗车店盈利,仅用了不到一年的时间。谁能想到,陈小华曾去应聘成都一家知名汽车美容连锁店的洗车工,人家一看他戴着眼镜就将其拒之门外!

"我还记得他拿了厚厚几十页的可行性分析报告来跟我交流。"陈小华所在的电子科技大学软件学院辅导员肖严说,陈小华从大三下期开始发起创业,做调研、确定项目、开店,都时常跟他沟通。"他是个踏实、积极的小伙子,不仅学习成绩不错,而且肯干、肯下功夫,创业意识非常强。"肖老师说。

在确定洗车项目后,为了"偷师学艺",暑假期间陈小华等人应聘到金沙车站附近一洗车场。"一天要干12个半小时""一个月挣400块钱""手和脚都洗脱皮了"……辛苦的经历让他们不仅很快熟悉了洗车业务,而且迅速获得了加盟资质。

开汽车美容装饰店需要十几万元的费用,唐博和周贤兵向家里要钱凑了股,陈小华则出了2/3。除了跟父母亲戚借钱外,陈小华靠炒股和打工挣的六七万元也都投了进去。

2. 选择洗车业的原因

电子科技大学不乏学生创业的先例和典范,但大多以从事科技、网络等与专业相关的事业,是什么让学软件的陈小华选择了汽车服务业呢?

一切源于新浪网上一条关于创业的消息,消息里分析了目前国内的十大创业项目,汽车美容排在了第二。陈小华为之一动,他与唐博、周贤兵做了详细的市场调查,发现目前尽管成都有500多家汽车美容企业,但排队洗车的现象仍大量存在,于是他们得出汽车服务市场大有可为的结论,认为汽车服务值得投入。

"洗车业门槛低,技术要求也不高,对我们初期创业来说,很容易介入。"陈小华说,目前洗车店文化层次、管理水平都不高,这些都让汽车美容成为他们首次创业项目的首选。而后洗车店顺利营业的事实证明,这群大学生的选择是正确的。

3. 创业之初有过不顺

这群大学生出来创业,当初几乎都遭到家人的反对。父母都认为他们应该安心读书,以后找个稳定一点的工作,自己做生意风险太大,赔了钱不划算。

刚开始创业时,陈小华他们把蜀都花园后门旁连着的三家店面租了下来,由于准备不充分,随后近两个月的时间洗车店甚至连基本的装修都没有完成,租金、工资……每个月就得白白花掉两万多元。"开店遥遥无期,每天花钱却如流水。"一下子就给这群热情高涨的创业大学生泼了盆冷水,唐博、周贤兵都想放弃了,陈小华不愿意。他马不停蹄地到处跑,完备手续,处理问题。经过两个多月的努力,洗车店终于正式营业。他们从大学招来洗车工,也算是给这些大学生一个勤工俭学的机会。经过半年的运营,如今月盈利数万元,总算稳住了。

"我们现在抗风险能力还很弱。"陈小华并不认为现在他们的洗车店算成功了。他告诉记者,即使这次投入的十几万元全赔进去了,他们也获得了丰富的社会经验、人脉资源，这才是大学生创业的真正资本。

4. 第二年年底前开第二家店

通过开第一家店积累的经验，这群大学生计划着创立自己的洗车品牌，开始真正的创业之路。"我们正在选网点，争取在年底前，把我们的第二家店，也是我们自己品牌的样板店建起来。"陈小华说，他们要把汽车美容、养护、贴膜、加氟、保险、二手车等服务陆续开展起来。

【失败案例】

案例一：研究生面馆创业失败

1. 遥想当年：成都"第一研究生面馆"开张

自古君子远庖厨。2004年12月24日，成都市一所高校食品科学系的6名研究生声称自筹资金20万元，在成都著名景观——琴台故径边上开起了"六味面馆"。

2. 壮志雄心：5年后开20家连锁店

第一家店还未开张，6位股东已经把目光放到了5年之后，一说到今后的打算，他们6位异口同声地说："当然是开分店啦！今年先把第一家店搞好，积累经验，再谈发展。我们准备两年内在成都开20家连锁店，到时候跟肯德基、麦当劳较量较量。"

3. 情伤钱损：无人管理，草草收场

由于面馆长时间处于无人管理和经营欠佳的状况，投资人准备公开转让。这家当初在成都号称"第一研究生面馆"的餐馆仅仅经营了4个多月，就不得不草草收场。

4. 内中滋味：研究生面馆关门有内幕

原本想以研究生之名来制造广告轰动效应，但事情的发展却出人预料。"研究生面馆"开业不久，6名研究生就一个个被学校领导找去谈话，要他们在学业和面馆之间作出选择：要么退出，要么退学。

案例二：两个月就关张的食品杂货店

学生小刘毕业后一直想自己做老板，看到邻居在小区里开了一个食品杂货店收益一直不错，颇为心动。于是，小刘租了小区内一个库房做店面，筹集了一万多元钱做启动资金，进了一些货品，开了一家食品杂货店。但是经营了两个月后，小刘的食品杂货店就撑不住了，不得已关门。

为什么同样是食品杂货店，邻居可以干得红红火火，小刘的店就经营惨淡呢？原来，小刘为了突出自己食品杂货店的特色，没有像邻居一样进茶、米、油、盐等大众用品,而是将经营范围锁定在沙司、奶酪、芝士等一些西餐调味食品上。但是小区里的居民对她的货品需求少,加之她店面的位置在小区边缘,而且营业时间不固定,由着她的性子开,很多邻居都不愿意绕道过去,所以生意不红火。

案例三:××理工大学2007届毕业生小黄

小黄参加了陕西市政府举行的全市落实创业政策恳谈会。会上,他一道出自己想建立一个大学生求职网站的想法,就得到了市长陈宝根的赞赏和支持。在市长的鼓励下,这个充满了创业激情的小伙子迅速完善了先前酝酿许久的创业计划书,架构起未来网站的基本框架。但一个绕不开的问题是,由于小黄并不会写电脑程序,网站的建立必须由专业的技术人员来完成,这名技术核心人物在哪里?苦苦找寻数月无果,小黄只好暂时收起创业梦想,先找份工作,给别人打工。

"对创业条件分析不足,是我最大的失败。"小黄这样总结自己失败的原因。大学最后一学期,迎接小黄的是一场接一场的招聘会、一次又一次的失望而归。"我们不停地奔波于各种招聘会,在海量的招聘信息里想要找到一个适合自己的企业却很难。"在与企业的接触中,小黄了解到企业也存在类似的烦恼。因为缺乏对学生的了解,企业仅通过一次招聘会或一次简单的面试签订用人协议,事后却发现招聘来的员工并不适合这份工作,为此浪费了大量人力物力。于是,他萌生出这样一个想法——办一个不同寻常的求职网站(创业项目非常好!找到了切入点)。

小黄介绍说,在网站中,他将为企业和大学生搭建起一个长期稳定的接触平台,只要大学生和企业登录注册,双方就可以通过这个平台相互了解,企业甚至可以跟踪大学生在校期间的各方面表现,决定毕业时是否录用。

接下来的几个月,小黄开始了广泛的市场调研。他拜访了20多家企业,与人力资源管理部门负责人沟通了这一想法,网站的特色服务内容得到70%的人的肯定。"我会用两到三年的时间向外界推广网站,吸纳大学生和企业登录,并向企业收取一部分会员费。三年后,点击量有了一定提升,广告将成为网站盈利的又一渠道。未来,在继续完善网站服务内容的基础上,推出一系列连带产品,我相信这会有更大的发展前景。"实际上,小黄已明确了网站的盈利模式。至于网站的长远规划,小黄表示他已制订了相应的计划。

尽管制订了自己的创业计划、确立了盈利模式、进行了市场调研,也得到了父母兄长的资金支持,但小黄却忽视了创业最为关键的因素之一——组建得力的团队(因为社会经验的缺乏,难免考虑不到,有时候竟把最重要的东西给忽略了)。

"刚开始我以为这不是问题,懂程序的人多,肯定能吸引到这样的人。"直到制订创业计划的后期,小黄才向身边好友发信息,结果只找到一个做网站的高中好友。"人太少了,编好这个网站的程序至少要两年。"小黄说,目前高校内具备这方面技术的人太少,而有丰富经验和能力的人却不愿意放弃工作跟他一起创业,好比没有左膀右臂,小黄孤军奋战的结果只能是失败。

"合理的创业方案、资金和团队是创业的三大要素,缺一不可,之前我却没有认识到这一点。"小黄感到有些后悔。他说,如果当初有人能给他指导和提醒,或许就不会出现这样的错误,"学校应该开设创业指导选修课,给有创业想法的大学生一定的指引。"

目前,小黄暂时放下了自己的创业计划,开始忙于找工作。"等有了几年工作经验,我还会继续完成创业梦想。这几年,我会构建自己的生活圈,寻找创业的最佳团队。"

创业前对自己要有一个清醒的定位,这个定位不仅仅是对自己能力的定位,对创业成功与失败都要有一个清醒的定位。

在做一件事时,我们首先看的是合不合法,然后考虑的是经济上行不行,最后是这个团队能不能承接,这是一个过程。但由于我们太急于把事情做成,或说前两个因素太好了,就忽略了团队的问题。而恰恰是这个因素使项目功亏一篑。

所以对合作伙伴的性格特性及能力一定要有清楚的认识,这对于团队的核心人物来说至关重要,应该让合适的人坐上合适的位置。

【点评精要】

案例一中,学校领导并不同意6个研究生开面馆,他们自己也没有时间和能力去经营面馆,从中我们可以发现,他们并没有认真分析这个面馆的商机,开面馆并不适合他们。案例二中,小刘大学毕业后,看到邻居开食品杂货店赚钱,自己也一拍脑袋开食品杂货店,没有进行任何分析,经营惨淡。小刘的失败原因有两方面,一是没有认真分析食品杂货店的可行性,模仿邻居开店;二是没有根据消费者的需求创新,导致没有顾客光临,本质上说是商业模式有问题。

所以,很多创业者表面上发现了创业机会,但是机会还停留在思路的概念中,还只是个想法。这个机会是否有价值、是否适合创业者,并没有认真分析。案例的失败教训告诉我们,创业者需要认真识别创业机会。所谓识别创业机会就是对发现的创业机会做价值评价和可行性分析,以及判断该机会是否适合创业者。

将创业机会转化为创业行为，需要付出成本。当把握机会的成本大于机会带来的价值，那这个机会并不是一个有价值的创业机会。一个创业机会可能有巨大的价值，但是出于种种主客观的原因，无法实现创业，那这个机会就不是一个可行的创业机会。当一个创业机会诞生，部分人几乎同时发现创业机会，但只有极少数人成功地抓住了创业机会。其主要原因是成功者拥有抓住该创业机会的优势资源。所以分析一个创业机会是否适合创业者，创业者是否有能力抓住它，是十分必要的。

小　　结

有地图者不迷路，有模式者不盲目。对于现代企业来讲，商业模式的创新至关重要。商业模式决定企业成败，这一理念已经得到越来越多企业和专家的认可。新商业模式就好比一个新故事，创造一个商业模式就好比写一个精彩的新故事。有道理，有听众，就是好故事；同样，有道理，能赚钱，就是成功的商业模式。

商业模式一般都体现客户价值最大化、整合、高效率、系统、盈利、实现形式、核心竞争力、整体解决方案等八大关键词。这些内容构成了成功商业模式的八大要素，缺一不可。实践证明，顾客、价值和利润构成商业模式的三个核心要素。

全面性、独特性、难以模仿性构成了商业模式的基本属性。商业模式的框架分析的结果是：企业有效商业模式的构成要素是核心战略、核心资源、核心伙伴和顾客界面，综合考虑这些要素并关注它们，是新创企业成功的关键。

大学生创业已经成为目前中国最为普遍的态势。互联网创业、加盟创业、兼职创业、团队创业、概念创业和工作室创业等六大模式是大学生最常用的、可行的创业模式。创业必须不断创新。

【案例分析】

分众上市"擒王"

一、借力资本跑马圈地，抢先上市

在楼宇视频广告媒体领域，分众传媒在中国本土的竞争对手是聚众传媒，分众与聚众背后的资本方分别为高盛与凯雷。可以说，分众和聚众的竞争，背后是两大资本方的竞争。因此，借力资本跑马圈地是分众步步领先于聚众的必备招数，最终结果是在2005年7月13日，分众传媒抢先在纳斯达克挂牌上市。江南春及其分众传媒明显已得到国际资本认可，融资总金额达到1.717亿美元，创下中国概念股在纳斯达克首发融资的新高。

二、迂回进逼，缩小包围圈

分众的上市显然催化了聚众背后的资本力量，在2003年日本软银首次提出合并后，再次提出合并建议的是分众和聚众各自的投资方以及聚众美国上市的主承销商摩根士丹利，但聚众传媒CEO虞锋拒绝了合并。在两者谈判时没有重大进展前，以打促谈显然成了分众理性的选择。

分众上市以来的第一笔巨额投资，就是先发制人地把战火烧到了聚众的后院。2005年10月15日，江南春飞赴北京，与国内最大的电梯平面媒体框架媒介正式签约，以阻击在公寓电梯视频广告占据优势的聚众传媒。分众传媒以超过1亿美元的价格收购框架媒介的100%股权，将框架媒介年初以来所整合的全国性网络悉数纳入分众旗下。

一个萝卜一个坑，中国的楼宇已经变成稀缺资源。江南春并购框架，是在进一步占有稀缺资源。并购使分众在原有网络基础上再新增高档公寓媒体资源，框架的9万个电梯海报广告位和4000万的日均网络覆盖人数与分众的媒体再整合，将使分众传媒的整体媒体接触概率再度提高，而此前分众专注的主要是写字楼，聚众重新夺回市场主动权的可能性也就越来越小了。

三、挟天子以令诸侯，收官之战

按预定计划，2006年年初聚众将登陆纳斯达克股票市场。2005年12月，经过再次修改，聚众上市的表格已经全部准备完毕，上市前的最后一轮融资也已经谈妥。"2500万美元的风险投资就等着签字了。"虞锋说，按聚众此时的计划，将融资约1亿美元。但这一消息却最终被分众并购聚众的消息取代。2006年1月9日，分众以3.25亿美元获得聚众100%的股权。虞锋承认合并主要还是资本的力量。经历了三年前的拒绝、2005年年底的拉锯，最后还是胳膊扭不过大腿。在凯雷不遗余力的撮合下，聚众还是被分众并购，因为聚众今后的走向直接关系到3500万元风险投资的回报率。如果不是分众传媒抢先在纳斯达克上市，也许这一切来得还不会这么快。它的上市，几乎成为了决定两家企业命运的分水岭。上市融资的成功，给了分众大把掏钱并购的动力，与之形成鲜明对比的是，聚众还处在上市准备期，二者在融资能力上的差距已不言自明。

合并在资本市场也获得了一致认同和普遍追捧。仅消息宣布当日，分众传媒在美国纳斯达克的股价上涨到 42.42 美元，涨幅达 14.65%。次日，分众股价继续攀升至 45.01 美元。而时隔 4 月，分众传媒公布合并聚众后的首个财务季报，总营收同比增长 246.1%，净利润同比增长 257%，财报公布后，其盘后交易价为每股 63.25 美元，按该价格计算，分众市值已超过 30 亿美元，超过网易和百度而成为纳斯达克中国上市公司龙头股。资本市场对这场交易做出了最简单明确的答复。

四、分众传媒模式解析

（1）抢先融资并首先在纳斯达克上市，获得资本认同与资源优势。

（2）利用资源优势，通过高价收购和非常规竞争手段，削弱聚众的实力，从而整合产业，减少或消除竞争。

（3）通过合并从而垄断行业，增加业务量，提高收费标准，增加赢利。

（4）优良的赢利前景，使公司的股票受到投资者追捧，公司股票市值进一步上升，资源优势进一步扩大，从而增强竞争力，巩固自身在行业中的优势或垄断地位。

【思考与讨论】

1．从分众传媒的成功分析商业模式在创业中的主要意义。

2．从分众传媒的成功体会创业的商业模式的制定与调整策略。

3．从分众传媒的成功讨论在创业过程中如何选择商业模式、制定商业模式并成功实施商业模式。

第 9 章　创业营销策略

【课程目标】

使学生了解创业市场细分的方法，理解创业目标市场选择及市场定位，掌握营销组合策略过程及营销控制。

【知识点】

1. 市场细分
2. 创业目标市场选择
3. 创业市场定位
4. 营销组合策略
5. 营销控制

【技能点】

1. 了解创业市场细分的方法。
2. 学会制定合适的营销策略。
3. 了解营销控制的必要性。

【引例】

方太厨具的自我定位

宁波方太厨具有限公司（简称"方太"）创立于 1996 年 1 月，坐落于浙江省慈溪市，专业生产以"方太"牌集成厨房、吸油烟机、家用灶具、消毒碗柜为主导的厨房系列产品。为中国厨房领域较为知名的生产厂家之一。

方太是一个把全部身家集中押在中高端市场，放言"三专"（专业、专注、专心）到底，锁定消费者厨房绝不回头的本土企业。自我定位为"厨房专家"的方太，决意走价值路线，希冀以产品设计、创新能力和品牌资产为核心筑高反抗本土大厂和国际竞争的堡垒。如果实施集中策略和中高端品牌战略确实能为这个

"厨房专家"在小家电市场竞争对手环伺的格局中杀出血路,宁波方太走这条路的意义实在非同凡响。茅理翔董事长和茅忠群总经理在1995年决定上马油烟机项目时,做了一件非常伟大的事情:他们制造出了能真正意义上解决消费者需求的厨电产品。具有戏剧色彩的是,当年两位创始人虽没有接受过正规的管理学理论的系统培训,但由他们亲手操作的方太品牌和产品却绝对够得上经典的营销案例水平。

经过认真扎实的市场调研(方太也许是本土厨电厂商中如此认真地执行产品研发调研的第一家),两位创始人确信发现了消费者的需求。事实证明,对于像方太这样悉心体尝消费者需求的厂商,市场的回馈是极度慷慨的。

"专业"是指方太在这个领域要求自己达到专业级的标准。始终保持技术上的领先,并确保产品的高品质,使"专业"成为方太的专属特质。

"专心"则是指方太在业务发展上心无旁骛,始终沿着紧密相关的延伸路线发展,即方太以厨房事业为使命,以推动中国及世界厨房文化进步为目标,力争成为中国以及世界的、受人尊敬的、基业常青的企业。

"专注"则是指企业发展的关键衡量指标将始终专注于产品力的建设,依赖专注建设真正属于方太特色的、不可复制的产品力。

配合方太厨房专家战略的发布,方太还在市面上全方位推出覆盖厨房主要产品系列的四款厨房专家新品,这四个系列的新品分别是彰显厨房时尚的随心开吸油烟机、新妆上市的日后吸油烟机、为生活加冕的芙蓉灶和绽放洁净之美的厨贝嵌入式消毒柜。所有新品都采用了方太公司的最新关键技术,以及让市场侧目的外观设计方案。方太希望借助新品的推出,让消费者对方太厨房专家有更加深入的了解,从各个角度强化中高端产品的定位,从而再度刮起"方太旋风"。

9.1 选择创业的营销目标市场

营销包含了两层意思:一是营,就是营造一个能让产品和服务能够更好卖的良好环境;二是销,在这良好的环境和条件下,把产品和服务真的卖出去。要实现这一目的,就必须拥有对市场进行正确分析的能力。

9.1.1 市场细分

(1)市场细分的概念。所谓市场细分(market segmentation)是指企业根据顾客在需求特点、购买心理、购买行为等方面的明显差异把整个市场划分为若干个有相似需要和欲望的消费者群的市场分类过程,其目的是制定有针对性的营销策略。每一个消费者群就是一个细分市场;每一个细分市场都是由具有类似需求倾向的消费者构成的群体。创业企业资源的有限性决定了企业或产品只能锁定特定的市场。对于创业者来说要解决的问题是如何先于竞争者发现合适的细分市场。

(2)市场细分的步骤。市场细分可以按照地理因素、人口因素、顾客心理和行为因素等标准来进行,具体的市场细分步骤有:

1)选定产品市场范围。公司应明确自己在某行业中的产品市场范围,并以此作为制定市场开拓战略的依据。

2)列举潜在顾客的需求。可从地理、人口、心理等方面列出影响产品市场需求和顾客购买行为的各项变数。

3)分析潜在顾客的不同需求。公司应对不同的潜在顾客进行抽样调查,并对所列出的需求变数进行评价,了解顾客的共同需求。

4)制定相应的营销策略。调查、分析、评估各细分市场,最终确定可进入的细分市场,并制定相应的营销策略。

事实上,进入细分市场的机会是很多的,因为消费者的需求是多样化的,市场上的产品相应地呈现不断细分的趋势。开始时,某类产品只是单一的一个品种,但是随着时间的推移,这类产品就会细分为很多品种。例如,计算机起初只有大型机一个品种,但如今已细分为大型机、小型机、工作站、个人机、笔记本、掌上电脑和手写电脑等,不仅如此,就整个计算机行业而言,又有了硬件、软件、网络等之分,其中每一个细分类别又能进行非常多的更小的类别细分。

【阅读材料】

班尼路下属的最基本的6大品牌各显神通

一、衣本色(ebase)

顾客锁定在15~35岁的年轻时尚的女性群体,其独特的款式和大胆的立体剪裁总是最吸引思想前卫的女孩的眼球。这个品牌的产品款式多而量少,货品周转期快,力求把新鲜感带给顾客。喜欢衣本色的女孩大都懂得享受生活,更喜欢站在潮流前端,力求展现自己前卫的一面。

二、生活几何(S&K)

顾客锁定在16~28岁的追求时尚简约的年轻人。生活几何的优点在于款式大气简约,布料和剪裁上不断更新改良,加之其价格合理,为其赢得了一定的顾客群。F4 和 SHE 分别为其做代言。

三、班尼路（BALENO）

顾客锁定在 18~40 岁的追求低调而又不失时尚的人群。它所塑造的是一种轻便自然而舒适的衣着态度，不喜夸张。此产品的强项在于针织类衣物，含蓄而稳重。

四、传真传说（BAMBINI）

顾客锁定在 15~22 岁之间、懂得时尚、追求自我的年轻人。其取胜点在于选用丰富的面料和特殊的设计，使之永不流于俗套。

五、互动地带（I.P.ZONE）

顾客锁定在 15~25 岁中受街头文化影响较大的年轻人，互动地带专为有性格、有棱角的年轻人而设计，包含着美国、日本的街头文化。

六、水虹（Attitude）

顾客锁定在 20~28 岁细致简约的女性。尤其适合白领女性，这类顾客不仅懂得如何打扮自己以提高自身形象，而且具有一定的经济能力，追求优雅和高档的质料。王菲曾为其品牌做代言。

（3）市场细分的原则。 企业进行市场细分的目的是通过对顾客需求差异予以定位，来取得较大的经济效益。众所周知，产品的差异化必然导致生产成本和推销费用的相应增长，所以，企业必须在市场细分所得收益与市场细分所增成本之间作出权衡。由此，我们得出有效的细分市场必须具备以下特征：

1）可衡量性。可衡量性是指用来细分市场的标准和变数及细分后的市场是可以识别和衡量的，即有明显的区别，有合理的范围。如果某些细分变数或购买者的需求和特点很难衡量，细分市场后无法界定，难以描述，那么市场细分就失去了意义。一般来说，一些带有客观性的变数，如年龄、性别、收入、地理位置、民族等，都易于确定，并且有关的信息和统计数据也比较容易获得；而一些带有主观性的变数，如心理和性格方面的变数，就比较难以确定。

2）可进入性。可进入性是指企业能够进入所选定的市场，能进行有效的促销和分销，实际上就是考虑营销活动的可行性。一是企业能够通过一定的广告媒体把产品的信息传递到该市场众多的消费者中去，二是产品能通过一定的销售渠道抵达该市场。

3）可盈利性。可盈利性是指细分市场的规模要大到能够使企业足够获利的程度，使企业值得为它设计一套营销规划方案，以便顺利地实现其营销目标，并且有可拓展的潜力，以保证按计划能获得理想的经济效益和社会服务效益。如一个普通大学的餐馆，如果专门开设一个西餐馆满足少数师生酷爱西餐的要求，可能会由于这个细分市场太小而得不偿失。

4）差异性。差异性即可区分性，是指细分市场在观念上能被区别并对不同的营销组合因素和方案有不同的反应。

5）相对稳定性。相对稳定性指细分后的市场在一定的时间内能保持稳定。细分后的市场能否在一定时间内保持相对稳定，直接关系到企业生产营销的稳定性。特别是大中型企业以及投资周期长、转产慢的企业，更容易发生经营困难的情况，严重影响企业的经营效益。

9.1.2 选择创业的目标市场

创业企业在对市场进行细分后就要选择所欲服务的目标市场，而在选择目标市场过程中必须进行两个方面的工作。

（1）评估细分市场。 细分市场对企业具有吸引力的大小是企业进入与否的关键，这里所说吸引力并不是市场规模越大越好，而是指企业成功概率与成功条件下获得的利润是否适中。有些市场上的利润空间虽然很大，但是企业成功条件不具备，因此就不会进入，评估细分市场既要考虑市场的客观因素，也要考虑企业自己的主观条件。一般来说，必须考虑以下三个要素：

1）细分市场的规模和增长潜力。细分后潜在的市场是否具有适度规模和发展特征。大公司都重视销售量大的市场细分，往往忽视销售量小的市场细分，或者避免与之联系，认为不值得为之苦心经营。同时，小公司也应避免进入大的细分市场，因为过大则所需投入的资源也多，并且对大公司的吸引力也过于强烈。

2）细分市场结构的吸引力。细分市场可能具备理想的规模和发展特征，然而从盈利的观点来看，它未必有吸引力。公司应对五个群体对长期盈利的影响做出评估，这五个群体是：同行业竞争者、潜在的竞争者、替代产品、购买者和供应商。

3）企业目标和资源。即使某个细分市场具有一定规模和发展特征，并且其组织结构也有吸引力，公司仍需将其本身的目标和资源与其所在细分市场的情况组合在一起考虑。某些细分市场虽然有较大吸引力，但不符合公司长远目标，因此不得不放弃。

（2）确定目标市场的策略。 通过细分市场评估，如果发现只有一个子市场对企业具有价值，则该企业别无选择。而在多数情况下，可目标化的子市场可能不止一个。这样企业该如何选择自己的目标市场和设计营销组合策略呢？一般来说，企业可以根据具体条件选择三种思路。

1）无差异性市场策略。无差异性市场策略是指企业面对整个市场，只提供一种产品，采用统一的营销策略吸引所有的顾客。采用此策略的企业把整个市场看作一个整体，不需要进行市场细分。

无差异性市场策略的最大优点是成本的经济性。大批量的生产必然降低单位产品成本，能节省大量的调研、产品开发、广告宣传、管理等费用，从而取得较佳的经济效益。缺点是市场适应性较差。市场环境是在变化的，随着消费者经济收入的提高，一种产品能长时间被所有消费者接受是极少的。

2）差异性市场策略。差异性市场策略是指企业对整体市场进行市场细分，根据企业的资源与营销实力，选择不同数目的细分市场作为自己的目标市场，为所选择的各目标市场设计不同的产品，采取不同的营销组合策略，满足不同目标顾客的需要。

差异性市场策略的最大优点是市场适应性强。能够有针对性地满足不同顾客群体的消费需求，扩大市场范围，提高产品的竞争能力，增强市场经营抗风险能力。最大不足是在推动销售额上升的同时，也在促使成本增加，企业的效益并无保证。

3）集中性市场策略。集中性市场策略是指在市场细分的基础上，选择一个或少数几个细分市场作为企业的目标市场，经营一类产品，实施一套营销策略，集中企业的资源和实力为之服务，争取更大的市场份额。

集中性市场策略一般适用于中小企业，或企业发展的初期。这一策略的优点是能够发挥企业的资源优势，集中资源在小市场获得营销成功；不足是经营风险较大，一旦市场发生突然变化，企业就会陷入困境。

因此，企业在选择自己的战略方针时，一定要进行多方面的考虑。而首先要考虑的便是自己的实力、产品性质、市场性质这三个方面是否协调、同步。同时，竞争者的状况也不容忽视，具体有：竞争者的数量，主要竞争者的形象，竞争者的生产能力和产量，竞争者的财务状况，竞争产品的质量、品位、特征，竞争者的营销队伍水平，各厂商的市场占有率等因素。

【阅读材料】

为富人服务

他们使用 Vertu 手机、玩游艇，他们也需要一个上门服务的裁缝，或者贴身的财务顾问，定制的服务能给他们身份感。正视庞大的富裕群体的共性特征，提供更好的服务，可谓商机无限。曾任腾讯公司首席运营官的曾李青，辞职后不到一年，就和朋友们投资了十余家高端服务公司，做起了富豪们的生意。

据波士顿咨询公司的调研显示，2002—2007年，中国管理资产额以25%的年均复合增长率扩张，其中拥有百万美元管理资产额的富翁已经达到391000人，仅次于美国、日本、英国和德国，而资产额超过500万美元的富豪家庭数量已从2002年的18000户增加到2007年的64000多户。

旅游度假：如果这些富豪家庭一想到旅行，就想到太美，那么梁冬（百度前副总裁、太美创办人之一）就赚翻了。管理富人们的休闲时间，太美做的就是定制旅游服务，其Travel 2.0模式意欲成为旅行社交的先驱，以这样的方式为每个人选择合适的旅伴，从中发现拥有共同爱好的朋友或商机，使旅行更加完美。这一结合Web 2.0概念的全球主题旅行俱乐部的建立，源于包括梁冬在内的三位创始人旅行史里不愉快的回忆。这一尚在试用期的产品半年的时间吸纳会员接近千名。在几位创始人的理想中，太美要成为可以提供一个人人生中任何时刻全程服务的机构，比如提供旅行中的饮食指导、健康监督、投资顾问甚至子女的教育、留学咨询服务，就好像是全方位的私人顾问。

理财服务：中国的富人主要是那些在快速增长的行业中挣钱的企业家。波士顿咨询公司将这些企业家分为两类：通过自己企业上市获得了可观财富的"成熟企业家"以及仍在打造事业的"新兴企业家"。前者通常比后者更富有，往往对全球投资和境外机会感兴趣，而后者更偏好将财富用于境内投资。

要想达到美国那样成熟的市场规模，理财机构先要赢得这些富人的信任。之前，中国的富人们还没有将其财富委托给第三方管理的经历，也普遍不喜欢透露自己的财富。不过，多数中国富人最终会将财富的控制权传给下一代，"富二代"往往受过良好教育，见多识广，可能有不同的投资重点，理财机构不妨从他们入手，培养潜在客户群。

9.1.3 创业市场定位策略

创业企业选择了目标市场，在产品进入市场之前，管理者还需要调查研究市场上相互竞争的各个品牌所处的地位、各有什么特色、实力如何，从而为自己的产品确立一个适当的位置，这就是市场定位。从理论上讲，企业可选择的目标市场定位策略主要有以下三种：

（1）拾遗补缺的市场定位策略。 创业者避开强有力的竞争对手，将产品定位在目标市场的空白部分或是空隙部分。市场的空白部分指的是市场上尚未被竞争者发觉或占领的那部分需求。企业把产品定位于目标市场上的空白处，可以避开竞争，迅速在市场上站稳脚跟，并能在消费者或用户心目中迅速树立一种形象。这种定位方式风险较小，成功率较高，常常为多数企业所采用。如亿利甘草良咽就是填补市场空位的很好实例。

（2）与之共存的市场定位策略。 创业者将自己的产品定位在现有竞争者的产品附近，力争与竞争者满足同一个目标市场部分，即服务于相近的顾客群，相互并存和对峙。采用这种策略，企业无须开发新产品，可以仿制现有的产品，免去了大量的研究开发费用。同时，因为现有的产品已经畅销于市场，企业也不必承担产品不为市场所接受的风险，这样企业可以在树立自己的品牌上多投入精力。企业决定采用并存策略的前提是：首先，该市场的需求潜力还很大，还有很大的未被满足的需求，并足以吸纳新进入的产品；其次，企业推出的产品要有自己的特色，能与竞争产品媲美，只有这样才能立足于该市场。

（3）针锋相对的市场定位策略。 这是竞争性最强的目标市场定位策略。创业者这样定位是准备挑战现有的竞争者，力图从他们手中抢夺市场份额。选用这一策略，创业者必须做到知己知彼，应该了解自己是否拥有比竞争者更多的资源和能力，是否可以比竞争对手做得更好。同时，选择恰当的市场进入时机与地点。否则，针锋相对的市场定位策略可能会成为一种非常危险的战术，将创业企业引入歧途。当然，也有些创业者认为这是一种更能激励自己奋发向上的定位尝试，一旦成功，就能取得巨大的市场份额。

总体来说，市场定位是通过为自己的产品创立鲜明的特色和个性，从而塑造出独特的市场形象来实现的。创业企业在进行产品市场定位时，一方面要了解竞争对手的产品特色和个性，另一方面要研究顾客对产品各种属性的重视程度，即把顾客和产品两方面联系起来，选定本企业产品的特色和形象，从而完成企业产品的市场定位。

思考题： 请实地调研当地1～2家成功的创业企业，说明其在营销策略制定方面有哪些特点？

9.2 创业营销策略

确立了明确的目标市场，接下来就是针对目标市场制定和实施有效的市场营销组合策略。市场营销组合是指根据目标市场的特定情况，结合企业的使命、愿景、资源和企业的外部营销环境情况，企业将各种可控制的因素进行分析后制定的产品或服务的价格、渠道和促销模式等策略。只有这样，才能很好地满足目标消费者的需求，实现顾客价值最大化，从而使企业达到盈利的目标，实现企业最大经济效益。目标市场的消费者特点在收入水平、教育文化、性别、年龄、消费观念、风俗习惯等方面存在不同，所以要针对这些特点制定相应的营销组合策略。在不同的地理区域、不同的消费观念、不同的文化水平及不同的收入水平下，我们应当在考虑这些因素后制定不同的营销组合策略。很多大学生创业者认为，面临什么样的市场情况就采取什么样的营销策略，对于营销组合较具体的策略，现在根本不用去想。这是大学生创业者比较普遍存在的缺陷，他们首要的错误是缺乏对前面所说的市场细分、选择目标市场及市场定位的研究，所以对市场营销组合策略表现得很盲目。除了有产品的概念外，对于定价、渠道及促销等都没有进行有效的整合，所以在实施的过程中可能会出现各种各样的问题。

9.2.1 产品差异化策略

大学生在创业的过程中，在制定产品策略时，要从消费者需求的角度出发，进行产品的构思和设计，同时要考虑到产品的整体层次，做好延伸产品或附加产品，把附加产品当成产品的一部分而不是负担，这也是提高竞争力的有效手段。在进行产品的设计与开发的过程中，也可以考虑体验式营销，特别是服务业，把美好的体验融入产品的设计当中，可以增加产品的附加值。宜家是体验式营销的典范，大学生创业者可以学习、体会、感悟这些大企业的产品策略，同时最重要的一点就是要围绕目标市场设计产品，企业对产品的设计包含着不同的属性，不同产品的属性也不一样。

（1）产品命名。 一个好名字能够很快让顾客记住自己的企业和产品，能够和其他产品区别开来。所以，为自己的产品精心设计一个名字，并使之脍炙人口，是使产品快速步入市场的重要一步，应当受到大学生创业者的重视。"可口可乐" 4 个字可以说是家喻户晓，但刚进入中国的时候音译为"蝌蚪啃蜡"，与"可口可乐"相比，给人的感觉简直是天壤之别，所以传播效果并不好。大学生创业的典范比尔·盖茨的微软，不论是公司的名字，还是旗下产品的命名，都可谓音义俱佳。产品的命名要体现出个性化和产品的特点。例如，由李彦宏等人创立的中文搜索引擎"百度"，致力于向人们提供简单、可依赖的信息获取方式，其名称词源来自一首美丽而富有联想的诗词——"众里寻她千百度"。因"寻"与"百度"连在一起，让人联想到"搜索"，象征着百度对中文信息检索技术的执着追求。给自己的公司或产品取的名字，要与经营的商品相吻合，新颖且有特点。一般来说，要易读易记，给人以美感和艺术享受，还要注意与当地的文化、经济、法律等相适应，当然还应当遵守商标法的规定。

(2) 给消费者最需要的产品。消费者购买化妆品其实是为了满足美颜、美身等需要，购买图书是为了满足增长知识的需求，购买药品或保健品是为了满足健康的需要，所以要了解顾客真正的需要，像手机，不同年龄、性别、身份、收入的人，对于手机的需求也是不同的。天语的一款老年手机屏幕很大，短信能够读出来，有放大镜、手电筒、验钞灯等，同时价格又很实惠。朵唯女性手机针对女性的特点，外观非常漂亮，同时有安全的一键设计。乔布斯领导下的苹果有很多忠诚的顾客，这也源于其在产品设计上的精益求精，不仅如此，他还把产品做成一种信仰。

(3) 产品差异化。有些创业者往往注重产品的有形价值，而忽视产品的无形价值。大学生创业者要想使自己的产品差异化，可以从以下几个方面着手：一是产品角度，包括产品的包装、品质、属性等；二是消费者角度，包括消费者的年龄、爱好、职业、收入等；三是情景角度，包括产品适合的场合等。加减法创新在产品的差异化应用中用得最多。还是以手机为例，最初的手机仅仅是用来打电话的，后来增加了短信功能，而后音乐、拍照、摄像、网络、电视等功能不断增加，这就是利用加法不断进行创新。减法的创新也比较常见，比如针对农村市场的电视，可以把一些不太必要的功能去掉，从而降低成本。在产品策略中要充分体现出创新，包括在产品的核心价值、包装、品牌等方面。如果开店的话，要注重体现出有新意的主题。

9.2.2　价格制定策略

价格策略是市场营销组合策略当中最灵活的一个策略，具有可见性、可量化、动态性等特点，同时非常重要，影响到企业的盈利水平和产品是否能够顺利推向市场。价格策略要求企业制定具有竞争性的价格，在争夺市场份额上，取得有利地位。大学生创业者在进行产品定价时可以以需求为导向，将成本作为考虑的一个因素，同时以竞争对手产品为参照。一个新产品的价格制定通常分为6个步骤，如图9-1所示。

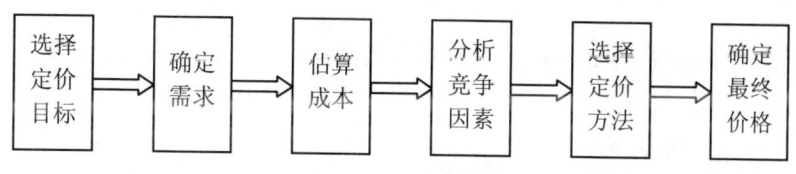

图 9-1　价格制定步骤

定价目标是实现企业经营总目标的保证。定价目标的选择一般要遵循 4 个原则，即利益性原则、安全性原则、竞争性原则和持续性原则。许多因素会影响定价策略，诸如竞争压力、充足供应的可获得性、需要的季节性或周期性变化、分销成本、产品的生命周期阶段、生产成本变化、当前经济状况、卖方提供的服务、现有的促销情况和市场的购买能力等，而其他一些优势则容易被忽略，例如有些情况下顾客根据该产品的价格水平来判断质量；强调购买一件昂贵物品的每月花费往往比强调总销售价格能达到更高的销售额；大多数购买者希望以偶数价格购买高级商品，以奇数价格购买普通商品。竞争者的产品和价格也影响定价决策。在确定最终价格的时候要考虑一些其他因素，包括消费者的心理，企业内部人员、经销商、供应商等对定价的意见。

【阅读材料】

柯达如何走进日本

柯达公司生产的彩色胶片在 20 世纪 70 年代初突然宣布降价，立刻吸引了众多的消费者，挤垮了其他国家的同行企业，柯达公司甚至垄断了彩色胶片市场的 90%。到了 20 世纪 80 年代中期，日本胶片市场被富士所垄断，富士胶片压倒了柯达胶片。对此，柯达公司进行了仔细的研究，发现日本人对商品普遍存在重质而不重价的倾向，于是制定高价政策打响牌子，保护名誉，进而实施与富士竞争的策略。他们在日本发展了贸易合资企业，专门以高出富士 1/2 的价格推销柯达胶片。经过 5 年的努力和竞争，柯达终于被日本人接受，走进了日本市场，并成为与富士平起平坐的企业，销售额也直线上升。

9.2.3　分销渠道设计策略

渠道是产品或服务顺利到达消费者手中的关键，是企业的立命之本。销售渠道同样要考虑目标市场的特点和其他营销组合变量的一致性。例如，高质量的产品不仅要有高质量的价格，而且应该由企业形象较好的中间商分销。渠道策略一般是企业与合作者共同完成的，与中间商建立恰当的联盟，可使企业的发展如虎添翼。大学生新创企业与一般企业的渠道设计不同，他们可能没有实力与大型中间商建立良好的联盟关系，自建渠道又没有太多资金支持，因此可以考虑专业代理商，或者建立 B2B 或 B2C 电子商务模式，或者利用广大的大学生团体建立起密集型的分销网络。

（1）适合大学生创业的营销渠道模式。适合大学生创业的营销渠道有三种。一是直销并建立自己的销售网络。对于大学生创业者来说，可以借助邮购营销或网络和电话销售，不需要店铺，只需要有库房和办公室，这样可以减少投资，节约经营费用。二是"捆绑式"销售。例如，某农职院的一个学生，在校期间即开始从事商业活动，有时候一笔可以赚几千钱。毕业后就开始自己创业，其中一个项目是经营农药。在经营农药的过程中，她发现和她临近的种子店铺卖得非常好，就和卖种子的老板商量，把农药作为赠品"捆绑"在一起出售，很快农药就销售一空，又赚了一笔。三是网络渠道。下面着重探讨一下网络渠道。

我们在研究中发现，大学生网上创业的平台大多选择淘宝网。

任何事物都有两面性，这里提供淘宝网的特点，供创业大学生参考。

1）优点：一是作为网上交易平台的龙头老大，从 2003 年发展到现在，经历的时间比较长，各方面都很成熟；二是商品分类清晰，有专业团队管理网站，商品信息分类正确，处理投诉举报等问题及时而且比较合理；三是商品品种很多，可谓是大而全的网上购物平台。另外，淘宝还拥有自己的聊天工具。阿里旺旺在离线的情况下可以将信息自动发送到手机，这样即使卖家不在电脑前，也不会因耽误了洽谈而错过生意。

2）缺点：淘宝橱窗中的商品图片必须要开通淘宝旺铺才能显示出稍大的图片，而开通淘宝旺铺则需要每月向淘宝网缴纳 30 元的费用；而且一般情况下淘宝卖家还需要开通消保，而开通消保则需要一次性向淘宝网缴纳 1000 元的押金。

（2）物流派送。物流公司的选择影响着方方面面，所以需要非常慎重。首先，要对可能选择的物流公司进行比较，这样做的目的是不要对某一家快递产生依赖性。就目前来看，任何一家快递公司都或多或少存在一些欠缺，包括服务上，或者送货速度，以及所能到达的地方。还有就是最为敏感的价格问题。作为大学生刚开始创业的企业，不妨同时选择几家快递公司。学会自己客观评价，再结合自己的发货区域和价格选择合适的快递公司。适合自己的就是最好的，做到价比三家，选择性价比较高的快递公司。

(3) 店面商圈评估。 如果创业的项目是开店的话,地点的选择对日后的营运影响很大,所以一定要找个商圈位置好的店面。一般而言,做商圈评估时,评估指标应包括商圈属性、店面面积、楼层、周遭设施、附近的竞争店及互补店、租金、合法证照取得难易度,以及附近是否有大型卖场等。此外,运输便捷性、车站、营业时间、人口(流动、固定)、客源及比例、消费力及消费动机、马路宽度、发展前景(商圈变化)等因素也必须列入考虑范畴。

创业企业选择地址时需要注意两个方面。下面以餐馆为例进行分析。一是划分商圈。肯德基计划进入某城市,就先通过有关部门或专业调查公司收集这个地区的资料。有些资料是免费的,有些资料需要花钱去买。把资料收集齐了,就开始规划商圈。商圈规划采取的是计分的方法。例如,这个地区有一个大型商场,商场营业额在1000万元算1分,5000万元算5分,有一条公交线路加多少分,有一条地铁线路加多少分等。这些分值标准是多年平均下来的较准确的经验值。通过评分把商圈分成好几大类,以北京为例,有市级商业型(如西单、王府井等)、区级商业型、定点(目标)消费型,还有社区型、社区商务两用型、旅游型等。二是选择商圈,即确定重点在哪个商圈开店,主要目标是哪些。在商圈选择的标准上,一方面要考虑餐馆自身的市场定位,另一方面要考虑商圈的稳定度和成熟度。餐馆的市场定位不同,吸引的顾客群不一样,商圈的选择也就不同。马兰拉面和肯德基的市场定位不同,顾客群也不一样,是两个"相交"的圆。有人既吃肯德基,也吃马兰拉面;有人可能从来不吃肯德基而专吃马兰拉面,反之也有。马兰拉面的选址也与肯德基不同。

有了店址的评估标准和一些成功案例,就可以开发出一套店址的评估工具。它主要由下面几个表格组成:租赁条件表、商圈及竞争条件表、现场情况表、综合评估表,这些表格是进行选址评估的标准化管理工具。

【阅读材料】

网络销售在创业企业实现销售的过程中异军突起

2006年,全国网络购物交易总额为266.5亿元人民币,占全国消费品销售总额的0.85%,而2002年仅占0.04%,这足以证明网络贸易发展的迅猛性。其中淘宝网交易总额为169亿元,比2005年同期增长了110%,这一数字超过易初莲花(100亿元)、沃尔玛(99.3亿元)在华的全年营业额,更是北京王府井百货集团全年销售额的2.6倍。2007年一季度末,淘宝网发布的《2007年1季度淘宝网购物报告》表示2007年第一季度的淘宝网总成交额突破70亿，截至3月31日，其累计注册会员数达到3510万。

思考题：网络销售为什么会发展这么快？

9.2.4 促销设计策略

创业初期的企业促销策略应当集中在能马上吸引顾客的促销手段和保证良性循环的销售方法上。初创企业由于受到资金来源的限制，因此选择那些能迅速带来收益而又花费最少的区域和恰当位置来做广告是非常重要的。

(1) 注重促销的实效性。 有这样一个案例：一名酒店管理专业的高职毕业生，毕业之后到四川学了茶道，并且获得了相应的资格证书。回到家乡后，发现当地没有一个真正意义上的茶馆，于是产生了自己创业的想法。经过调查了解市场行情之后，便和朋友合作开了一家茶馆。开业初期在当地电视台做了广告，有一定的效果，但不是很明显，而且广告费用很高。后来改变了策略，在当地比较畅销的报纸"尚品生活"栏目刊登了茶馆的相关介绍文章，广告费用降低了，而效果却出奇地好。当然，也可以采取折扣、优惠券、抹零交易和降低价格等方式来进行促销，这些促销手段往往在短期内可以取得非常好的效果。

大学生创业企业还可以采取成本低廉但高效的促销活动。例如，定期向现在的、过去的和潜在的顾客发送电子时讯；在一些特殊的日子向客户寄送卡片或电子贺卡；向公司、学校及机构就所擅长的专业领域主动提出进行演讲，并散发名片；主动为当地媒体提供信息源，提供免费的样品试用和咨询服务等，做竞争对手没有做的事。

另外，运用事件进行促销也是一个有效的手段。事件营销可以围绕着某个特定主题，借助有价值的新闻、有意义的事件，有计划、有目的地策划与实施，形成一定时期内密集的传播效应，以迅速提高品牌知名度与美誉度，并最终促进产品或服务的销售。企业可以抓住事件营销投资回报率高、传播速度快、公众信任度较高的优势，用最小的成本在最短的时间内提高企业的知名度，引起消费者的注意。实施事件营销对大学生企业来说是一个很好的推广策略。

(2) 低成本促销推广策略。 随着互联网的发展和完善，在网上创业的大学生日益增多，竞争也越发激烈。大学生创业由于资金的限制可以考虑采取一些低成本的促销策略。这里介绍三种低成本的促销方式。

一是建立博客。可以建立一个免费的博客空间，写一些能够吸引眼球又与业务相关的文章，也可以在其他的博客上发表评论并链接回自己的博客。

二是口头宣传。如马云在创业初期通过到各个国家去宣传他的创业企业与创业理念，到各大学校去作演讲，到电子商务网络会议和论坛上宣讲B2B模式，从而起到了很好的宣传效果。

三是电子邮件营销。《营销中的技巧与陷阱》的作者斯科特·库柏建议，一旦内部数据库收集了足够的有关客户购买模式、季节性需求与产品喜好等的数据，就要用于营销。运用这些信息，通过有针对性的电子邮件、直邮和店内促销，你将获得极大的成功，因为有数据分析的支持。

大学生网上创业者需要上传产品信息和公司信息，在信息的发布上要尽量让自己的信息完善。因为信息越完善，给人感觉可信度就越高；信息越完善，浏览者了解得也就越多，就越有可能激发对产品的兴趣。上传产品后，需要在网络里进行宣传。在网络里宣传，不仅是指发布产品信息，还需要配合多方面的操作方式，让自己的产品显现在目标顾客眼前，成就更大的贸易机会。网上开店与线下开店有类似之处，最重要的就是经营。即便有再好的商品，如果不善于经营，同样无法销售出去，也就得不到利润。为了提升自己店铺的人气，在开店初期，应适当地进行营销推广，但只限于网络是不够的，要线上线下多种渠道一起推广。例如购买网站流量大的页面上的"热门商品推荐"的位置，将商品分类列表上的商品名称加粗或增加图片，以吸引眼球。也可以利用不花钱的广告，比如与其他店铺和网站交换链接。当然还可以投入一定的成本，利用搜索商品竞价，让更多的人第一时间搜索到你的商品。这样做的好处是目标用户明确，但需要投入一定的费用。

（3）网络促销推广设计。一是面向目标受众的设计，即在突出自我优势的基础上，根据对目标受众特点的了解情况，细分各种项目，突出盈利点。要注意的是，设计一个栏目，不仅要注意页面的文字和图案，还要注意浏览程序的设计。愉快方便的浏览程序有时候也是留住客户的主要因素之一。另外就是高挂免费牌，应该保持你的网站有七成免费资源，这些都是吸引浏览者、扩大知名度的网络营销策略。二是面向搜索引擎的设计，即网站推广最重要的手段之一就是搜索引擎。想要在众多竞争对手中脱颖而出，采取搜索引擎是比较有效的一种方法，需要进行一些比较深入的研究。三是面向搜集信息的设计，即邮件列表、信息反馈表等的设计。采用内部收集信息的方法所收集到的信息，更详尽、准确，有指向性，能帮助你及时了解市场变化。其中有一点要注意：没有人愿意在得不到利益的情况下帮你搜集信息，所以可以设计一些免费资源、奖品等环节来辅助信息搜集。

为了吸引更多的会员浏览网站，帮助会员达成交易，电子商务网站自身提供了许多好的功能。所以，加入电子商务网站后，为了扩大自己的宣传和名气，一定要好好利用网站自身的功能做宣传。电子商务网站的宣传功能一般有自动信息匹配，搜索自己的目标客户，给搜索后的目标客户群发产品信息以及论坛签名等。会员可以在论坛签名里填写产品信息和公司信息，让别人通过浏览你发表的帖子找到你，并且最终成为你的目标客户；同时还可以利用友情链接功能，尽量找相关联的企业进行链接，尽量使自己的信息显示在目标客户眼前。再就是制定网站推广策略。策划推广一个网站，一定要牢记一个原则：以优势服务为中心，以大量免费但有价值的资讯或服务为内容，充分利用你已经拥有的一切资源。

大学生创业成功的关键在于营销策略的正确运用。从企业筹建到运营，营销是企业经营的核心，市场调研应该贯穿于企业经营的始终；同时，要认真向创业营销大师学习借鉴营销策略的运用，在实践中不断总结和积累，树立正确的创业营销观念，改善创业营销策略，进一步加快创业成功的步伐。

【阅读材料】

如何制定营销战略

作为大学生创业者，应当明确营销战略的制定不能凭想象，或者依靠市场销售人员的一些小情报。营销战略关系到企业营运方向的选择，一旦企业的营销战略制定错了，战术运用得越好，偏离的方向就越大。所以，制定好营销战略，就显得十分重要。要做好企业的营销战略，应该从以下几方面着手。

一、了解所在行业的情况

（1）所处的是什么行业？

（2）这个行业的消费群有什么特点？

（3）同行业者有多少？

（4）谁是主要竞争者？

（5）竞争者有什么变化？

（6）本企业准备通过什么方式、方法和渠道销售产品？

（7）有其他的渠道和途径吗？

二、明确公司的战略步骤

（1）公司有战略规划吗？

（2）公司的战略规划目前是否存在问题？

第9章 创业营销策略

（3）是否完全透彻地了解公司的战略步骤？
（4）制定的营销战略是否和公司战略相违背与冲突？

三、制定营销组合策略

策略组合是如何有效利用公司现有的资源，最大限度地利用、创造最大价值的组合过程。每一策略之间不是孤立的、脱离的，要连接起来。常用的策略有：

（1）目标市场策略。
（2）竞争策略。
（3）产品卖点策略。
（4）产品线策略。
（5）品牌策略。
（6）传播策略。
（7）渠道策略。
（8）价格策略。
（9）促销策略。

四、定位品牌

品牌是消费者与产品情感的联系、精神的寄托。品牌只有上升到精神层面，有自己的主张，才能引起消费者真正的内心共鸣。企业的品牌定位要独特、清晰。

五、明确品牌诉求

必须清楚地知道，品牌定位和品牌诉求要配合。诉求，就是向消费者解说品牌。说得太长，消费者是记不住的；说得太多，消费者是没有耐心的，听不进去的；说得太杂，消费者会不知道你说的是什么；说得太专业，消费者是无法理解的。所以，品牌诉求要单一精准。如"农夫山泉有点甜"，就是品牌诉求的典范。

六、明确品牌发展策略

打算如何发展品牌？是单一品牌坚持到底，还是多品牌同时发展？是重点推广哪个品牌，还是放弃哪个品牌？对于这些问题，必须有非常清晰的思路。

七、做好品牌形象设计

要根据不同的产品、不同的销售对象，设计不同的包装，而不能千篇一律，没有区别。如若产品是作为家庭用品的，就要简易，突显产品品质；若是作为礼品用的或是专用装，就要尊荣华贵，突显品牌形象。

八、策划渠道运作

要清楚这个行业的厂家情况及主要竞争对手。应了解对手的下列情况：

（1）市场方面。

（2）价格方面。

（3）渠道方面。

（4）传播方面。

（5）促销方面。

要非常清楚这个行业不同类型的竞争对手，如有哪些杂牌军、品牌军等。

九、制定应付对手的策略

了解以上情况后，就把握了杂牌军、品牌军的一切情况。接下来就要针对不同的对手，制定不同的对策。对策主要包括：

（1）对不同类型的竞争对手，分别采取不同的战术。

（2）定价策略。

（3）渠道策略与管理。

（4）重点市场与非重点市场策略（对重点市场，是直接控制还是发展经销商来控制；对非重点市场，是采取总经销方式还是有选择性的分销方式）。

（5）终端的管理模式。

（6）建立销售支持系统。

十、策划传播

（1）是否利用科学高效的整合传播方式？

（2）还能有什么特殊的传播方式？

（3）选择媒体做广告吗？

（4）加大人员推广吗？

（5）建立电话行销吗？

（6）建立样板市场传播吗？

（7）举行新闻发布会吗？

（8）举行招商会吗？

（9）针对不同渠道的特点，是否采用不同的推广工具？

9.3 创业营销控制

9.3.1 营销控制的含义

所谓营销控制是指营销管理者经常检查市场营销计划的执行情况，看看计划与实际绩效是否一致，如果不一致或没有完成计划，就要找出原因，并采取适当措施和正确行动,以保证市场营销计划的完成。营销控制的目的是要保证企业的营销活动按照营销计划和要求展开,有效地实现其预定目标。

9.3.2 营销控制的类型

(1)年度计划控制。年度计划控制是指企业在本年度内采取控制步骤,检查实际绩效与计划之间是否有偏差,并采取改进措施,以确保市场营销计划的实现与完成。

许多企业每年都制订了相当周密的计划,但执行的结果却往往与之有一定的差距。事实上,计划的结果不仅取决于计划制订得是否正确,还有赖于计划执行与控制的效率。可见,年度计划制订并付诸执行之后,做好控制工作也是一项极其重要的任务。年度计划控制的主要目的在于:

1)促使年度计划产生连续不断的推动力。
2)控制的结果可以作为年终绩效评估的依据。
3)发现企业潜在问题并及时妥善解决。
4)高层管理人员可借此有效地监督各部门的工作。

年度计划控制系统包括四个主要步骤:

1)制定标准,即确定本年度各个季度(或月)的目标,如销售目标、利润目标等。
2)绩效测量,即将实际成果与预期成果相比较。
3)因果分析,即研究发生偏差的原因。
4)改正行动,即采取最佳的改正措施,努力使成果与计划相一致。

年度计划控制的中心任务是保证企业年度营销计划中规定的各项目标能够顺利实现。

如果通过分析,发现实际绩效与年度计划发生较大偏差,可考虑采取如下措施:削减产量,降低价格,对销售队伍施加更大的压力;削减杂项支出,裁减员工;削减投资,出售企业财产或出售整个企业。

(2)盈利能力控制。除了年度计划控制之外,企业还需要运用盈利能力控制来测定不同产品、不同销售区域、不同顾客群体、不同渠道以及不同订货规模的盈利能力。盈利能力控制就是对企业营销组合中各类因素的获利能力进行分析,以帮助营销管理者决策需要发展、缩减或淘汰的产品及市场。采取的方法包括对市场营销成本的分析和对盈利能力的分析。

(3)效率控制。假如盈利能力分析显示,企业关于某一产品、地区或市场所得的利润很差，那么紧接着便要进行效率控制。效率控制就是采用高效率的方式来管理销售人员、商业广告以及促销。采用的指标包括人员推销效率、广告效率、营业推广效率和分销效率。

效率控制的目的在于提高人员推销、广告、促销和分销等市场营销活动的效率，市场营销管理者必须重视若干关键指标，这些指标表明市场营销组合因素的有效性以及应该如何引进某些资料以改进执行情况。

【阅读材料】

武汉科诺公司是由武汉东湖高新集团、武汉东湖高新农业生物工程有限公司和湖北省植保总站于1999年5月共同组建的一家高科技企业，主要从事生物农药及其他高效、低毒、无公害农药的研发、生产、销售和推广。

公司在市场部设置了督办部，设计了一种"双回路"的营销控制模式，并且这种营销控制模式对公司早期的快速成长以及规范销售人员的行为发挥了重要的作用。"双回路"营销控制模式强调工作计划与督办落实"两条腿"走路，一方面要求销售人员制订出详细的工作计划，包括具体的销售业绩目标，另一方面派出督办人员不定期地到市场一线去检查工作计划的完成情况，并及时反馈检查的结果。督办人员的工作目的不是"挑刺"，找出销售人员工作中的不规范行为，而是帮助销售人员解决工作中的困难，及时"纠偏"，从而顺利完成销售目标。该种整合的营销控制模式较好地弥补了单个控制模式的不足之处，发挥了"1+1>2"的作用。

9.3.3 营销控制的必要性

（1）环境变化的需要。从制定目标到目标的实现通常需要一段时间，在这段时间里，企业内外部的情况可能会发生变化，尤其是面对复杂而动荡的市场环境，各种变化都可能会影响企业已定的目标，甚至有可能需要重新修改或变动目标以符合新情况。高效的营销控制系统能帮助营销管理者根据环境变化情况及时对自己的目标和计划进行必要的修正。一般来说，目标的时间跨度越大，控制也越重要。

控制系统的作用在于：帮助管理者看到形势的变化，并在必要时对原来的计划进行相应的修正。

（2）需要及时纠正执行过程中的偏差。在计划执行过程中，难免会出现一些小偏差，而且随着时间的推移，小错误如果没有得到及时的纠正，就可能逐渐积累而成严重的问题。

营销控制不仅是对企业营销过程的结果进行控制,还必须对企业营销过程本身进行控制,而对过程本身的控制更是对结果控制的重要保证。因此,营销管理者必须依靠控制系统及时发现并纠正小的偏差,以免给企业造成不可挽回的损失。

控制与计划既有不同之处,又有密切的联系。一般来说,营销管理程序中的第一步是制订计划,然后是组织实施和控制。而从另一个角度看,控制与计划是紧密联系的。控制不仅要按原计划目标对执行情况进行监控,纠正偏差,在必要时,还将对原计划目标进行检查,判断其是否合理,也就是说,要考虑及时修正战略计划,从而产生新的计划。

【案例分析】

亿唐公司沉浮

在互联网行业,一家公司的诞生和死去很难吸引人们的注意力,但这家公司无疑是个例外:它是曾经的新贵,高调诞生;它又一事无成,落魄到连域名都被拍卖。这家公司就是亿唐(etang.com)。

1999年,第一次互联网泡沫破灭的前夕,刚刚获得哈佛商学院MBA的唐海松创建了亿唐公司,其"梦幻团队"由5个哈佛MBA和2个芝加哥大学MBA组成。凭借诱人的创业方案,亿唐从两家著名美国风险投资公司 DFJ、SevinRosen 手中拿到两期共5000万美元左右的融资。直到今天,这也还是中国互联网领域数额巨大的私募融资案例之一。

亿唐宣称自己不仅仅是互联网公司,也是一个"生活时尚集团",致力于通过网络、零售和无线服务创造和引进国际先进水平的生活时尚产品,全力服务所谓"明黄e代"的18~35岁之间、定义中国经济和文化未来的年轻人。

亿唐网一夜之间横空出世、迅速在各大高校攻城略地,在全国范围快速"烧钱":除了在北京、广州、深圳三地建立分公司外,亿唐还广招人手,并在各地进行规模浩大的宣传造势活动。2000年年底,互联网的寒冬突如其来,亿唐钱烧光了大半,仍然无法盈利。从2001年到2003年,亿唐不断通过与专业公司合作,推出了手包、背包、安全套、内衣等生活用品,并在线上线下同时发售,同时还悄然尝试手机无线业务。此后两年,依靠SP业务苟延残喘的亿唐,唯一能给用户留下印象的就是成为CET(四、六级)考试的官方消息发布网站。

2005年9月，亿唐决定全面推翻以前的发展模式，而向当时风靡一时的Web 2.0看齐，推出一个名为hompy.cn的个人虚拟社区网站。随后，除了保留亿唐邮箱等少数页面以外，亿唐将其他全部页面和流量都转向了新网站hompy.cn，风光一时的亿唐网站就这样转型成为一家新的Web 2.0网站。2006年，亿唐将其最优质的SP资产（牌照资源）贱卖给奇虎公司换得100万美元，试图在hompy.cn上做最后一次的挣扎。不过，hompy.cn在2008年被关闭，亿唐公司也只剩下空壳，昔日的"梦幻团队"在公司烧光钱后也纷纷选择出走。2009年5月，etang.com域名由于无续费被公开竞拍，最终的竞投人以3.5万美元的价格投得。

亿唐生得伟大，死得却不光荣，只能说是平淡，甚至是凄惨。其他"死掉"的网站多多少少会有些资产被其他公司收购，在休养生息之后也许还有重出江湖的机会，但亿唐却沦落到域名无人续费而沦为拍卖品的下场。亿唐对中国互联网行业发展可以说没有做出任何值得一提的贡献，也许唯一的贡献就是提供了一个极其失败的投资案例。它是含着金汤匙出生的贵族，几千万美元的资金换来的只有一声叹息。

【思考与讨论】

唐海松创建的亿唐公司失败的原因有哪些？

小　　结

要制定好创业营销策略，首先需要通过对市场进行正确的分析，确定好目标市场，营造一个能让产品和服务更好卖的良好环境，然后根据目标市场的特定情况，结合企业的使命、愿景、资源和企业的外部营销环境，制定产品或服务的价格、渠道和促销模式等策略。只有这样，才能很好地满足目标消费者的需求，实现顾客价值最大化，从而使企业达到盈利的目标，实现企业最大经济效益。要针对不同的地理区域、不同的消费观念、不同的文化水平及不同的收入水平的消费者，制定不同的营销组合策略，如产品差异化策略、价格制定策略、分销渠道设计策略、促销设计策略。很多大学生创业者由于缺乏对市场细分、目标市场选择及市场定位的研究，不重视制定市场营销组合策略，导致盲目发展，甚至创业失败。

第 10 章 创业融资

【课程目标】

使学生全面了解创业融资的概念、方式、渠道、程序等相关知识,为其他创业模块的学习打下良好的基础。

【知识点】

1. 创业融资的概述
2. 创业融资的方式
3. 创业融资的渠道
4. 创业融资的程序

【技能点】

1. 掌握创业融资的基本技能。
2. 学会如何进行创业融资。

【引例】

阿里巴巴的崛起

阿里巴巴集团(简称"阿里巴巴")创始人马云这样看待创业者和投资者的关系:投资者可以找我们,我们当然也可以找投资者,这个世界上投资者多得很。我希望给中国所有的创业者一个声音——投资者是跟着优秀的创业者走的,创业者不能跟着投资者走。

一、创业伊始,第一笔风险投资救急

1999年年初,马云决定回到杭州创办一家能为全世界中小企业服务的电子商务站点。回到杭州后,马云和最初的创业团队开始谋划一次轰轰烈烈的创业。大家集资50万元,在马云位于杭州湖畔花园的100多平方米的家里,创建了阿里巴巴。

这个创业团队里除了马云之外，还有他的妻子、他当老师时的同事、学生以及被他吸引来的精英。比如阿里巴巴集团执行副主席蔡崇信，当初抛下一家投资公司中国区副总裁的头衔和70万美元的年薪，来领马云几百元的薪水。

他们都记得，马云当时对他们所有人说："我们要办的是一家电子商务公司，我们的目标有3个：第一，我们要建立一家生存102年的公司；第二，我们要建立一家为中国中小企业服务的电子商务公司；第三，我们要建成世界上最大的电子商务公司，要进入全球网站排名前十位。"狂言狂语在某种意义上来说，只是当时阿里巴巴的生存技巧而已。

阿里巴巴成立初期，公司小到不能再小，18个创业者往往身兼数职。好在网站的建立让阿里巴巴开始逐渐被很多人知道。来自美国的《商业周刊》还有英文版的《南华早报》最早主动报道了阿里巴巴，并且令这个名不见经传的小网站开始在海外有了一定的名气。

有了一定名气的阿里巴巴很快也面临资金的瓶颈：公司账上没钱了。当时马云开始去见一些投资者，但是他并不是有钱就要，而是精挑细选。即使囊中羞涩，他还是拒绝了38家投资商。马云后来表示，他希望阿里巴巴的第一笔风险投资除了带来钱以外，还能带来更多的非资金要素，例如进一步的风险投资和其他的海外资源。而被拒绝的这些投资者并不能给他带来这些。

就在这个时候，当时担任阿里巴巴首席财务官（CFO）的蔡崇信为阿里巴巴解了燃眉之急。因为蔡崇信，以高盛为主的一批投资银行向阿里巴巴投资了500万美元。这一笔天使基金让马云喘了口气。

二、第二轮投资，挺过互联网寒冬

更让马云意料不到的是，更大的投资者也注意到了他和阿里巴巴。1999年秋，日本软银总裁孙正义约见了马云。孙正义当时是亚洲首富。孙正义直截了当地问马云想要多少钱，而马云的回答却是他不需要钱。孙正义反问道："不缺钱，你来找我干什么？"马云的回答却是："又不是我要找你，是人家叫我来见你的。"

这个经典的回答并没有触怒孙正义。第一次见面之后，马云和蔡崇信很快就又在东京见到了孙正义。孙正义表示将给阿里巴巴投资3000万美元，占30%的股份。但是马云认为，钱还是太多了，经过6分钟的思考，马云最终确定了2000万美元的软银投资，阿里巴巴管理团队仍绝对控股。

从2000年4月起，纳斯达克指数开始暴跌，长达两年的熊市寒冬开始了，很多互联网公司陷入困境，甚至关门大吉。但是阿里巴巴却安然无恙，很重要的一个原因是阿里巴巴获得了2500万美元的融资。

那个时候，全社会对互联网产生了不信任感，阿里巴巴尽管不缺钱，业务开展却十分艰难。马云提出关门把产品做好，等到春天再出去。冬天很快就过去了，互联网的春天在 2003 年开始慢慢到来。阿里巴巴开始第三轮融资，完成上市目标。

10.1　创业融资概述

10.1.1　创业融资的概念

融资就是资本的融通，有"汇纳百川、融为一体"的意思。所谓创业融资，是指创业者为了将某种创意转化为商业现实，根据未来新创企业经营策略与发展需要，经过科学的预测和决策，通过不同渠道、采用不同方式向风险投资者或债权人筹集资本，组织创业启动资本的一种经济行为。创业者应该根据新创企业在成立前后的资本需求特征，结合创业计划以及企业发展战略，合理确定资本结构以及资本需求数量。

【阅读材料】

中国证券市场的现状及发展趋势

中国证券市场的主要作用是直接融资，2011 年 A 股上市公司融资 6780 亿元。

近年来，党中央、国务院高度重视发展债券市场。党的十六届三中全会提出，积极拓展债券市场，完善和规范发行程序，扩大公司债券发行规模；十六届五中全会通过的《中共中央关于制定国民经济和社会发展第十一个五年规划的建议》提出，积极发展股票、债券等资本市场，加强基础性建设，建立多层次市场体系，完善市场功能，提高直接融资比重。

（1）市场规模迅速扩大，发行市场和交易市场均取得了长足的发展。

（2）多层次市场体系初步形成。由沪、深证券交易所证券市场和国内银行间证券交易市场、银行柜台市场组成市场体系，各司其职，各负其责。

（3）市场品种和交易方式逐步丰富。我国债券最初主要有国债、企业债券，后来出现政策性金融债券，《中华人民共和国公司法》（简称《公司法》）出台后允许发行公司债券、可转换公司债券，2003 年以后又出现了证券公司债券、商业银行次级债券、普通商业银行金融债券、外币债券、短期债券等。

创新教育与创业基础

（4）债券市场的法制和监管工作逐步完善，颁布了《公司法》、《中华人民共和国证券法》（简称《证券法》）、《中华人民共和国国库券条例》（简称《国库券条例》）、《企业债券管理条例》等法律、行政法规、规章等，初步形成了证券市场法律体系。

讨论分析：中国证券市场有什么新的趋势？

10.1.2 创业融资的注意事项

（1）创业融资成功只是创业的开始。 清华大学投资管理公司总经理潘福祥分析视美乐失败原因时说："学生办公司有他们的优势，比如有闯劲儿，不怕吃苦，能够不计时间、报酬拼命地干。但是，他们也有缺点，那就是不懂商业运作，没有这方面的经验。竞争对手不会因为你是学生就心慈手软，消费者也不会因为你是学生就买你的产品。"公众舆论也应该有这种认识，不要把几个凤毛麟角般初始创业就获得投资的案例人物当作成功样板，强化这种误导信息。要知道即便幸运地获得初始投资，也只是万里长征走出的第一步，后面的难关还多着呢，必须一步一个脚印打造自己的核心竞争力，才有机会在竞争激烈的市场上获得成功。

（2）常规风险投资和天使投资的差异。 运作规范的投资公司基本不会给仅有一纸商业计划书的创业者投钱，他们主要的投资方向是那些已经初步打开局面，整个商业模式经受了市场考验，有了初步商业成效的处于发展期的成型企业，特别青睐高科技的、盈利模式新颖而且扩张潜力巨大的企业，门槛之高非一般大学生创业企业所能及。有的投资公司甚至基本只投资那些初具规模、处于上市前"临门一脚"的优秀企业，以期上市后获得巨大市盈率回报。对于他们而言，再好的计划书都不过是"浮云"。企业是一个系统工程，需要全方位的要素支撑，一个再绝妙的创意，没有长期的努力、脚踏实地的运作，都不过是空中楼阁而已。

天使投资也是风险投资的一种，是指对连启动资金都没有的初始商业创意进行投资，这种情况整体而言属于典型的低概率事件，不是说没有，要么是创业者本人已经是相当优秀的企业家，有过非常令人信服的创业成功历史，正如华尔街投资理念："我们投资的是人，不是项目。"要么就是投资者本人商业经验有限，投资行为非理性，业内有一位自称"一兴奋就投资"的名人，自己都承认开始的好几笔投资血本无归。

因此，创业从严格意义上讲，就是从无到有，从找到商机、注册公司到开始运营,才叫作创业。与此同时,大家也把开始运营新生企业称为创业。我们这里强调的是,想创业的大学生在最开始,更应该着眼于自力更生、从小做起,启动的项目最好不是耗资较大的,要选择那些自有资金(哪怕是来自父母、亲朋)至少足以支撑到企业运作达到盈亏平衡点的项目。堪称国际创业学鼻祖的美国百森商学院蒂蒙斯教授的《创业学》指出:哪怕是在美国这样融资环境非常成熟的社会,创业者靠创业计划书实现融资的比例是1%。另一位美国专家谢罗德教授也说,在美国,创业启动资金的来源,一是靠自己的信用卡,二是靠家族成员的帮助。国内绝大部分企业在创业之初都没有风险投资的支持,无论是马云还是俞敏洪,概莫能外。因此,如果仅凭一纸创业计划书满世界找投资方,靠一个自以为绝妙的创意就奢望别人能投资,结果很可能是四处碰壁,反而空耗了时间,耽误了商机。

(3)解决融资难的问题就是寻找合适的融资时机。 当新创企业经过艰苦奋斗,杀出一条血路,磨砺打造出自身的盈利能力,已经经受住了市场考验,摸索出具有发展潜力的商业模式之时,外部投资能够极大加快公司的扩张步伐,甩开后继竞争者,实现创业者的宏图伟业。但是要注意,融资不是靠态度好,靠拉关系,靠巧舌如簧。有些创业栏目设计的所谓"电梯三分钟"赛项,要求创业青年在三分钟内陈述自己的项目,力求获得投资方的青睐。如果说是考验选手创业思路是否明晰,是否切中主题,也无可厚非,但总是给人一种仰人鼻息的感觉。实际上,他们也在积极寻求能够获得资金回报的好项目。大学生创业者更应该把注意力集中在如何打造企业的核心竞争力上,"植得梧桐树,自有凤凰来"。这时的创业者和投资方实际上不存在谁求谁的问题,好的企业和投资方是完全平等的,融资行为是基于双赢的考量,而不是创业者向投资方祈求施舍。你越是不卑不亢,敢于和投资方讨价还价,越向投资方传达一个信心:这个企业是值得投资的!

10.1.3 创业融资的意义

资本是企业的血脉,是企业经济活动的第一推动力和持续推动力。企业的创立、生存和发展,必须以一次次融资、投资、再融资为前提。创业融资是为了解决企业成立前后的创业启动资金问题,是创业者的第一次融资,也是最重要的一次融资。

创业早期需要筹集较多资本,以便为创业启动提供足够资金。许多创业者随意地从事着融资任务,因为他们缺乏这方面的经验并且对他们的选择知之甚少。这种知识缺乏造成创业者对某些资本来源过于依靠,而对其他资本来源利用很少。

创业者需要尽可能地对可得到的有关融资进行充分了解。企业成立后，开始购买资产、租赁办公场所、购置设备、雇用并培训新雇员、建立品牌、支付漫长的产品开发周期的前期成本等，创业者为此提供资金就变得越来越困难。企业花费金钱到产生收益的时间差造成了现金流问题，尤其是对新创企业，解决现金流问题也需要更多的资本。

对投资者来讲，提供创业资本实质上就是个风险投资行为，如果所投入的资本不够，不仅无法达到创业目标或者根本无法经营，而且连所投入的资金也往往被卷入"黑洞"。如果企业在有盈利前花掉了它的所有资本，那就意味着失败，即便它有优良的产品和满意的顾客。这是不充足的资本会造成新创企业失败的主要原因之一。为防止企业用完资金，多数创业者需要投资资本或银行信贷来解决现金流短缺的问题，直到他们的企业开始赚钱为止。新创企业通常很难从银行获得信贷额，所以，新创企业常常寻求风险投资，或者设法进行某种创造性的融资，如本章开篇的引例所述。

10.1.4 创业融资的基本原则

对于创业者而言，创业融资是极为重要而复杂的环节。为了有效地筹集资本，创业者需要以较低的融资成本和较小的融资风险，获取较多的启动资本，为此需要遵循以下原则：

（1）效益和成本原则。创业者在融资中，需要在充分考虑项目效益的前提下，综合研究各种融资方式，寻求最优的融资组合以降低资本成本。

（2）合理规划原则。创业者对资金的需求是不断变化的，为此创业者应该根据创业计划，结合创业发展阶段，运用相应的财务手段合理预测资金需求量。同时，不同来源的资本，对企业的收益和成本有不同的影响，因此，创业者应该合理确定资本结构，主要包括合理确定权益资本与债务资本的结构、长期资本与短期资本的结构。

（3）及时处置原则。创业融资必须根据企业资本投放时间安排予以划拨，及时确定资本来源，使融资与投资在时间上相协调，避免因资金筹集不足而影响生产经营的正常进行，防止资金筹集过多、资金闲置而造成资金使用成本上升。

（4）合法融资原则。由于创业者的融资活动影响着社会资本及资源的流向和流量，涉及相关主体的经济权益，因此，创业者必须遵守国家有关法律法规，依法履行约定的责任，维护利益相关主体的权益，避免非法融资行为。

10.2 创业融资的方式

融资方式是指企业融资所采用的具体形式和工具,体现了资本的属性和期限。其中资本的属性是指资本的股权或债权性质。新创企业的融资方式可以按不同标准来分类。

10.2.1 权益融资和债权融资

按照资本属性,可以把融资分为权益融资和债权融资。

(1) 权益融资。权益融资也叫股权融资,意味着创业者用未来企业部分股权换取创业融资。权益资本代表股东对企业的个人投资,不需要像负债一样向投资者支付利息,然而,增加企业的权益资本意味着创业者必须放弃部分股权,使之转移给外部投资人。权益资本融资主要有吸引直接投资和发行股票两种方式。

1) 吸收直接投资。吸引直接投资即按照"共同投资、共同经营、共担风险、共享利润"的原则吸纳政府、个人、法人和外商投入资本的融资方式,直接投资中的出资者都是企业的所有人,出资方式主要包括现金出资、实物出资、知识产权出资、场地出资等。投资的个人及法人拥有企业的部分控制权和利润分享的权利。

在企业初创阶段,吸引大量的直接投资意味着创业者必须放弃相当部分的所有权给外部投资人。这样会使创业者的股份逐渐减少,创业者失去对企业的控制,从而可能会削减其追求成功的热情。

2) 发行股票。发行股票即通过发行股票这种有价证券来筹集自有资本。股票持有人即为股东,按投资的资本额度享受所有者的资产收益并参与公司的重大决策。股票按股东权利和义务分为普通股和优先股。普通股是公司发行的代表着股东享有平等的权利、义务,不加特别限制,股利不固定的股票;优先股是公司发行的优先于普通股股东分取股利和公司剩余财产的股票。

对于即将创立的公司来说,发行股票进行融资有如下好处:一是发行股票不会使公司有法定的责任,不像债券那样按期付息,股票的股息是可以依据公司的营运情况来确定的;二是普通股票没有偿还期,不用还本;三是如果上市公司的前途预期看好,发行股票融资往往比发行债券融资对公司更有利,股票价格和股息一般是增值的,可以保护投资人的利益。

公司融资采用发行股票的形式有好处，但也有一些问题，对此创办者也应该有所认识：一是分散了公司的控制权，如果不愿意别人干涉自己的经营管理，创办者就必须少发行股票；二是上市股票越多，分公司利润的人就越多；三是发行股票的交易成本往往比发行债券高，因为发行股票的各种准备工作的成本要比发行债券更高，而且股票的风险要大于债券。

（2）债权融资。债权融资是指公司以借款的方式筹集资本，到期需还本付息，在资产负债表中列为负债。债权融资是一种非常昂贵的融资方式，要求企业有较高的投资回报才能到期偿还债务，因此存在较高的风险性。债权融资一般有银行借款、商业信用、发行债券和租赁等方式。

1）银行借款。银行借款是创业者按照借款合同从银行等金融机构借入长期和短期债权资本的主要筹资方式。在我国，尽管有国家政策的支持，但由于普遍缺乏有效担保和有效抵押，信用度不高，初创企业很难顺利地从银行借到资金。因此，创业者应发展多种融资渠道。

2）商业信用。商业信用即企业通过赊购商品、预收货款等商品交易行为筹集短期债权资本的一种筹资方式。如企业赊购商品或服务的资金可能占到其流动负债的30%～40%，在小企业其比例可能更高，这其实就是一种短期融资。

3）发行债券。发行债券即企业发行向债权人定期支付利息和到期偿还本金的债券，以筹集资本的一种筹资方式。债券有两种：一种叫抵押债券，即债券发行方以某种资产作为该债券的抵押品，如果借款方破产，无法偿还，债券的持有人可以获得作为抵押的资产，将其变卖以收回投资；另一种叫无担保债券，这种债券没有什么特别的资产作为抵押品，债券持有者是以借债公司的整个资产作为抵押，如果借款方破产，整个公司会被拍卖，所得款项就用来偿还债权人。

4）租赁。租赁一般按照租赁合同租入资产。企业可以采用租赁方式租入所需资产，并形成企业的债权资本。

10.2.2　内部融资和外部融资

创业的全部融资按资本来源的范围，可以划分为内部融资和外部融资两种类型。

内部融资是指在创业者自己或家庭通过原始积累形成的资本来源。内部融资是在创业者个人、家庭或亲朋内部形成的，一般无需花费融资费用。对于创业者而言，内部融资主要来源于创业者父母、亲朋的支持，也有个别来自自己的积累。外部融资是指在内部融资不能满足需要时，从上述人际圈之外融资而形成的

资金来源。对于很有发展潜力的创业项目来讲,内部融资往往难以满足需要。因此,创业者就需要开展外部融资。外部融资大多需要花费融资费用。创业者应在充分利用内部融资之后,再考虑外部融资。

10.3　大学生创业融资的渠道

创业者面临的最大问题是什么?广州青年企业家协会的一项专题调查显示:45%的被调查者认为创业遇到的最大问题是"缺乏资金",32%的人认为是"缺乏项目"。大学生在创业的过程中必然会面临许多问题,其中最主要的是融资问题。融资渠道窄、融资难度大,是大学生创业者面临的最大障碍。目前可行的大学生自主创业常用的融资渠道主要有以下几种:

(1)商业融资。所谓商业融资就是指工商企业以延期支付或其他形式提供的信用融资。商业融资是以商品交换为基础、以企业为融资主体、以商品为客体、以双方承诺为条件进行的。商业融资主要有以下几种类型:应付账款融资、应付票据融资、预收货款融资。

1)应付账款融资。应付账款是企业购买货物未付款而形成的对供货方的欠款,在这种付款方式下,企业预先获得了商品却延期支付货款。这相当于卖方给买方提供了一笔短期的贷款。卖方为了销售商品往往会采取某种回收账款的方式,如 $1/10$,$N/30$。在这种应收账款政策下,买方如果在 10 天内付款就可以享受1%的现金折扣。买方如果在 30 天内付款就可以获得 29 天无息贷款的商业信用,只是不能获得现金折扣。买方当然也可以在 30 天后支付货款,但是买方将因此丧失商业信用,以后想再从卖方获得赊购,由于其商业信用丧失,难度将相当大。

2)应付票据融资。应付票据是企业进行商品交易时为了延期付款而开具的表明债权债务的票据,主要有汇票、支票等形式。汇票是由出票人签发,委托付款人在见票时或者在指定日期无条件支付确定的金额给收款人或者持票人的票据。支票是出票人签发的,委托办理支票存款业务的银行或者其他金融机构在见票时无条件支付确定金额给收款人或者持票人的票据。在开出应付票据之后,企业的付款责任并没有消失,只是获得了一定时限的延期,并要对票据的兑现承担最后付款的责任。我国规定商业汇票的最长时限是 6 个月,支票的有效期限是 10 天。

3)预收货款融资。预收货款是卖方在交付产品之前向买方预先收取部分或全部贷款的信用形式。在这种情况下，买方企业成为资金的提供者，卖方获得了商业融资。但是这种商业融资有一个前提，即企业产品非常畅销，这是因为在其他卖方的竞争下，买方将有更多的选择机会。

(2) 应收账款融资。应收账款是卖方在赊销的时候形成的对买方的应收未收款项。虽然卖方在采取赊销的时候向买方提供了商业融资，但这并不表明应收账款就无法获得商业融资。企业在资金短缺的时候可以通过将应收账款抵押或出售的方式来融通资金，即应收账款的提前变现。

(3) 租赁融资。租赁是将设备出租给需要的承租人，由承租人使用并向出租人交纳租金的经营方式。在租赁过程中，承租人无须为设备购置一次性支付全部款项，而是分期负担，这就实现了企业在获得设备使用的前提下降低了资金的要求，这相当于为企业实现了资金的融通。租赁业务可以分为经营性租赁和融资性租赁两种方式。

1) 经营性租赁。经营性租赁是承租企业在生产经营过程中需要短期使用某些大中型设备，但又不愿意购置这种设备而采取的向设备拥有者租赁使用的租赁方式。

2) 融资性租赁。融资性租赁是由出租人根据承租人选定的租赁设备和供应厂商，以对承租人提供资金融通为目的而购买设备，承租人通过与出租人签订融资租赁合同，以支付租金为代价而获得该设备的长期使用权的租赁方式。根据具体的操作手法的不同，融资性租赁有以下几种形式：

A．自营租赁：出租人根据承租人的要求购买设备，再租给承租人使用的租赁形式。

B．返租赁：承租人把自制或外购的设备按账面价值或重估价格卖给租赁机构，再与租赁机构签订合同，把设备租回使用的租赁形式。

C．转租赁：当承租人向租赁机构申请租赁设备时，租赁机构由于资金不足或设备缺乏而先作为承租人向别的租赁机构租进所需要的设备，再转租给承租企业使用。

D．杠杆租赁：由于设备涉及的资金额比较大，单靠一家出租机构难以独立承担风险，从而以代购设备作为抵押，用转让租金作为归还贷款的保证，从银行、信托公司等处获得购买设备的大部分借款，其余小部分由出租机构自行解决。

(4) 典当融资。典当是以特定物品或者财产权利质押的形式，向典当机构借贷的特殊融资方式。当户将一定的标的移交典当机构占有从而换取当金。当户有权在一定的期限内向典当机构偿还当金本息及其他合理费用赎回原当物；但过期不赎成为死当，典当机构则将获得该当物的所有权或以该当物变价而优先受偿。当户还可以将股票、房产、汽车、债券、黄金、首饰、家电等各类物品向典当行办理典当业务。

典当融资可以提供快速、便捷的融资渠道，但一般典当融资都有短期性和小额性特点，即典当融资的时间期限一般不超过6个月。对于典当融资，创业者要注意的是它的融资成本很高，因此，只能用于紧急性的融资安排，不能作为常规性融资渠道，尤其是不能满足长期性融资的需要。

（5）基金资助。为扶持科技型中小企业的发展，国务院在1999年6月25日正式启动了科技型中小企业技术创新基金。它是扶持科技型中小企业技术创新、促进科技成果转化的专项资金；旨在增强科技型中小企业技术创新能力，引导地方、企业、创业投资机构和金融机构对科技型中小企业技术创新的投资，逐步建立起符合社会主义市场经济规律、支持科技型中小企业技术创新的机制。创新基金的扶持对象一般选择主要从事高新技术产品的研究、开发、生产和服务业务的企业，有良好的经营业绩，资产负债率不超过70%，有健全的财务管理机构、严格的财务管理制度和合格的财务管理人员；并重点考虑自主创新性强、技术含量高、市场前景好的项目，科技成果转化项目，利用高新技术改造传统产业的项目，初创期的科技型中小企业，尤其是科技孵化器内企业的项目等。

1）创新基金提供了优惠的扶持条件。在资金方面，创业基金提供了优惠的条件。创业基金每年由国家财政拨款10亿元人民币，采用无偿资助、贷款贴息与资本金投入三种方式支持中小企业的高新技术项目。因此，创新基金成为创业企业的一个非常重要的融资渠道。

A．无偿资助：无偿资助主要用于技术创新项目研究开发及中试阶段的必要补助，以及科研人员携带科技成果创办企业进行成果转化的补助。它包括人工费、仪器设备购置和安装费、商业软件购置费、租赁费、试制费、材料费、燃料及动力费、鉴定验收费、培训费等与技术创新项目直接相关的支出。资助数额一般不超过100万元，个别重大项目最高不超过200万元，且企业必须有等额以上的自有匹配资金。

B．贷款贴息：贷款贴息主要用于支持产品具有一定的技术创新性、需要中试或扩大规模、形成小批量生产、银行已经贷款或有贷款意向的项目。项目立项后，根据项目承担企业提供的有效借款合同及项目执行期内的有效付息单据核拨贴息资金。一般按贷款额年利息的50%～100%给予补贴，贴息总额不超过

100万元，个别重大项目最高不超过200万元。对符合条件的高校毕业生自主创业的，可在创业地按规定申请创业担保贷款，贷款额度为10万元。鼓励金融机构参照贷款基础利率，结合风险分担情况，合理确定贷款利率水平，对个人发放的创业担保贷款，在贷款基础利率的基础上上浮3个百分点以内的，由财政给予贴息。

C．资本金投入：少数起点高，具有较广创新内涵、较高创新水平并有后续创新潜力，预计投产后具有较大市场需求、有望形成新兴产业的项目，采取资本金投入方式。资本金投入以引导其他资本投入为主要目的，数额一般不超过企业注册资本的20%。原则上可以依法转让，或者采取合作经营的方式在规定期限内依法收回投资。

2）创新基金的申请程序。创新基金的申请与批准需要按照一定的流程逐步开展。从2005年开始，创新基金实现了全面数字化管理，企业可以通过登录创新基金系统进行申报。

A．注册：可在线填写注册信息，并下载法律文书、注册信息表，法人代表签字、企业加盖公章。将加盖企业公章的企业营业执照、企业章程、验资证明等复印件以及法律文书、注册信息表一并送交当地推荐单位指定的服务机构进行认证。服务机构审验合格后，将相关资料寄送管理中心，管理中心审核后激活企业身份，企业注册完毕。

B．项目申请：企业按照下列程序进行项目申请。

第一步，登录创新基金系统，选择申报项目栏目进行操作。

第二步，提交相关的承诺书和声明。

第三步，按照系统的详细提示，填写申请材料。根据具体情况可以选择采用在线填写申请材料和附件摘要，或以下载离线控件离线填写申请材料和附件摘要的方式进行。

第四步，企业将填写完成的内容发送服务机构，同时将相关附件书面副本由企业法人代表签字、企业加盖公章后报送服务机构。

第五步，服务机构对企业申报材料进行审核认证，提出修改完善意见和建议；修改定稿后协助企业完成相关附件的扫描和录入。

第六步，服务机构将完成审查认证材料的报送推荐，推荐单位对申请材料进行审查后，根据推荐单位注册情况进行地方基金评审立项后推荐或承诺地方匹配后推荐。

第七步，推荐单位将推荐项目完整的书面申请材料及相关附件一套装订后寄至管理中心。

C. 企业提供的申请材料主要附件包括：

- 企业法人营业执照（复印件）。
- 经会计师事务所（或审计师事务所）审计的会计报表。会计报表必须包括资产负债表、损益表、现金流量表及报表附注等；经过审计的财务报表每页需加盖审计单位印章（或盖骑缝章）。
- 可以说明项目情况的证明文件（如技术报告、查新报告、鉴定证书、检测报告、用户试用报告等）。
- 高新技术企业认定证书（限高新技术企业提供）。
- 留学人员投资（含独资和合资）创办的企业，必须提供留学就读学校出具的学位（学历）证书、本人有效身份证明、中国驻外使领馆教育处或省级以上留学人员服务中心等出具的有效证明文件、投资资金证明或股权证明等文件。
- 能说明项目知识产权归属及授权使用的具有法律效力的证明文件（如专利证书、软件著作权登记证书、技术合同等）。企业与技术持有单位合作的项目签订技术合同时，技术持有单位必须是具有法人资质的单位。
- 与项目和企业有关的其他参考资料（如环保证明、奖励证明、用户订单、产品照片等）。
- 曾列入国家科技经费支持的科技计划项目，必须提供有关的立项批准文件和验收结论报告。

【阅读材料】

我的三次创业融资故事

郑海涛，1992 年于清华大学计算机控制专业硕士毕业后，在中兴通讯公司工作了 7 年。从搞研发到做市场，从普通员工到中层管理人员。有着强烈事业心的他并不满足于平稳安逸的工作。在经过一番市场调查后，2000 年他带着自筹的 100 万元资金，在中关村创办以生产数字电视为主的北京数码视讯科技有限公司。

100 万的启动资金很快用光。郑海涛只得捧着周密的商业计划书，四处寻找投资商。一连找了20家，都吃了闭门羹——投资商的理由是：互联网泡沫刚刚破灭,选择投资要谨慎;况且数码视讯产品还没有研发出来,投资种子期风险太大,因此风险投资商们宁愿做中后期投资或短期投资,甚至希望跟在别人的后面投资。2001年4月,公司研制的新产品终于问世,第一笔风险投资也才因此有了着落。清华创业园、上海运时投资和一些个人投资者共投260万元人民币。

2001年7月,国家广电总局为四家公司颁发了入网证,允许它们生产数字电视设备的编码、解码器,这其中就包括北京数码视讯有限公司。在当时参加测试的所有公司中,数码视讯的测试结果是最好的。也正是因为这个原因,随后的投资者蜂拥而至。7月份,清华科技园、中国信托投资公司、宁夏金蚨创业投资公司又对数码视讯投入450万元人民币。

在公司取得快速发展之后,郑海涛开始筹划第三次融资,按计划这次融资的金额将达2000万元人民币。郑海涛认为,一个企业要想得到快速发展,产品和资金同样重要,产品市场和资本市场都不能放弃,必须两条腿走路,而产品与资本是相互促进、相互影响的。郑海涛下一步的计划是通过第三次大的融资,对公司进行股份制改造,使公司走向更加规范的管理与运作。此后,公司还计划在国内或者国外上市,通过上市进一步优化股权结构,为公司进军国际市场做好必要的准备。

(6)银行融资。一直以来,银行都是我国企业融通资金的重要渠道。在不同的历史阶段,我国银企之间的关系发生了相应的变化。目前,银企关系由政府主导型和银行主导型向市场主导型转变。银行和企业之间以资金、产品、信息、技术为纽带,在利益共享、风险共担的前提下发生利益的联系。这种基于市场的银企关系将有助于彼此的发展与壮大。

不同的银行根据自身的特点与相关政策的要求,在向企业提供贷款业务时往往有不同的特色,一般来说,银行融资种类有以下几种类型。

1)流动资金贷款。流动资金贷款是为满足借款人在生产经营过程中临时性、季节性的资金需求,保证生产经营活动的正常进行而发放的本外币贷款。按贷款期限可分为临时流动资金贷款、短期流动资金贷款和中期流动资金贷款。期限在3个月(含)以内的临时流动资金贷款主要用于企业一次性进货的临时性资金需要和弥补其他支付性资金不足;期限在3个月至1年(不含3个月,含1年)的短期流动资金贷款主要用于企业正常生产经营周转资金;期限为1~3年(不含1年,含3年)的中期流动资金贷款主要用于企业正常生产经营中的经常占用资金需要。

2)固定资产贷款。固定资产贷款是指用于借款人新建、扩建、改造、开发、购置等固定资产投资项目的本外币贷款。

3)贸易融资。贸易融资是指银行对进口商或出口商提供的、与进出口贸易结算相关的短期融资或信用便利。它有很多种具体的业务种类:信用证、进口押汇、提货担保、出口押汇、打包放款、外汇票据贴现、国际保利融资、出口买方信贷。当创业企业在经营过程中需要涉及对外交往的时候,商业银行的贸易融资业务将为企业提供方便的融资渠道。

4)商业汇票贴现。票据持有人将未到期的商业汇票在背书后转让给商业银行,商业银行从票据到期值中减除按贴现率计算的贴现利息,并将余额支付给持票人,是商业银行对企业的一项短期融资。

5)商业汇票转贴现。商业汇票转贴现业务是商业银行购买商业汇票,买入返售(回购)业务持票人已贴现(或转贴现)尚未到期的商业汇票,票据到期由商业银行负责向承兑人收款。

6)商业汇票买入返售(回购)。商业汇票买入返售(回购)业务是商业银行限时购买持票人所持商业汇票,持票人按约定时间、价格和方式将商业汇票购回的业务行为。它们均有利于企业提高资产流动性,调剂资金余缺。

7)收益权质押贷款。企业将合法、稳定的收益权向银行质押,获得融资。

8)保函业务。企业对外参加工程招标,订购设备,采购大宗原材料、商品,提供劳务等,可由银行提供付款承诺,而不需要企业直接向招标业主交纳投标保证金,避免资金风险,并减少财务费用。

9)卖方信贷。银行根据卖方的要求向其下线经销商提供融资。风险融资以卖方供应的产品(商品)为抵(质)押标的,但卖方承担对质押商品的回购责任。买方可以获得银行的贷款并向供应商购买产品。

(7)风险投资。风险投资是职业金融家对新兴的、迅速发展的、蕴藏巨大竞争潜力的企业的一种权益性投资。它通常投资于高新技术产业的初创时期和新产品的研究开发阶段。虽然高新技术在研发阶段面临高达 80%~90%的失败率,但是一旦成功便能获得巨额利润。

1)风险投资的特点。

- 投资对象:风险投资选择高新技术及其新产品开发,主要以中小型企业为主。
- 投资审查:风险投资以技术实现的可能为审查重点,技术创新的市场前景是关键。

- 投资方式和投资管理：风险投资采取权益性投资并参与企业的经营管理与决策，但目的并不在于对企业进行控制。一般来说，高新技术的创业者往往是技术方面的专家，在企业的经营管理方面缺乏必要的知识和技能。风险投资却具有在企业管理、财务、经营决策、市场分析等方面的成熟经验。因此，风险投资的引入不仅为企业解决了资金之困，而且还提供了必要的经营管理人才。
- 期限较长：风险投资介入企业只是基于其对未来的判断。技术在研发阶段、在转化为产品的过程中面临各种各样的不确定性。与传统融资相比，风险投资的运作周期普遍较长，甚至在中途还需要投入新的资金。
- 资本撤离：与所有资金提供方一样，风险投资者在承担高风险的同时追求相应的投资回报。资本的介入并不在于对企业的控制，而是通过参与企业的经营决策，以更有力地确保对项目的跟踪和对风险的控制。同时，风险投资者依据持有股份的比例在企业产生高额利润的时候获得相应的投资回报。

一般来说，风险资本变现退出的方式有下列几种类型：
- 出售。通过产权市场，将所持有的企业股权转让给其他企业、机构或个人。出售也有两种形式：出售和股票回购。出售又可分为一般收购（公司间的收购、兼并）和第二期收购（由另一家风险投资机构收购，接受第二期投资）；股票回购是风险企业的管理层或风险企业家购回公司股份。
- 首次公开发行股票。企业在实现公开市场发行股票后，风险投资者将其持有的股票在股票市场上卖出。
- 清算或破产。当风险投资的企业、项目经营不利，投资失败时，风险投资者通过清算或破产的方式收回部分投资资金。在这种情况下，风险投资者将遭受较大的损失。

2）风险投资的运作流程。企业为了获得风险投资机构的融资，有必要了解风险投资机构的运作流程。一般来说，风险投资过程包括五个阶段：项目初审和筛选、审慎调查、投资决策与交易构造、项目实施、退出。
- 项目初审和筛选。风险投资机构接到项目建议书后就投资规模、风险企业的技术和市场定位、项目所处发展阶段、地理位置等方面进行初审和筛选。只有经过这一关的项目，风险投资机构才会展开深入的调查研究。
- 审慎调查。风险投资机构对通过初审的项目的所有细节和特点进行详细的考虑与分析，做出投资建议书。
- 投资决策与交易构造。投资建议书递交给风险投资机构的投资决策层，由其作出是否投资的决定。如果决定投资，那么风险投资机构将与企业展开协商，确定双方的权利和义务及相关事项，包括资本结构（金融工具的选择，采取债权型还是股权型；双方的股份比率；约定其他附加权利）和投资额度。双方还须签订书面协议。
- 项目实施。根据介入企业经营管理的程度，风险投资机构的项目实施过程可以分为三种类型：积极干预型、间接参与型和放任自由型。积极干预型的风险投资机构直接参与企业的经营管理及各项重要决策；间接参与型的风险投资机构通常提供咨询建议；一般来说，采取放任自由型的风险投资机构较少。
- 退出。风险投资机构把持有的创业企业股权兑换成现金，这可以通过前面提到的出售、首次公开发行股票、清算或破产等几种方式实现。

（8）其他途径。除了通过企业融资这个渠道之外，创业企业的特殊性决定了创业者可以非常便利也非常乐意将自由资金或个人名义获得的资金投入到企业中。因此，创业者个人的融资也就成为创业企业融资的重要途径之一。例如，创业者可以通过亲戚朋友的渠道获得资金。亲戚朋友与创业者之间特殊的亲情、友情，使得创业者可以比较容易地从他们手中得到必要的资金。其中大学生创业融资渠道主要有三种方式。

1）父母、亲友的资助和个人储蓄。个人创业的成功离不开家人和亲友的支持。很多大学生之所以在创业初期选择这种融资方式，是因为这些资金往往成本较低，使用时间较长，获取比较方便，还款压力也较小；同时，依赖亲友资金也保证了企业行政权力的集中，便于企业管理和决策。

需要指出的是，很多大学生都会谈到由于本人没有全职工作，上学的学费和住宿费都需要家庭提供，所以个人积蓄几乎为零，而普通家庭能够提供的资金也很有限。特别是现在很多大学和企业都举办了大量的创业比赛，并且设置了一些奖金。这对于大学生开阔视野、提升能力、积累资金和进行创业都有着很大的推动作用。

2）商业银行贷款。大学生个人创业首先要面对资金问题。如今银行的贷款种类越来越多，贷款要求也各不相同，如果根据自己的情况科学选择适合自己的贷款品种，那么个人创业将会变得更加轻松。常见的商业银行贷款大体有以下几种。

A. 信用贷款。信用贷款是指以借款人的信誉发放的贷款，借款人不需要提供担保。其特征就是债务人无须提供抵押品或第三方担保，而仅凭自己的信誉就能取得贷款，并以借款人信用程度作为还款保证。这种信用贷款是国内银行长期以来的主要放款方式。对于银行来说，由于这种贷款方式风险较大，一般要对借款方的经济效益、经营管理水平、发展前景等情况进行详细的考察，以降低风险。在大学生创业起步阶段，由于银行考量的指标严格，所以很多小企业无法获得信用贷款。

B. 抵押贷款。对于需要创业的人来说，可以灵活地将个人消费贷款用于创业。抵押贷款金额一般不超过抵押物评估价的 70%。如果创业需要购置沿街商业用房，可以以拟购房子作抵押，向银行申请商用房贷款，贷款金额一般不超过拟购商业用房评估价值的 60%。贷款期限最长不超过 10 年。此项贷款往往需要借款人拥有价值较高的财产。

C. 质押贷款。除了存单可以质押外，以国库券、保险公司保单等凭证也可以轻松得到个人贷款。存单质押贷款可以贷存单金额的 80%，国债质押贷款可贷国债面额的 90%，保险公司推出的保单质押贷款的金额不超过保险单当时现金价值的 80%，此项贷款要求借款人拥有流动性较强的财产。

D. 保证贷款。保证贷款又称担保贷款。如果没有存单、国债，也没有保单，但配偶或父母有一份较好的工作，有稳定的收入，这也是绝好的信贷资源。银行对高收入阶层情有独钟，律师、医生、公务员、事业单位员工以及金融行业人员均被列为信用贷款的优待对象。这些行业的从业人员只需找 1~2 个人担保，就可以在很多金融机构获得 10 万元左右的保证贷款。在准备好各种材料的情况下，当天即能获得批准，从而较快地获取创业资金。对比而言，大学生创业时银行能够提供的贷款大多是保证贷款。

E. 政府科研、创业基金或优惠贷款。创业专项基金为大学生创业者提供直接的资金支持，这对大学生创业者来说至关重要。目前，政府、高校、社会以及个人都通过各种方式为大学生创业设立了各种专项基金，为大学生创业提供资金支持与帮助。创业专项基金主要包括两种模式：无偿资金资助支持和借款支持。无偿资金资助支持是将资金赠与大学生创业者，而无须大学生创业者返还的支持方式。借款支持则是以免息或者偿付一定利息的方式将资金借给大学生创业者的一种支持方式。需要注意的是，不论采取哪种融资方式，融资方式要与创业过程相匹配。融资方式与创业过程匹配见表 10-1。

第 10 章 创业融资

表 10-1 融资方式与创业过程匹配

融资渠道	种子开发期	启动期	早期成长	快速成长	成熟退出
创业者	■	▨			
朋友和家庭	■	■			
天使投资	■	■	▨	▨	
战略伙伴		■	■	■	
创业投资	▨	■	■	■	
资产抵押贷款		■	■	■	
设备租赁		■	■	■	
小企业管理局投资		▨	■	■	
贸易信贷		■	■	■	
IPO（首次公开募股）					■
公募债券					■
管理层收购					■

注：黑色部分表示该阶段的主要融资渠道，灰色部分表示该阶段的次要融资渠道。

10.4 创业融资的程序

创业企业的融资程序就是，新创企业根据自身的生产经营状况、资金拥有的状况，以及公司未来经营发展的需要，通过科学的预测和决策，采用一定的方式，从一定的渠道向公司的投资者和债权人去筹集资金，组织资金的供应，以保证公司正常生产与经营管理活动。一般概括为融资前准备、融资方案策划、融资资料准备与谈判等环节。

10.4.1 融资前准备

机会总是青睐有准备的人。新创企业能否获得融资，与融资的前期准备工作是否充分有密切关系。创业融资前，创业者需获得良好的个人信用和拥有较广的人脉资源。在正式启动融资工作前，还要进行事前评估。

（1）建立个人信用。2009年10月12日，国务院法制办全文公布《征信管理条例（征求意见稿）》。简单来说，征信就是专业化的、独立的第三方机构为个人建立信用档案，依法采集、客观记录个人信用信息，并依法对外提供个人的信用报告的一种活动。征信记录了个人过去的信用行为，这些行为将影响个人未来的经济活动。征信，要"征"以下几方面的情况：

1）"你是谁"，也就是你的基本信息，包括身份、姓名、家庭关系、家庭住址、联系方式等。

2）"你借了多少钱"，也就是你的整体负债情况，包括在哪家银行贷了多少款，办了几张信用卡，每张卡的信用额度是多少，从商店赊购了多少商品，享受多少种先消费后付款的服务等。

3）"你按约还款了吗"，也就是你在什么时候还了什么钱，是不是按合同的规定按时、足额地还了款，这里的"款"包括各类贷款，信用卡、电信等先消费后付款的各种公用事业费用等。

4）"你遵纪守法了吗"，也就是你是否遵守了与经济活动相关的法律法规，以及法院民事经济案件的判决信息、已公告的欠税信息等。

为保证创业融资顺利进行，创业者应努力建立起良好的个人信用记录，早贷款、早立信。建立信用一般始于向银行贷款，越早贷款，就能越早在银行建立借款记录，为树立个人信用打基础。立志创业的人，不妨先努力做一个信用卡的诚信持卡人，同时注意在日常生活中按时交纳各种税费，遵纪守法，建立起良好的个人信用，为日后创业融资打下信用基础。

（2）积累人脉资源。创业融资，不仅需要智商，还需要情商——良好的人际关系。创业融资的过程往往也是创业者通过建立人际关系获得融资资本的过程。社会网络资源是创业的生产力，创业者应充分利用人脉资源，广结善缘，为创业融资做铺垫。

（3）事前评估。在正式启动创业融资工作前，还有一件事情要做，就是融资的事前评估，应包括：①企业发展战略判断；②资金需求合理性判断；③融资具备基本条件判断；④形成融资诊断与评估报告。

10.4.2 融资方案策划

融资方案策划包括如下内容：融资规模估算、期限与时机选择、成本估算、评估融资风险。

（1）融资规模估算。估算融资规模首先需要预测资金需求量，是指创业企业根据生产经营需要对未来所需的估算和推测，即对企业未来组织生产经营活动的资金需要量进行估计、分析和判断，是企业制订融资计划的基础。

资金需求预测一般按四个步骤进行。

1）销售预测。销售预测是财务预测的起点，销售预测完成后才能开始财务预测，所以销售预测也是资金需求预测的起点。

2）估计需要的资产。根据历史数据可以分析出扩大产量需要多少资产设备，流动资金也可以根据历史销售数据估算出来，以便确定融资总量。

3）估计收入、费用和留存收益。收入和费用与销售额之间也存在一定的函数关系，因此，可以根据销售额估计收入和费用，并且确定净利润。净利润和股利支付率共同决定了留存收益所能提供的资金数额。

4）估计所需要的追加资金需要量，确定外部融资数额。根据预计资产总量，减去已有的资金来源、负债的自发增长和内部提供的留存收益，得出应追加的资金需要量，以此为基础进一步确定所需的外部融资数额。

（2）期限与时机选择。企业作融资期限决策，即在短期融资与长期融资两种方式之间进行权衡时，作何种选择，主要取决于融资的用途和融资人的风险性偏好。

从资金用途上来看，如果融资是用于企业流动资产，则根据流动资产周期快、易于变现、经营中所需补充数额较小及占用时间短等特点，适宜选择各种短期融资方式，如商业信用、短期贷款等；如果融资是用于长期投资或购置固定资产，则由于这类用途要求资金数额大、占用时间长，因而适宜选择各种长期融资方式，如长期贷款、企业内部积累、租赁融资、发行债券、发行股票等。

所谓融资时机，是指由有利于企业融资的一系列因素所构成的融资环境和时机。企业选择融资机会的过程就是企业寻求与企业内部条件相适应的外部环境的过程，这就有必要对企业融资所涉及的各种可能影响因素做综合和具体分析。一般来说，要充分考虑以下几个方面：

首先，创业企业融资机会是在某一特定时间所出现的一种客观环境，虽然企业本身会对融资活动产生影响，但与企业外部环境相比，企业本身对整个融资环境的影响是有限的，在大多数情况下，企业实际上只能适应外部融资环境而无法左右外部环境，这就要求企业积极寻求并及时把握各种有利时机，确保融资获得成功。

其次，外部融资环境复杂多变，创业企业进行融资决策时要有超前预见性。要及时掌握国内和国外利率、汇率等金融市场的各种信息，了解国内外宏观经济形势、国家货币及财政政策以及国内外政治环境等各种外部环境因素，合理分析和预测能够影响企业融资的各种有利和不利条件，以及各种可能的变化趋势，以便寻求最佳融资时机，并果断作出决策。

（3）成本估算。融资成本是资金所有权与资金使用权分离的产物，其实质是资金使用者支付给资金所有者的报酬。企业融资成本实际上包括两部分：融资费用和资金使用费。融资费用是企业在资金筹集过程中发生的各种费用；资金使用费是企业因使用资金而向其提供者支付的报酬，如股票融资向股东支付的股息、红利，发行债券和借款支付的利息，借用资产支付的租金等。

（4）评估融资风险。创业企业融资时，必须高度重视融资风险的控制，尽可能选择风险较小的融资方式。企业高额负债，必然要承受偿还的高风险。企业在融资过程中，选择不同的融资方式和融资条件，所承受的风险大不一样。比如，企业采用变动利率计息的方式贷款融资时，如果市场利率上升，则企业需要支付的利息额增大，这时企业需要承受市场利率风险。因此，企业融资时应认真分析市场利率的变化，如果目前市场利率较高，而预测市场利率将呈下降走势，企业贷款适宜按浮动利率计息；如果预测市场利率将呈上升趋势，则适宜按固定利率计息，这样既可减少融资风险，又可降低融资成本。对各种不同的融资方式，企业承担的还本付息风险从小到大的顺序一般为股票融资、财政融资、商业融资、债券融资、银行融资。

10.4.3　融资资料准备与谈判

进行融资方案策划后，要做的工作就是着手准备融资资料，最主要的是编写"商业计划书"（对创业融资者也称"创业计划书"），然后接触目标融资对象，就融资工具、资金使用价格、融资期限、推出方式等细节进行谈判。

（1）融资资料。"创业计划书"主要有两方面的作用：创业计划主要勾画企业未来的经营路线，设计相应商业模式来引导企业的经营活动。通过制订创业计划迫使创业者再一次审视其创业想法的现实性，系统整理创业思路，从创业团队、资源、产品、营销、创业机会等各个方面进行理性的分析。资金所有者通过对创业机会的价值、创业团队的合作能力和支撑企业运行的资源状况等的全面了解，确定是否予以资金支持。

一份以投资者为导向的创业计划并不一定能保证筹集到资金，但如果缺少商业计划，那么融资注定要失败。通常投资者希望从商业计划书中找到三个基本问题的答案：是否的确存在投资机会？申请人是否具有能力实现这个机会？投资机会是否能产生现金流?

(2) 融资谈判。融资谈判虽然不同于外交谈判,但也要求参与者有很高的业务素质。一是熟悉政策法规;二是要了解投资环境;三是要清楚项目状况;四是要具备谈判所需要的策略与艺术。因此,谈判无论规模大小、层次高低,参与者都要严肃认真对待,绝不允许草率从事。

1) 确定谈判原则。一切融资活动都是以项目为基础,以谈判、签约为先导的。所以,必须坚持以下一些最基本的原则:

A. 有备而谈的原则。凡事预则立,不预则废。融资谈判也是如此,事先要做好充分准备。一是谈判人员的组成,谁主谈,谁配合,谁翻译,谁做顾问,各色人等要齐备,并且事先要有明确的分工和职责;二是方案准备,包括政策法规、投资环境概况,项目的具体情况、合作条件等;三是合同、协约文本及相关的资料文件准备;四是承诺与保证措施。有备无患,才会赢得谈判的主动权,达到预期的效果。

B. 利益原则。融资合作的目的是促进企业发展,所以,必须根据实际计算核定合理的利益标准。互惠互利可以说是融资的主题。

C. 平等原则。投资者可以是不同国度、地区,不同制度、体制下的人,意识形态有差别,贫富有差距,但作为合作者,双方在法律地位上是平等的,所以谈判时要不卑不亢,进退自如,有礼有节。

D. 政策策略原则。融资不是乞讨、求人,与资金方打交道也不仅仅是资金技术问题,所以,不仅要讲政策,而且还要讲策略。在谈判中,谈判的策略是原则性和灵活性相统一的表现。事先要筹谋,遇事要随机应变,注意方式、方法,做到有利、有理、有节,这才是谈判的最高水准。

2) 选择引入时机。很多企业都急于寻找战略投资者,急于向资金方推销自己的项目和商业计划,但引资有个时机选择问题。如何选择时机,具体阐述如下。

A. 政策利益出现。即新出台的政策给企业带来重大商机,比如国家出台医疗垃圾集中处理政策,国家鼓励节能的小排量汽车,国家鼓励农业产业化龙头企业的发展,国家鼓励企业信息化水平的提高等。凡与这些政策有关的企业在融资过程中比较有利。

B. 企业获得重大订单。在资金市场上,上市公司经常会发布获得政府采购或中标消息,会对股价有一定的刺激作用。同样对于非上市企业,获得订单对未来现金流有很大的说服力,在此时引资对企业比较有利。

C. 企业获得专利证书或重要不动产的产权证。

融资资料已经齐全，在融资资料（主要是融资计划书）、资金积累完善以后，才是与资金方接触的良机。

3）维护企业的利益。创业企业在融资谈判时也要注意维护企业的利益，主要应注意商业秘密的保护、事先确定融资方式与策略、无形资产价值的合理确定、请外部专家提供支持等。

A. 商业秘密的保护。在企业提供商业计划书和沟通的过程中，肯定会涉及企业的商业计划、市场、技术和策略等。这主要取决于企业对计划书资料分寸的把握及对投资者身份的判断，也可以用保密协议等方式来制约。

B. 事先确定融资方式与策略。有备则无患，事先确定好融资方式和策略可以避免在谈判过程中没有准备，仓促决策。

C. 无形资产价值的合理确定。很多中小企业，尤其是技术密集型企业，在引资过程中会面临无形资产价值的合理确定这一问题，这主要取决于企业和资金方的协商定价能力。

D. 请外部专家提供支持。企业一般重视实物投资的价值，对智力和外脑的价值不太重视。这是很多中小企业应该改善的地方。当然，对外部专家的利用也需要具有一定的分辨能力。

创业融资对创业者事业的成败起着决定性的作用。融资的方式和渠道多种多样，创业者需要进行比较并确定适合于自己的融资方式和途径。直接融资是指无需通过金融中介机构，由资金的供求双方签订协议，或者资金供给者在金融市场购买资金需求者发行的有价证券，使资金需求者获得所需要的资金。具体的方式包括家人或朋友的支持、赊购商品、延期付款、推迟支付债务、开出商业汇票、引入合作伙伴、发行股票和债券等。间接融资是指通过商业银行等中介机构获得资金。具体的方式包括银行贷款、政府机构贷款、票据贴现等。大学生创业的融资方式主要有政府贷款、亲友的借款、银行贷款、风险投资等。

【案例分析】

豆瓣网的融资历程

"豆瓣面对的其实并不是一个小众市场。"杨勃的理由在于书籍、电影、音乐其实是一个非常普遍的需求，其背后的人群也是非常庞大的。"关键在于如何在现有的基础上找到一条合理的路径以吸引更多的用户。"

其实，豆瓣本身也不是杨勃创建的第一家企业。

一、连续创业

早在 2000 年，杨勃就辞掉了 IBM 顾问科学家的工作回到了北京。在北京国贸的星巴克，杨勃在清华时的老同学说服了他。"其实我加入的时候，他们已经快要拿到投资了。"杨勃当时在这家名为"快步易捷"的企业的职位是首席技术官。

杨勃坦诚对于那次创业并不是很喜欢，"更多的是受到了当时创业热潮的感染，并没有想好自己能做什么。跟当年很多怀有远大理想的企业一样，'快步'的目标是成为中国最重要的物流 E 化方案供应商。但是经历了融资、烧钱等过程之后，'快步易捷'却没能朝着目标再前进一步。"

2004 年 7 月中旬，决定不再坚持的杨勃跑到美国去转了两周后发现，自己"再也无法想象回到大公司去上班会是一种什么样的景象"。

回国后不久，一个名叫"驴宗"的网站就在杨勃的电脑里成型了。"驴宗"的想法跟杨勃的爱好密切相关。当杨勃还在美国的时候，他就曾经靠着打工挣来的钱在美国、欧洲等地跑了一大圈。

不过在某种程度上，"驴宗"只是后来的"豆瓣"的试验品。"相对旅游而言，看书、听音乐、看电影是一种更加普遍的需求，也是我的爱好。"

2004 年 9 月间，离开曾经居住的北京豆瓣胡同，杨勃决定在网上给自己也给大家建一个"豆瓣"网站。

二、另类天使

"我觉得用 20 万元人民币（大约合 2.5 万美元）差不多就可以做出一个雏形出来。"不过二次创业的杨勃当时手里就连这 20 万也拿不出来。"我自己的钱都砸在快步易捷里头了。"开始写豆瓣网站程序后不久，杨勃就想到了天使投资。

在美国待了将近 10 年的杨勃找起钱来没有费多大劲。"梁文超给我投了 1.5 万美元，他的一个同事也跟着投了 1 万美元。"梁文超是杨勃在清华大学物理系读书时同寝室的同学。当时梁文超正在硅谷的 Maxim 公司工作。

"我们当时就说好了，1 年后他们可以选择让我还钱或转换成公司的股票，而且他们可以把这笔钱按照对自己有利的方式转换成股票。"杨勃解释说，如果 1 年内有投资人进来，而且投资人给出的估值高于企业的价值，那么梁文超和他的同事就可以按照企业的价值来获得相应的公司股份；反之亦然。

这种做法相当于把风险都留在了杨勃这边。"当时我们也没有签什么协议，只是口头上的君子协定。"梁文超只是出于信任才把钱借给了杨勃。"在硅谷的时候，我和他是我们班仅有的两个还没有结婚的，相互之间交流比较多。"杨勃嘴边流露出些许自嘲的语气。

1年后，即2005年年底，梁文超和他同事的借款如约转换成了豆瓣的股票。按照一年前的约定，对豆瓣的估值大约是67万美元。

没过多久，杨勃又开始寻找第二轮天使投资。杨勃原定的目标是十多万美元，但很快就觉得一时花不了那么多钱，最后只要了6.5万美元。2006年春节前后，这笔钱陆续打到了杨勃的个人账户上。豆瓣的估值也随之涨到了百万美元以上。

"我的确跟陈一舟有过接触，当时是希望他个人能够做豆瓣的天使投资人。"由于双方在预期上存在差距，因此也就没有什么结果。"陈一舟更希望以千橡集团作为投资主体。我并不希望那么早就有公司资本进来。"

三、从用户到投资人

杨勃原本并不打算过早地给豆瓣寻找机构投资。但是2005年以来，中国创业投资市场上竞争的加剧却使得杨勃很快就跟VC接上了头。

最先找到杨勃的是IDGVC的投资经理高强。早在2000年，IDGVC就投资了杨勃参与创建的"快步易捷"。2005年6月，拥有广泛触角的IDGVC再次注意到了刚刚起步的豆瓣。

从IDGVC开始算起到最终拿到投资，杨勃或被动或半推半就地总共见了15家左右的创投机构。

"我们感觉刚刚进来的国际VC跟在本土打拼过一段时间已经完成了本土化的VC之间，最大的差距其实不是在信息的获取上，而是表现在对市场的深层理解上。"虽然杨勃跟纯粹国外背景的VC在语言沟通上并不存在什么障碍，但是他最终还是选择了有本土背景的冯波和Chris联手创建的策源基金。冯波早年在亚信、新浪等企业私募融资过程当中发挥了关键性的作用。此前，他还曾经出任过ChinaVest中国首席代表。

不过，冯波第一眼并没有看上豆瓣。尽管冯波很早就已经是豆瓣的注册用户。但是对于上线不到半年，也没有多少用户的豆瓣，冯波还是很难找到足够的理由来说服自己。

2006年4月，断断续续地接触了半年之后，逐渐被豆瓣黏住的冯波和策源的投资经理原野才开始认真讨论起杨勃和他的豆瓣。

经过两个月的讨论，2006年6月1日，杨勃和冯波正式签署了"Term Sheet"。6月下旬，策源基金的200万美元投资就到了豆瓣的账上。

"策源出价其实并不是最高的。"杨勃选中策源基金的一个原因在于它是一只很新的基金。"这就从时间框架上允许它看得比较远。"

第10章 创业融资

"策源基金募集成立于 2005 年上半年,规模为 1.2 亿美元。"原野接着说,"作为一只专注于 IT 类早期投资的基金,在过去的 1 年当中,策源已经投资了二十几家创业企业,涉及金额达数千万美元。"

四、路径依赖

"通过长期的观察和接触,我们逐渐感觉到杨勃是一个实实在在做事情的人。"原野如此解释策源基金态度的转变。"在相当长的一段时间内,基本上都只是杨勃一个人在做豆瓣,而且做得越来越有声色。"

"一开始,豆瓣只需要关注书评、书籍推荐等网友看中的核心价值就可以了。"美国加州大学圣迭戈分校博士毕业的杨勃觉得自己一个人就可以先把网站做起来。"没有必要一开始就把架子搭得那么大。"杨勃说,"当时我也请不起那么多人。"

豆瓣功能的添加和完善都是杨勃在跟网友的互动过程当中逐步实现的。在书评的基础上,豆瓣逐渐增添了"以书会友、价格比较、二手交换"等功能,同时还增加了电影和音乐等方面的内容。

有了这些功能作基础,通过跟当当、卓越等网上书店的链接而产生的购买行为,豆瓣开始有了一些分成收入以应付日常的开支。

与此同时,豆瓣最初的一些用户也开始完成了身份的转换。

2006 年 3 月,豆瓣正式上线一周年之际,迎来了自己的第二位正式员工——Brant。Brant 是豆瓣的第 212 个用户。截至 2006 年 6 月 30 日,连同杨勃在内,豆瓣一共拥有 5 名正式员工。这个数字正好和"快步易捷"创始人的数量相同。不仅如此,这 5 个人还都是豆瓣的前 2500 名注册用户。

"从用户当中发展员工有一个明显的好处,那就是他们自己对豆瓣比较熟悉,有感情。"杨勃觉得这样大家的理念会比较接近。

获得融资后的豆瓣开通了旅游板块。杨勃本来担心这将会分散豆瓣的核心价值,而现在"驴友俱乐部"是豆瓣最活跃的小组之一,"原来豆瓣的用户大多数也都是驴友一族"。

【思考与讨论】

1. 杨勃采用了什么样的融资策略?
2. 为什么杨勃并不希望那么早就有公司资本进来?
3. 从上述材料中,你体会到哪些值得学习的地方?
4. 浏览豆瓣网(http://www.douban.com),深入了解其特色和赢利模式,同时思考:如果你是一位投资人,你会向其投资吗?

小　结

　　创业融资是指创业者为了将某种创意转化为商业现实，根据未来新创企业经营策略与发展需要，经过科学的预测和决策，通过不同渠道、采用不同方式向风险投资者或债权人筹集资本，组织创业启动资本的一种经济行为。创业者应该根据新创企业在成立前后的资本需求特征，结合创业计划以及企业发展战略，合理确定资本结构以及资本需求数量。对于创业者而言，创业融资是极为重要而复杂的环节。为了有效地筹集资本，创业者需要以较低的融资成本和较小的融资风险，获取较多的启动资本。融资需遵循效益和成本原则、合理规划原则、及时处置原则和合法融资原则。

第 11 章 创业计划

【课程目标】

使学生全面了解创业计划书的作用,了解市场调查的意义,掌握市场调查的方法,认识顾客和竞争对手,掌握编写创业计划书的方法和步骤等相关知识。

【知识点】

1. 创业计划的概述
2. 创业计划书的撰写
3. 创业计划书的展示推广及评价

【技能点】

1. 掌握基本的市场调查方法。
2. 掌握编写创业计划书的方法与步骤。

【引例】

小肥羊吸引风险投资

1999年内蒙古小肥羊餐饮连锁有限公司(简称"小肥羊")在包头开业,仅用了7年时间就在中国以及日本、北美快速开了720家分店,扩张速度之快令人惊叹。2006年7月24日,小肥羊同英国最大的创业及私募投资机构3i集团公司(简称"3i")和西班牙普凯基金公司(简称"普凯集团")达成投资协议,规模达2500万美元,开创了外资入股中国餐饮企业的第一例。一个传统行业的企业为何能引起国际资本的关注?

一、连锁餐饮帝国的诞生

1998年年初,张钢和朋友在一起吃羊肉火锅的过程中,发现"不蘸小料"的火锅味道不错,朦胧之中张钢感觉这是一个商机。张钢意识到羊肉火锅将是一个大市场,决定自己开家火锅店。经过反复配置,多次改进,一种用当归、枸杞、党参、桂圆等调料独特配置的火锅底料诞生了。羊肉入汤后，口感嫩，口味鲜香，完全可以不蘸小料。这样，就甩掉了烦琐的小料包袱，开辟了一条火锅快餐化之路。

在一个中国人眼中很吉利的日子——1999年8月8日，小肥羊的第一家店在包头开张了。一开业便受到消费者的欢迎。随后，小肥羊的发展犹如星火燎原：2000年，在上海、北京、深圳开直营和连锁加盟店；2001年，正式开始特许加盟，当年发展445家，实现营业额15亿元；2002年，正式在火锅店家乡成都开业，这一年销售额达25亿元；2003年，加盟店达到660家，并在美国开店，销售额达到30亿元。从此小肥羊的营业额仅次于拥有肯德基、必胜客等著名餐饮品牌的中国百胜餐饮集团，荣居"中国餐饮企业百强第二"。2005年年底，小肥羊店数达到720家，销售额达到52.5亿元。

二、风投追逐小肥羊

嗅觉灵敏的风险投资家很快就发现了小肥羊的投资价值。3i的王岱宗无疑是其中最灵敏的一位。在经过各种渠道对小肥羊有所了解后，王岱宗径直接到小肥羊的总部——内蒙古包头，提出对小肥羊最少投资2000万美元的意愿。然而，由于经营状况良好，小肥羊并没有融资的想法。"我们不缺钱"，这是王岱宗最初从小肥羊得到的答复。即便需要，1000万美元也足矣。投资人伸出的橄榄枝就这样被婉拒了。几经调查后，投资人再次上门洽谈，祭出了经过自己调研后的法宝，列举了小肥羊在经营中的软肋，终于说动了小肥羊。

小肥羊准备引入外资的消息很快在业内传了开来，包括摩根、高盛等在内的境内外20多家投资机构纷纷抛出橄榄枝。然而3i对于餐饮行业的理解和深厚的国际网络让小肥羊最终选择了自己。

三、案例评析

以趋之若鹜来形容风险资本对小肥羊的青睐一点也不为过，因为主动上门要求投资小肥羊的投资机构超过了20家。

（1）创新型吃法。中餐最难做到的就是标准化，而小肥羊创新性地采取"不蘸小料一招鲜"的火锅吃法，解决了中餐标准化、工厂化这个难题，也解决了原材料的集中供应和店面的快速扩张之间的矛盾，保证顾客在小肥羊任何一家连锁店里吃到的火锅是同样的口感。这一创新型吃法奠定了小肥羊连锁经营模式的基础，更使投资人看到了创始人的市场发现能力和经营管理能力。

（2）连锁经营模式让"不蘸小料一招鲜"的火锅吃法在中国迅速流行，并一举成为国内的名牌餐饮企业。据2005年"中国500最具价值品牌"排行榜，小肥羊（品牌价值55.12亿元，排名第95位）与全聚德（品牌价值106.34亿元，排名第 49 位）作为仅有的两家餐饮企业入选。而连锁经营模式的优势已被麦当劳、肯德基、沃尔玛、家乐福等国际连锁巨头的成功所证明。连锁模式以其无可比拟的复制力和快速的扩展性显示了巨大的市场潜力。

（3）巨大的市场潜力。中国有句俗话"民以食为天"。随着国民财富的急剧增长，餐饮业已成为近年来国内传统行业中发展最快的细分行业。而小肥羊自 1999 年 8 月开业，到 2005 年 5 月连锁店达到 680 家，在不足 6 年的时间里，就获得如此惊人的发展速度。面对以这样高速发展的企业，投资者对其看好是情理之中的事情。

11.1 创业计划概述

11.1.1 创业计划的概念

创业计划又称商业计划，是创业者在初创企业成立之前就准备好的一份书面计划，用来描述创办一个新企业所需要的内部和外部要素。创业计划通常包括市场营销计划、生产和销售计划、财务计划、人力资源计划等。可以说，创业计划是创业者叩响投资者大门的"敲门砖"，一份优秀的创业计划往往会使创业者达到事半功倍的效果。

11.1.2 创业计划的作用

创业计划用以描述与创办企业相关的内外部环境条件和要素特点，是创业项目发展的实施方案和衡量业务进展情况的标准。创业计划书的质量，往往会直接影响创业发起人能否找到合作伙伴、获得资金及其他政策的支持。

（1）对投资者。投资者是资金的拥有者，但投资者不是慈善家。投资者投资项目的目的在于获取投资带来的收益。投资者对于投资项目的选择也是十分谨慎而苛刻的。对于投资者而言，由于时间、精力有限，对于任何一个潜在投资项目都不可能身体力行地去考察。因此，一份理想的创业计划书是决定他们作出投资决策的关键。

（2）对创业者。创业计划是创业者融资的工具。而且通过制订创业计划，创业者可以系统地"诊断"企业，掌握公司的情况，发现公司的优势和缺点，及早发现项目的风险，以便制定降低风险的办法。好的创业计划不仅给出了项目的可行性，而且也提出完成项目所要采取的措施。具体而言，创业计划可使创业者全面思考：你了解或熟悉这个项目吗？你了解项目的市场并有了进入和拓展市场的方案吗？你和你的管理队伍能够胜任这个项目计划的执行吗？项目的投资和投资回报是你和投资者期望的吗？有哪些风险和机会存在？

（3）对创业企业的员工。创业计划不仅仅是创业者向潜在投资者描绘的未来蓝图，也是企业今后的奋斗目标。对于任何一个企业来说，无论它的未来多么美好，目标多么诱人，最终都要通过企业的全体成员来实现。因此，创业计划只有被企业员工充分理解并认同，创业计划所描绘的目标才能实现。可见，良好的创业计划还具有增强企业的凝聚力和向心力的作用。

11.1.3　撰写创业计划前的准备工作

（1）市场调查的概念。撰写创业计划前要进行充分的市场调查。市场调查就是利用科学的方法，有目的地搜集、记录、整理有关市场营销的信息和资料，分析市场情况，对产品市场的现状和发展趋势进行分析，以便为创业者实施创业项目提供客观的、正确的决策依据。好的市场需求调查，是创业成功的第一步，因此创业前做好市场调查非常重要。

（2）市场调查的内容。市场调查的内容一定要涉及市场的各个方面，市场调查主要包括如下内容：

1）市场环境调查：市场环境主要包括本地的政治法律环境、经济环境、社会文化环境、科学环境和自然地理环境等，如国家的方针政策和法律法规，地方居民经济水平与购买力，地方传统风俗习惯，气候特点等影响市场营销的因素。

2）市场需求调查：主要了解准备创业的项目（产品或服务）是否具有可发展的空间，以便进一步进行市场定位。目标市场的确定将会使新创企业的市场规模和市场目标比较容易确定。市场需求调查中的一个主要调查内容是顾客，主要包括顾客的层次（年龄、性别、职业、收入、兴趣等）、顾客需求（产品的颜色、款式、承受的价格、售后服务要求等）、顾客的购买力等。值得注意的是有些产品的购买者与使用者并不一致，如婴儿用品、康复保健品等。

3）市场供需调查：产品或服务的潜在市场信息对创业者来说尤为重要。为了判断市场规模，创业者需要明确地定义市场。市场供需调查主要包括产品生产能力调查和产品实体调查。创业者只有进行市场供需调查，才能掌握市场对不同品质的产品的需求状况，了解市场对不同品质、品牌的产品的接受程度。

4）市场营销调查：市场营销调查主要是对目前市场上相关新产品或服务的促销手段、营销策略和销售方式进行调查分析，了解现行营销方式有哪些缺点和优点，以便制定有效的市场营销策略。

5）市场竞争调查：俗话说"知己知彼，百战不殆"，在商品经济时代，市场竞争日趋白热化，不了解竞争对手，就意味着没有获胜的机会。创业者与现有竞争者相比，经验不足，业务或行业不熟，认可度低等。竞争对手调查，就是要通过一切手段查清竞争对手的情况，包括竞争对手的数量、规模、分布与构成、营销策略等，为企业制定合理的竞争策略，逐步扩大市场份额，以便在激烈的市场竞争中逐步占据有利位置。

不要把竞争对手看成敌人，其实竞争对手还是创业者最好的老师，创业者要充分分析竞争对手经营管理和营销方法的优点与缺点，优化自己的创业项目。这里介绍5W竞争对手分析方法，即竞争对手在做什么？他为什么要这样做？还没有做的是什么？他做得好的是什么？做得不好的是什么？利用5W竞争对手分析方法，创业者可制定自己创业项目的最佳方案。

（3）市场调查的方法。

1）资料分析法：资料分析法是指在搜集现有市场、行业和产品的相关资料后，分析这些资料的内在规律，得出结论。该方法要求搜集的资料完整、准确、及时，否则影响分析结果。

搜集资料的方法主要网上搜集和传统报刊搜集两种。

2）实地调查：实地调查分为现场调查与问卷调查两种方法。现场调查法是安排调查人员到项目现场记录正在发生的与创业项目有关的市场行为或状况等有关数据，以分析并得出正确结果的方法。现场调查人员要注意不抱偏见，不干扰正常环境，并做详实的记录，同时要注意保护被调查者的个人隐私。问卷调查是事先将要调查的问题制定成客观问卷，分发给一定范围的被调查者，被调查者在不被外界干扰的情况下独立回答相关问题，以供调查人员分析处理。

3）试消或试营法：检验产品是否受欢迎的另一个方法是进行试消或试营业，以此了解消费者对该产品的接受程度。试消时应充分考虑时间、地点、消费人群等环境因素的影响。

11.2 创业计划书撰写步骤及原则

如何写创业计划书呢？要依据目标，即计划书的对象而有所不同，譬如是要写给投资者看呢，还是要拿去银行贷款。从不同的目的来写，计划书的重点也会有所不同。

（1）撰写创业计划书的基本环节及主要工作。 创业者要想写出一份具有吸引力的创业计划，需要注意做好前期的准备工作，并且在写作过程中遵循一定的写作原则。

1）准备阶段：成功的创业计划应有好的启动计划。由于创业计划涉及的内容较多，编制之前必须进行充分的准备、周密的安排。第一，通过文案调查或实地调查的方式，准备关于创业企业所在行业的发展趋势、同类企业组织机构状况、行业同类企业财务报表等方面的资料；第二，确定计划的目的和宗旨；第三，组成专门的工作小组，制订创业计划的编写计划，确定创业计划的种类与总体框架，制订创业计划编写的日程安排与人员分工。

2）形成阶段：这一阶段实际上是在初步草拟创业计划的阶段。主要是全面编写创业计划的各部分，以创业计划总体框架为指导，针对创业目的与宗旨，搜寻内部与外部资料。包括创业企业所在行业的发展趋势、产品市场信息、产品测试、实验资料、同类企业组织机构状况、行业同类企业财务报表、创业项目、市场竞争、营销计划、技术与工艺、财务计划、融资方案以及创业风险等内容，初步形成较为完整的创业计划方案。

3）完善阶段：在这一阶段，应广泛征询各方面的意见，进一步补充、修改和完善草拟的创业计划书。编制创业计划的目的之一是向合作伙伴、创业投资者等人展示有关创业项目的良好机遇和前景，为创业融资、宣传提供依据。所以在这一阶段要检查创业计划是否完整、务实、可操作，是否突出了创业项目的独特优势及竞争力，包括创业项目的市场容量及盈利能力，创业项目在技术、管理、生产、研究开发和营销等方面的独特性，创业者及其管理团队成功实施创业项目的能力和信心等，力求引起投资者的兴趣，并使之领会创业计划的内容，从而支持创业项目。

4）定稿阶段：这是最终确定创业计划书的内容并将其印制成册的阶段。

（2）创业计划书的编写原则。

1）逻辑性原则。逻辑性原则是指在创业计划书中的前后基本假设或预测要相互呼应和一致，也就是说前后逻辑要合理。要给投资者充足的理由，说明投资是可行的；解释创业及投资成功的可操作性时、告诉投资者项目的可赢利性时、阐述项目的可持续性时要合乎逻辑等。

2）真实性原则。创业计划书的论据、假设及内容要合理，有理有据，务必真实，不得有虚假成分。

3）简洁性原则。创业计划书中应避免出现一些与主题无关的内容，要开门见山地直接切入主题，突出重点。语言应简洁和凝练，尽量让重点部分一目了然。

4）完整性原则。创业计划书已成为一种国际惯例，结构是相对固定的。该说的话绝对不能少。缺乏财务预估、市场状况及竞争对手数据的创业计划书，会使投资方对方案评估的速度减慢以及投资的可能性降低。因此，应有的内容不能无故缺乏，结构应完整、各部分内容的叙述要清晰流畅，在格式安排上要严谨周密。

5）针对性原则。创业计划书一定要让读者感到满意。比如对于融资创业项目来说，项目的独特优势，市场机会与切入点分析，问题及其对策，投入、产生与盈利预测，保持可持续发展的竞争战略，风险应变策略等是投资人最关心的问题，则应重点突出。比如还可根据募资对象的不同，适当调整行文的语调、章节的编排、数据的呈现、重点的强调等，来满足其需求。

6）平实易懂性原则。虽然有的项目有一定的技术含量，对项目的分析不仅需要用到一些专业知识，而且也需要用到一些专业术语，但在撰写创业计划书时，建议撰写者尽量深入浅出，用通俗易懂的文字表述。因为，不是每一位读到这份创业计划书的人都是该项目领域的专家。一份好的创业计划书应该使一些不懂该项目的人也能明白这是一个好的、可行的投资项目。一位能将专业性强的投资项目用通俗语言向读者展示出来的准撰写者，本身就是一位将该项目进行了全面分析、研究，并对该项目的市场前景、盈利能力充满信心的人。

7）保密性原则。创业计划书中涉及的核心机密可适当规避。

11.3　创业计划书撰写规范

创业计划书是创业者围绕创业项目对产品、市场营销、财务、生产、人力资源等职能的综合描述。其作用是指导创业者的创业行动，进一步搜集整理创业信息，评估创业风险，理清创业思路和经营理念。主要包括封面、创业摘要、产品或服务介绍、市场预测、营销策略、生产计划与未来展望等内容。

（1）封面（公司名称、负责人、公司地点、电话、传真、联系人）。封面的设计要有审美性和艺术性，一个好的封面会使阅读者产生最初的好感，形成优良的第一印象。

（2）计划摘要。它是创业计划书的精华。计划摘要涵盖了计划的要点，以求一目了然，以便读者能在最短的时间内评审计划并作出判断。计划摘要在两页纸内完成，一般包括但不限于以下内容：

1）公司基本情况（成立时间、注册地区、注册资本、主要股东、股份比例，主营业务，公司地点）。

2）管理者及组织情况（姓名、性别、年龄、籍贯、学历/学位、毕业院校、政治面貌、行业从业年限、主要经历和经营业绩）。

3）产品/服务描述（产品/服务介绍、产品技术水平，产品的新颖性、先进性和独特性，产品的竞争优势）。

4）研究与开发（已有的技术成果及技术水平，研发队伍技术水平，竞争力及对外合作情况，已经投入的研发经费及今后投入计划，对研发人员的激励机制）。

5）市场概貌（行业历史与前景，市场规模及增长趋势，行业竞争对手及本公司竞争优势，未来3年市场销售预测）。

6）营销策略（在价格、促销、建立销售网络等方面拟采取的策略及其可操作性和有效性，对销售人员的激励机制）。

7）产品制造（生产方式、生产设备、质量保证、成本控制）。

8）管理（机构设置、员工持股、劳动合同、知识产权管理、人事计划）。

9）融资说明（资金需求量、用途、使用计划，拟出让股份，投资者权利，退出方式）。

10）财务预测（未来3年或5年的销售收入、利润、资产回报率等）。

11）风险控制（项目实施可能出现的风险及拟采取的控制措施）。

摘要应简明、生动、尽显项目特色和亮点。

（3）行业分析。在行业分析中，应该正确评价所选行业的基本特点、竞争状况以及未来的发展趋势等。关于行业分析的典型问题有：

1）该行业发展程度如何？现在的发展动态如何？

2）创新和技术进步在该行业扮演着怎样的角色？

3）该行业的总销售额有多少？总收入为多少？发展趋势怎样？

4）该行业的价格趋势如何？

5）经济发展对该行业的影响程度如何？政府是如何影响该行业的？

6）是什么因素决定着该行业的发展？

7）该行业竞争的本质是什么？你将采取什么样的战略？

8）进入该行业的障碍是什么？你将如何克服？该行业典型的回报率有多少？

（4）产品（服务）介绍。项目的产品技术或服务特色是创业项目成功的关键，是创业计划书非常重要的内容。产品介绍主要包括：产品的概念、性能及特性，主要产品介绍，产品的市场竞争力，产品的研究和开发过程，发展新产品的计划和成本分析，产品的市场前景预测，产品的品牌和专利等。在产品（服务）介绍部分,要对产品(服务)做出详细的说明,说明要准确,也要通俗易懂,使不是专业人员的投资者也能明白。一般地,产品介绍都要附上产品原型、照片或其他介绍。

(6)人员及组织结构。在企业的生产活动中,存在着人力资源管理、技术管理、财务管理、作业管理、产品管理等。而人力资源管理是其中很重要的一个环节,因为社会发展到今天,人已经成为最宝贵的资源,这是由人的主动性和创造性决定的。企业要管理好这种资源,更要遵循科学的原则和方法。

在创业计划书中,必须对主要管理人员加以阐明,介绍他们所具有的能力、他们在本企业中的职务和责任、他们过去的详细经历及背景。此外,在此部分还应对公司结构做简要介绍,包括公司的组织机构图、各部门的功能与责任、各部门的负责人及主要成员、公司的报酬体系、公司的股东名单(包括认股权、比例和特权)、公司的董事会成员、各位董事的背景资料。

经验和过去的成功比学位更有说服力。如果你准备把一个特别重要的位置留给一个没有经验的人,一定要给出充分的理由。

(7)市场预测。市场预测应包括以下内容:

1)需求预测。

2)市场现状综述。

3)竞争厂商概览。

4)目标顾客和目标市场。

5)本企业产品的市场地位等。

(8)营销策略。错误地认识市场是企业经营失败的主要原因之一。在创业计划书中,营销策略应包括以下内容:

1)市场机构和营销渠道的选择。

2)营销队伍及其管理。

3)促销计划和广告策略。

4)价格决策。

(9)制造计划。创业计划书中的制造计划应包括以下内容:

1)产品制造和技术设备现状。

2)新产品投产计划。

3)技术提升和设备更新的要求。

4)质量控制和质量改进计划。

(10)财务规划。财务规划一般重点关注现金流量表、资产负债表以及损益表。流动资金是企业的生命线,因此企业在初创或扩张时,对流动资金需要有周详的计划和严格的控制；损益表反映企业的盈利状况，是企业在一段时间运作后的经营结果；资产负债表则反映在某一时刻的企业状况，投资者可以用资产负债表中的数据得到的比率指标来衡量企业的经营状况以及可能的投资回报率。

（11）风险与风险管理。

1）你的公司在市场、竞争和技术方面有哪些基本的风险？

2）你准备怎样应付这些风险？

3）就你看来，你的公司还有什么附加机会？

4）在你的资本基础上如何进行扩展？

5）在最好和最坏情形下，你的五年计划表现如何？如果你的估计不那么准确，应该估计出你的误差范围。如果可能的话，对你的关键性参数做最好和最坏的设定。

（12）文字排版要求。

1）字型：大标题用二号黑体，中标题用三号黑体，小标题用三号楷体，正文用四号宋体。

2）纸型：统一用 A4 纸，左侧装订。

3）页边距：上 2.2cm、下 2.2cm、左 3.0cm、右 2.0cm。

4）单倍行路。

5）结构层次序数："一""（一）""1.""（1）"。

【阅读材料】

校园旧书网上交易平台创业计划书

目录

一、项目简述……

1. 创业项目背景……

2. 目标市场的成因……

3. 盈利能力预测和预计能提供的利益……

二、产业背景和项目概述……

1. 详细的市场分析和描述……

2. 项目概述……

三、市场调查和分析……

1. 目标市场顾客的描述与分析……

2. 市场容量和趋势的分析、预测……
3. 竞争分析……
4. 估计的市场份额和销售额……
5. 市场发展的走势……
四、项目战略
1. 各阶段的发展战略……
2. 通过项目战略来实现预期的计划和目标……
五、总体进度安排……
1. 收入来源……
2. 收支平衡点……
3. 市场份额……
4. 平台开发技术……
5. 融资方案……
六、关键的风险、问题和假定……
1. 关键的风险分析……
2. 应急计划……
七、团队管理……
八、假定项目能够提供利益……
1. 总体的资金需求……
2. 融资及其使用……

一、项目简述

1. 创业项目背景

目前大学一般都统一为大一、大二学生提供教材,大三、大四的教材只能自行购买,极为麻烦,然而大三、大四的教材基本属于专业课范围,实用性较强,努力学好专业知识将会为大学生今后的就业做出良好的铺垫。另外,提前拥有所需教材,就可以提前掌握相应的专业知识,在学习的竞争上就有了一定的优势。虽然大学校园都有跳蚤市场,附近也有书店,但不能满足学生的教材需求,并且去旧书店找书不仅麻烦,能否找到还是另外一码事,有可能人力、物力都浪费掉了。如果开发一个淘书网,不仅能在第一时间提供每学期用书的相关信息,而且将这类旧书廉价出售,并且送货上门,货到付款。学生不用出门,只需登录我们的网站,搜索需要的书目,关于这本书的详细信息就会显示出来,然后输入相关

信息，足不出户就能拥有属于自己的教材。一个大学校园淘书网的构思就这样诞生了。并且我们的团队拥有 Java 编程技术人员，有丰富的实践经验，避免了寻找网站专业技术人员的麻烦，就这样，我们向着理想启程了。

我们承诺，校园内 24 小时内即可收到书籍，方便、快捷、廉价、准确是我们的四大特色，也是我们的竞争优势。

2. 目标市场的成因

大三、大四学生都需要上课的教材，买新书非常贵，完全没有必要。可拿别人的教材去复印一本，虽然价格便宜，但不合法，且不清晰；还可以去图书馆借书，或者参考老师的课件，这些虽然便宜、方便，但今后都不容易保存，以后若需要用到这方面专业知识，还得翻书寻找，所以旧书对大三、大四的学生来说是最好的选择。

3. 盈利能力预测和预计能提供的利益

据调查，大三、大四学生平均每人每年需要购买教材的标价在 200 元左右，我们若以一折买进、三折卖出便可以盈利 40 元，按 30000 人的校园，1/3 的人购买旧书算，每年大概有 10000 人愿意购买教材，所以每年期望盈利为 400000 元，减去年服务器租金、税收、仓库租金以及宣传等费用，期望纯收益为 350000 元。

二、产业背景和项目概述

1. 详细的市场分析和描述

我们所开发的是大学校园淘书网，在校园书网方面，暂时没有像我们这样目的性较强的网站，所以很有发展前景。我们针对的是大学三、四年级的学生，并且出售的是他们上课所需的教材，这方面的信息我们会提前掌握，因此市场是有需求的。又因为处于这两个年级的学生都要自行买书，所以我们所提供的服务更能满足他们的需求。我们计划在每学期期末考试之后购书，但是在此之前，我们会向学院打听下学期教材的使用情况，然后确定购进哪种类型的书，只有这样，才可以领先其他竞争者。为了获得更多的书目，我们以一折的高价收购旧书，并托运回仓库，然后根据网上的购买信息，将旧书送至预定顾客，赚取一定的费用。一旦在这个学校成功了，就可以向其他学校推广，因为在这一行，市场越大，收益才会明显。

2. 项目概述

我们的产品是大三、大四的教材以及送货上门的服务。这些旧书在平常的书店分布不均匀，有些书店有这些书，有些书店没有，为学生们买教材带来了不便。为了方便学生，我们通过互联网，将教材（旧书）的信息发布到网上，只要大三、大四学生登录我们的网站，留下相关的信息，就可以买到书，在校园内不到 24 小时就可以收到书。

三、市场调查和分析

1. 目标市场顾客的描述与分析

我们的顾客是大三、大四的学生，他们当中 80%的人拥有电脑，而且每天都上网。这部分人的家庭条件应该都不算太差，购买一本旧书的几元钱应该是有的；对于其他没有电脑的同学来说，大部分是家庭情况不好的，学习的主动性很强，有这么廉价的旧书，当然也会选择购买，所以我们的目标市场还是具有发展潜力的。

2. 市场容量和趋势的分析、预测

据调查显示，有 55%的学生是需要教材的，24%的学生表现出无所谓的态度，21%的学生选择了不需要，这是对数学院大四的学生做的一项问卷调查，作为比较令人头痛的专业，都还有一半以上的人愿意购买教材，如果那部分无所谓的同学有一半人选择购买，那么会有 67%的人愿意购买教材。中等大学大三、大四的学生大致有 15000 人，即每年会有 10000 人需要购买教材，如果学校扩招，就会有更多的人需要购买教材。一旦打开市场，我们会将网站推广到其他学校去，我们的市场将会更加广阔。随着目前大学入学率的增长，旧教材也会变得炙手可热。由于书籍对大部分学生来说是必要的，每年都会有一部分学生毕业，有一部分学生入学，而且，上一届的旧书可以留到下一届，只要将上一届的旧书买进，就可以卖给下一届的学生了，这样形成一个良性循环。市场容量随着学校招生的数量呈线性变化，随着目前全国高校大学生人数的逐渐增加，市场容量也会增加，虽然递增速度较慢，但是整个市场是趋于稳定的。

3. 竞争分析

我们的竞争优势体现在为学生服务的基础上，在本校校园内免费送书（今后若打开市场了，可以将范围扩大）；廉价是我们的第二大特色，我们出售的是旧书，价格便宜，一般来说只要几元钱就可以买到一本教材；方便快捷是我们的第三大特色，顾客只需要在我们的网址上搜索需要的书目，输入通信地址，就完成了网上的购书操作，接下来需要等待的就是收货了，我们承诺，本校校园内 24 小时内就可收到购买的书籍；准确是我们项目的第四大特色，现在学校附近虽然有很多书店，但是他们都零零散散，再加上书店面积有限，书籍的分类及数量都没有构成体系，给学生带来了极大的不便，有时为了买一本书要问十几家书店。而我们基本会将大三、大四所用的教材链接到网上去，然后再给出相应书目的库存、价格等信息，所以就完全省略了四处寻书的过程，在网上就可以轻松了解所需书目的详细情况，对学生来说太方便了。再者，我们身为学生，在掌握和了解教材信息方面会比普通经商者要方便准确，为了提高竞争力，我们会以较高的价格购进教材（目前大部分的书店是以废纸的价格收购旧书的，很多学生都不情愿），这样就保证了库存量。

但是我们仍面临着不少压力，对于有经验的书店经营管理者来说，他们肯定会在第一时间到公寓收集旧书，而且他们有车可以载书，一次性可以买走很多书籍；另一方面，我们刚刚进入这个市场，书籍的购买成了一大难题，假设市场某本旧书的数量是有限的，就是说假设学生们没有买新书，买的都是旧书，那么这些书经过两三年的循环之后，分布在了不同的书店，这样就难以避免供不应求的麻烦；我们暂时还没有建立网上支付的功能，付款相对于其他购书网来说并不快捷，但是我们采取的是当面、货到付款，无风险；由于教师的不稳定性，不同的教师喜欢不同的教材，没有统一性，虽然教师说了一部分参考用书，但是上课的大纲还是按照另一本书来教，结果使得不少同学感觉上课跟不上节奏，不知道老师讲到哪里了，在一定程度上影响了学习的效率。这对于我们来说更是一种考验，如果下学年用的不是这一种教材，我们未销售出去的这类教材可能就无人问津了；如果用的是新教材，今年这部分学生就不会来买旧书了，销售额就会减少；由于买教材的同学一半会选择在开学那段时间购买，所以，其他时间的销售额一般会很低，甚至趋于零。

4. 估计的市场份额和销售额

我们所做的这个网站是史无前例的，又是为学生服务的，虽然会有很多的旧书店与我们竞争，但是路遥知马力，我们会以最好的服务和宣传将我们的网站推销出去，相比起以盈利为目的的零售商来说，我们应该更具有潜力。据调查，在我们所在的大学附近有 15 个旧书店，但是真正能跟我们竞争的却寥寥无几。信息是我们竞争的最大优势，淘书网不仅避免了购买无用的书籍，而且还会吸引更多的客户，如果宣传做得到位，初期的市场份额应该会有 30%，销售额有 120600 元。

5. 市场发展的走势

就像淘宝、阿里巴巴等著名网站一样，只要我们是最大限度地满足客户的需求，就不担心没有市场，也就是说客户是我们最关心的。只要我们能够将教材的信息把握住，我们就会在旧书这一领域占据重要位置。

四、项目战略

1. 各阶段的发展战略

在项目发展的初期，也就是宣传阶段，我们要做的就是将宣传尽量做到每个寝室，并且对前 50 名购书的同学予以优惠，让大家相信我们的确是服务于大家的；在项目发展的中期，就是项目的推广阶段，我们将派相关人士进行考察，然后计划在各个学校招聘代理，形成全国连锁的经营模式，并且完成网上支付功能，使得付款更加方便；项目发展的后期，也就是网站做大做好后，我们不会仅仅局限于旧书的销售，而是要延伸至各个领域。由于可以通过销售旧书来提高网站的知名度，因此，一旦网站有所更新，就会被众多大学生所察觉，也就顺便打开了其他领域的市场，与此同时，注册一个属于我们自己的公司，招聘公司职员，将这个网站做得更大、更好。

2. 通过项目战略来实现预期的计划和目标

在项目发展初期，由于刚刚进入这个市场，要被大多数人认可还需要一段时间，因此我们的计划是在前 3 年内使市场份额达到 30%，5 年之内要推广到湖南省各所高校，10 年之内成立公司，并将该网站延伸到多个领域，实现全球化的服务。

五、总体进度安排

1. 收入来源

收入主要源于出售旧书的差价，然而，本项目与其他项目最大的区别就在于本项目的卖书最高峰是开学的那一段时间，之后买书的人就会很少了，所以可以在其他的时间找份其他的工作来做。

2. 收支平衡点

我们的支出初期主要在于购书费、服务器和房屋租赁费，以及宣传费用等，经计算得年收支平衡点为 300 人购买全套书籍，一旦超出这个份额，每人每套有 40 元的纯利润，相关函数为 $y=40\times x-12000$（$x \geq 0$），其中 y 是纯利润，x 是购买全套书籍的人数。

3. 市场份额

针对市场份额的计划如下所述。初期的市场份额要达到 30%，即有 3015 位客户购买我们的旧书，销售额为 12.06 万元。中期市场份额在本校要达到 50%，即有 5250 位客户购买我们的旧书，销售额为 21 万元；在本省其他学校要达到 10%，即有 25000 位客户购买我们的旧书，销售额为 100 万元。后期市场份额在湖南省达到 30%，即有 75000 位客户购买我们的旧书，销售额为 300 万元。由于要延伸到其他领域，到时候利润会更高。

4. 平台开发技术

本网站由自己自主开发，主要编程语言为 Java，全面面向大学生，如果有机会的话还望有关专家进行指导。

5. 融资方案

初期由于我们还是大学生,没有足够的资金,所以计划的融资方案是政府资助计划,因为只要政府通过了我们的创业计划,就说明我们的创业是可行的,实行下去的风险就会减少很多,尤其是对我们大学生创业者来说。中期融资方案是商业银行融资,因为那时候我们有了一定的硬资产作抵押,银行愿意与我们合作。后期融资方案是股票融资,创业后期我们公司有了一定的资产与知名度,通过股票融资可以分散公司风险,扩大企业外部影响,提高企业资本变现能力,降低企业负债比率,提高企业偿债能力,增加企业投资能力。

六、关键的风险、问题和假定

1. 关键的风险分析

对于我们的项目来说,初期的风险主要表现在财务和市场运作方面,作为大学生的我们都没有创业的经历,所以碰壁较多。流动资金的不充足也可能导致整个项目的失败。而且对市场的运作不够了解,怎样才能更好地在市场上拥有属于自己的天地,还是值得我们探究和学习的。

中期的风险主要表现在管理和政策方面,因为那时候我们已经将市场推广到了整个湖南省,代理商也会相应增多,如何有效地管理、增加业绩将会成为一大障碍。而且随着市场的扩大,一旦政府推出在线学习的政策,那旧书销售就会急剧下降,我们的主要收入来源就一天不如一天了。

后期的风险主要表现在财务、技术、市场、管理、竞争、资金撤出以及政策方面。管理和政策同上,这里就不多说了。我们的大部分资金都变成了用来出售的实物,所以公司一旦发生紧急情况,需要现金的时候可能就会出现问题,导致公司强行发行股票,或者低价出售一部分硬资产来解决问题。后期的网站会做得比较大,而且涉及的领域比较广泛,竞争就会比较激烈,所以在技术上不能落后,必须走在社会前沿,这样才能使公司有优势,处于有利的竞争环境中。最后是关于资金撤出的问题,如果公司创业失败了,如何使公司的损失降到最低是资金撤出主要关注的问题,毕竟做任何事情都不会百分之百成功,要为自己留一条后路。

2. 应急计划

如果遇到网站开发技术上的问题,可以请教我们的老师,让他们为我们分析指导;如果是管理上的问题,那么就派相关人士去相关的企业进行交流与学习,看别人的管理方法是否能派上用场,如果不能,我们能否改进其方法,然后再运用到本公司;如果是政策上的问题,我们就扬长避短,对于我们有利的政策就抓住，不利的就避开；如果公司创业失败了，有两条去路，一条是这个产品已经被市场淘汰了，那就放弃；另一条就是产品并没有被市场淘汰，而是公司的问题，那么就对整个公司进行改革创新，改头换面，以另一种姿态出现在市场上。

七、管理团队

略

注：介绍项目的管理团队，其中要注意介绍各成员与管理项目有关的教育和工作背景（注意管理分工和互补）；介绍领导层成员、创业顾问以及主要的投资人和持股情况。

八、假定项目能够提供利益

1. 总体的资金需求

（1）本项目初期的资金需求如下：（南校区试行）购书费用为 600×20=12000 元，域名及主机年租赁费为 5000 元，自行车费用为 500 元，问卷调查、宣传海报和宣传单费用为 120 元，房屋年租赁费为 500×12=6000 元，共计 23620 元。

这项统计表明，如果所购书全部销售出去，则试行阶段结束，会拥有网站使用权（一年），具有一定的知名度，赚取约 1.3 万元。

（2）如果试行成功，推广至整个中南大学，则需另外补充资金：

购书费用为 189000 元（这部分可分批投入），电动车费用为 1000 元，宣传海报和宣传单费用为 500 元，共计 190500 元。

2. 融资及其使用

初期的融资来自政府资助计划，我们可以完全根据政府资助的多少来决定市场投入的多少，并且保持一定的流动资金。中期的融资是来自商业银行，这部分资金比较客观，可以让我们将市场进一步拓展至整个湖南省，毕竟购书的成本很高，而且还可以用于网站的扩展建设。后期的融资来自股票，有了股票，意味着公司成为了股份制公司，公司的风险也就相对下降了，我们就可以向其他领域延伸，而不仅仅局限于做旧书的销售业务。

思考题：认真阅读创业计划书，说说该创业计划书在风险评估和市场预测等方面还存在哪些不足。

11.4　创业计划书的推广

很多人能把创业计划书写得非常精彩，而往往忽视创业计划的推广。风险投资家选择投资项目时，不仅会考虑项目本身的优劣，也非常重视创业者的能力和个人魅力。创业计划的推广是创业者展示自己能力的难得机会。很难想象,风险投资家会把巨额资金投向一个说话结结巴巴,连自己的创意都讲不清楚的企业家。

为了提高推广的成功率,在推广中应该注意以下几点:

(1) 准备充分。首先,应该准备一份口头的创业计划。口头计划和书面计划的侧重点有所不同,口头语言应该生动,具有号召力和感染力。其次,创业者应该事先推测对方可能会提的一些问题,突出重点,学会随机应变,千万不要敷衍了事。再次,每次推广结束后,创业者应该认真总结并吸取经验,积极准备下一次可能的推广会。

(2) 注意互动。推广时不要只顾自己说话,应该创造机会,让在场的投资者或合作伙伴等参与发言或讨论。推广应该突出市场前景,刺激投资者的兴奋点。推广开始前,应申明允许双向参与,任何时候都可以被提问或被打断。

(3) 少用技术词汇。一方面,投资者很多其实并不懂技术,也没有太多的兴趣;另一方面,创业者不可能花费太多的时间去介绍技术,也不一定能介绍清楚。针对可能出现的有技术背景的投资者,可以事先准备一些书面资料,发给有需要的与会者。

(4) 突出的沟通表达能力。实际执行推广演示的人,不一定是创业者,也可以是创业团队里沟通表达能力最强的人。经理可以作为普通的听众,同时可以观察其他人的反应,当注意到听者出现困惑或茫然的表情,或发现与会者参与热情有所减退,应及时打断推广,再次强调一些能激起兴趣和参与热情的内容,吸引与会者的注意力。

(5) 其他应该注意的问题。保持团队合作精神。创业计划不是个人能力的展示,切忌和与会者发生争执,即使出现也应该妥善处理;使用幻灯片甚至制作动漫,加深理解,捕捉与会者的兴趣。

11.5 创业计划书的评价

创业计划书完成以后是否能够满足各方的需求,完成创业者赋予的使命呢?对创业计划书的评价需要一个客观、公正的评价体系。一般来说,关心创业计划书的人可分为三方,分别为创业者、资源提供方及独立于两方存在的中介机构。由于三方各自的需求不同,对创业计划书的评价也就需要满足各方的特点。

11.5.1 评价要素

一份成功的创业计划应该能够简洁清晰地展示市场容量，了解顾客的需要，解释做的是什么事，这件事通过什么方式盈利，为什么可以盈利，为什么是你而不是别人更适合做这件事，有哪些风险，如何避免这些风险。上述各项缺一不可。若不能明确创业的目标和盈利点，就是一份失败的创业计划书。具体来说，创业计划书的评价要素包括以下六方面内容：

（1）计划书的完整性。
（2）方案的可行性。
（3）技术含量的高低或创新性。
（4）经济效益的可预期性。
（5）融资方案的合理性。
（6）市场前景的可预见性。

11.5.2 评价标准

创业计划书由于使用者的目的不同，评价的标准也不尽相同。本书主要采纳葛建新（2004）的观点，从创业投资基金或投资者角度设定评价标准。

（1）概要（10%）。评价标准：内容清晰，简洁，重点突出，具有吸引力。重点包括对公司及产品（服务）的介绍、市场概况、营销策略、财务预测、企业发展目标展望、介绍创业团队的特殊性和优势等。

（2）产品服务（5%）。评价标准：描述产品或服务的基本性能、特征，产品的商业价值，产品的技术含量，产品的发展阶段，产品的所有权状况。如何满足关键用户需要；进入策略和市场开发策略；说明其专利权、著作权、政府批文、鉴定材料等；指出产品（服务）目前的技术水平是否处于领先地位，是否适应市场的需求，能否实现产业化。产品应不过分超前，以免使市场无法接受。

（3）市场分析（10%）。评价标准：市场容量与趋势、市场竞争状况、市场变化趋势及潜力，细分目标市场及客户描述，估计市场份额和销售额。市场调查和分析应当严密、科学。

（4）竞争（5%）。评价标准：包括公司的商业目的、市场定位、全盘策略及各阶段的目标等，同时要有对现有和潜在的竞争者的分析，替代品竞争、行业内原有竞争的分析。还应总结本公司的竞争优势并研究战胜对手的方案，并对主要的竞争对手和市场驱动力进行适当分析。

（5）营销（5%）。评价标准：阐述如何保持并提高市场占有率，把握企业的总体进度，对收入、盈亏平衡点、现金流量、市场份额、产品开发、主要合作伙伴和融资等重要事件有所安排。还应合理定价，构建一条畅通合理的营销渠道和与之相适应的新颖而富有吸引力的促销方式。

（6）经营计划（10%）。评价标准：包括产品生产（服务）计划、产品的成本和毛利、经营难度及所需要的原材料的供应情况、工业设备的运行安排、人力资源安排等。这部分要求以产品或服务为依据，以生产工艺为主线，力求描述准确、合理、可操作性强。

（7）管理团队（10%）。评价标准：包括关键人物背景、组织结构、角色分配、管理团队实施战略的能力。介绍管理团队中各成员有关的教育和工作背景、经验、能力、专长。组建营销、财务、行政、生产、技术团队。明确各成员的管理分工和互补情况、公司组织结构情况、领导层成员、创业顾问及主要投资人的持股情况。指出企业股份比例的划分。

（8）财务分析（10%）。评价标准：财务报表清晰明了，与计划实施同步，内容包括相应时间段的现金流量表、资产负债表、利润表等。数据应基于经营状况和对未来发展的正确估计，并能有效反映公司的财务绩效。

（9）融资回报（10%）。评价标准：以条款方式列明所需投资、利益分配方式、可能的退出战略。

（10）可行性（20%）。评价标准：一是市场机会（1/5），明确市场需要及其适合的满足方式；二是竞争优势（1/5），企业拥有独特的核心能力以及能获取持续的竞争优势；三是管理能力（1/5），管理团队能够有效地发展企业，并合理规避投资风险；四是财务预算（1/5），企业的发展业务具有明确的财务需求；五是投资潜力（1/5），创业项目具有真正的实际投资价值。

（11）创业计划写作技巧（5%）。评价标准：条理清晰；表述应避免冗余，力求简洁、重点突出；专业语言的运用要准确和适度；相关数据要科学、可信、翔实；计划书总体效果要好。

【案例分析】

厨卫小家电项目创业计划推广

一、市场分析

长期以来，国内居民因生活水平较低，对以厨房和卫生间为主要服务对象的小家电消费很少。据统计,目前国内城镇家庭小家电的平均拥有量只有三四种,而欧美国家这一统计数字高达 37 种。每年国内有至少 260 万住户搬入新家,随着人们生活水平的提高以及人们对厨房和卫生间的日益重视,小家电产品的加速普及与换代升级必将孵化出惊人的市场推动力,小家电的市场发展前景非常广阔。今后 2~3 年内,我国小家电行业将步入黄金发展阶段,市场需求量年增幅有可能突破 30%。

对于浴室取暖用的小家电目前只有浴霸和暖风机两种。目前全国生产浴霸的企业为 376 家,2001 年国内销量估计为 400 万台,2002 年为 550 万台,2003 年达到 700 万台,销售额超过 10 亿元。在城市居民家庭中,浴霸拥有率不到 15%(2004 年),国内消费者对浴霸认同度却达 82%,因此市场空间巨大。

浴霸在浴室取暖设备中占有绝对优势,其中杭州奥普浴霸 2004 年销售额为 2.6 亿元,市场份额居第一位。目前生产浴霸和暖风机的厂家大都集中在浙江、广东一带,但其中小厂居多,多为仿制或 OEM,自主研发能力不强。

我国长江流域地区的大多住宅没有暖气,冬季洗澡取暖一直是个大问题。虽然有浴霸和暖风机,但人们更期待一种简便、有效的取暖器具。根据我的调查,人们对本产品的印象还是不错的,市场潜力巨大。

比照浴霸和暖风机市场,本产品销售市场至少在 5 亿元。

我们完全可以借助专利技术优势,迅速占领浴室取暖设备市场,建立自己的品牌和销售网络。

(以上数据来源于《消费日报》、中国家用电器协会)

二、我们的目标

我们的目标是,在 2006 年制出样品进入市场,发展地市级以上代理商 10~15 家,销售额在 200 万元以上;2007 年达到 500 万销售额;2008 年达到 2000 万销售额,利润率保持在 30%~50%。

三、资金使用

由于以前市场上从未有过本产品,因此初期样品试制、模具开发等费用投入较大,估计在 10 万~15 万元。

办理各种认证、许可证、商标:5 万元。

公司组建、购买相关办公用品、人员招募、公司网站等:10 万元。

房租水电费、人员工资(半年):15 万元。

参加展会、广告费:10 万元。

小批量生产成本(5000 件):20 万~25 万元。

周转资金：20万元。

合计：90~100万元。

四、产品成本及盈利分析

为节省费用，降低投资风险，先期的小批量生产以委外加工为主，暂不购买生产设备。本产品主要包括桶体、盖子、加热盘、漏电保护器、防干烧保护器、开关、蒸汽调节板、底座、密封圈。其中加热盘7~8元，漏电保护器12元，防干烧保护器1.5元，开关0.5元；其余为塑料件，价格15元；另外加上产品包装、接线螺丝、运费等，成本合计在40元以下。批发价暂定为80元，每个毛利为40元，估计两年能收回投资并稍有盈利。

（以上数据来自调查的零配件经销商，还有向下浮动的可能）

五、销售前景

目前市场上还没有同类产品，产品销售压力较小。建议利用各地电器批发商现成的销售网络，进行代理销售。目前已与多家商家联系过，初步达成销售意向。

六、合作方案

本专利项目是非职务发明，专利权为个人所有。具体合作方式由双方协商议定。

七、原材料供应方案

可外协生产，无特殊要求。

八、本项目的未来

由于本产品制造简便，门槛低，难免被人仿造。除了加强打假力度之外，不断升级产品也是拓展市场的必要手段。目前，已开发了两款样品，准备在明年继续推出3~5款新品，随着产品的升级换代，我们必能牢牢占领市场。

【思考与讨论】

1. 根据上面案例，请说出撰写创业计划书时应注意哪些方面。
2. 试分析上面创业计划书，你认为有没有不足之处？如果有，请指出并给出改进意见。

小　　结

创业计划是创业者创办企业前制订的一份纲领性文件，通常包括市场营销计划、生产和销售计划、财务计划、人力资源计划等。可以说，创业计划是创业者叩开投资者大门的"敲门砖"，一份优秀的创业计划往往会使创业者达到事半功倍的效果。创业计划是对企业进行宣传和包装的文件，它向风险投资企业、银行、供应商等外部相关组织宣传企业及其经营方式。同时，又为企业未来的经营管理提供必要的分析基础和衡量标准。制订创业计划时要进行充分的市场调研，创业计划书前后基本假设或预测要相互呼应和一致，论据、假设要合理，内容务必真实、完整，同时还要突出重点，语言要简洁精炼、平实易懂。

第 12 章　开办新企业

【课程目标】

使学生全面了解新企业的法律形式、注册登记流程、市场进入模式及程序、社会责任等相关知识。

【知识点】

1. 新企业的法律形式
2. 新企业的注册登记流程
3. 新企业的市场进入模式及程序
4. 新企业的社会责任

【技能点】

1. 掌握建立新企业需要的法律知识。
2. 学会如何进行新企业的注册登记。
3. 学会新企业的市场进入模式及程序。

【引例】

创维的企业制度转型

创维创始人黄宏生入狱后，创维非但没有因为老板突然"离岗"而倒闭，反而像野草遇到挡路巨石一样，愈加迸发出顽强的生命力。2007 财年创维数码（0751.HK）的营业额再创历史新高，达 139.39 亿港元，较上年增长 11%；纯利为 4.8 亿港元，较上年增长 275%。这正应了创维创始人黄宏生的那句话：因为难，所以成功。

这家 20 岁的民营企业，创业以来挫折不断。2000 年，时任创维营销总经理的陆强华带着 100 多名营销骨干集体"跳槽"。之后，黄宏生临危受命、大胆授权，让原财务总监杨东文接手创维的营销业务，并聘请原椰树集团总经理张学斌出任创维中国区域总裁,还拿出部分股权分给骨干和员工。2001年创维扭亏为盈,2003年销售额首次突破100亿元。

2004年的意外事件同样没有击倒创维。黄宏生在香港被拘后,创维改组董事会、组建独立委员会,创维开始进入"后老板时代",形成职业经理人团队共同管理的局面。老板"出事"反而成为催化剂,使创维跨越了民营企业从"人治"到"法治"的蜕变。

创维集团品牌总监沈健在接受《第一财经日报》采访时表示,创维这几年进步最大的是治理结构,创维必须比以前更谨慎、更稳健,才能赢得外界的信任。

2005年,创维改组了董事会,在电子行业德高望重、时任深圳市电子商会会长的王殿甫接替黄宏生出任创维的董事局执行主席,张学斌任创维的董事兼总裁,重回创维执掌彩电业务的杨东文也进入了董事会。同时,创维组建独立委员会,以加强社会监督。"老板不在,职业经理人的权力更大了。"沈健说。在王殿甫的主持下,创维明确了"核心产业做强、相关产业做大"的战略主线。事实上,职业经理人在创维不仅有经营权,还有决策权。

不过,创维的职业经理人却保持着稳健的作风。经济过热时,创维没有炒股,也没有投资房地产。创维2004财年的净利润为4.03亿港元,2005财年的净利润为2.16亿港元,2006财年的净利润为1.69亿港元,2007财年的净利润为4.8亿港元。

实际上,这与职业经理人在新的管理框架下受到理性制约不无关系,因为创维推行的是董事局集体决策。微妙的是,2006年2月,创维股票复牌尚不到一个月,黄宏生的妻子林卫平女士成为了创维数码的执行董事。

同时,张学斌也是一个非常注重控制风险的职业经理人。他于2007年4月接替王殿甫出任创维数码的董事局执行主席,并兼任创维数码的首席执行官。

"像手机等出了问题、没有利润的产业,都是黄老板时代留下的。张学斌主要是整理以前的业务,使之盈利,不盈利的业务处理掉,同时加强彩电主业。"沈健坦言,如果不是受手机业务拖累,创维数码2007财年的净利润可达5亿~6亿港元。2008年,创维果断地把手机业务的控股权转让给了合作伙伴。

正如创维集团副总裁、彩电事业本部总裁杨东文所说:"这个管制体系在创维是主动也好,被动也好,是被逼出来的。"

2000年营销大将"反戈"之后,黄宏生意识到必须权力下放。他在2003年的一次演讲中谈到,创维能从刚刚创业时的100万元发展到近100亿元的销售规模,其中一个重要的突破就是创始人的个人英雄主义转变成团队的领导人。"因为一个人无法驾驭航空母舰，哪一个环节出问题，都是很大的挑战。"他说，"再造创维，就是把经营第一线的权力交出去，大胆放权，每一个利润中心都要有一个总裁。"

沈健认为，创维2000年才开始正式引入职业经理人，包括杨东文、张学斌及原创维研究院院长李鸿安，黄宏生都是以期权等方式把他们引进来的。2001年，创维建立分权制度，明确老板与职业经理人的角色定位；2003年实施期权、盈利分享制度；2004年批量提拔年轻人才进入高管团队。

张学斌当年接受创维中国区域总裁这一职位时，为了使公司未来获得更大的发展空间，就曾向黄宏生"要权"：自主设置机构；用人自由，只通告黄宏生各个层次用人；财务开支自由，3000万元以下的开支不用请示黄宏生；公司人员的奖励和激励方案自定。黄宏生毫不犹豫地答应了。其实，自那时起，创维就已跨出了脱离家族式管理的重要一步。

2000—2004年，是创维职业经理人制度的磨合期。2004年年底，黄老板出事，时势造英雄，职业经理人再次临危受命，使创维的职业经理人制度进入成熟期。

据创维数码2007年财年报告显示，截至2008年3月31日，林卫平持有创维39.49%的股权，而创维董事局中的一群职业经理人也持有相当股权。其中，张学斌持有创维0.18%的股权（420万股），杨东文持有0.2%的股权（460万股），而且张、杨还分别持有创维3100万股和2500万股的认股权。

2007年4月，张学斌就任创维董事局执行主席之际曾向《第一财经日报》记者表示，创维过去两年半中最大的变化就是"完全由职业经理人来管理，以前尽管董事会和经营层分开，但是最后还是由老板来拍板，现在连拍板都是由职业经理人来拍的"。

"真正进入了职业经理人经营的时代，这对创维的发展历程而言，是非常大的转变。所以，我们更注重职业经理人队伍的建设，吸纳天下的精英加盟。"张学斌此言非虚。这几年，原康佳彩电事业部总裁匡宇斌进入创维负责海外业务，其他一些业内精英也相继加盟创维。

如今创维已形成了从高层、中层到基层，稳定而富有战斗力的经理人队伍。沈健说："经理人队伍，是创维宝贵的资源。"

中国民营企业的平均寿命只有7.8岁，创维历经坎坷步入了20周岁。原北大光华管理学院院长张维迎在"创维之道——新民企发展研讨会"上指出，创维20年来非常不容易，特别是完成了一个从家庭创立的企业到现代管理的转变。

思考题

1. 创维的企业管理制度有哪些特点？体现出了现代企业制度的哪些特征？
2. 现代企业制度是否适应于所有的中国企业？有哪些优势和弊端？

12.1　新办企业的法律形式

不论是初次创业还是有过创立公司的经历，选择合适的公司类型进行注册都是首先要考虑的问题。因为在注册阶段对不同的公司类型有不同的要求，更为重要的是公司的类型对今后的经营方式和方法有重要的影响。

根据我国相关法律的规定，可以选择有限责任公司、股份有限公司、合伙和个人独资等企业形式。一般来说，大多数创业者比较倾向于选择合伙企业、个人独资企业、个体工商户、有限责任公司、一人有限责任公司等企业形式，而其中尤其以有限责任公司居多。在以上几种企业形式中，有限责任公司和一人有限责任公司属于公司制的企业形式，在法律上具有法人地位；其余的企业形式均不属于公司制，不具备法人资格。

（1）有限责任公司。根据《中华人民共和国公司法》（以下简称《公司法》），有限责任公司是指由 50 个以下股东共同出资，每个股东以其所认缴的出资额对公司承担有限责任，公司是以其全部资产对公司债务承担责任的企业法人。

设立有限责任公司，应当具备下列条件：

1）股东符合法定人数。
2）有符合公司章程规定的全体股东认缴的出资额。
3）股东共同制定公司章程。
4）有公司名称，建立符合有限责任公司要求的组织机构。
5）有公司住所。

有限责任公司的注册资本为在公司登记机关登记的全体股东认缴的出资额。

（2）一人有限责任公司。一人有限责任公司是 2005 年修订的《公司法》中出现的一种新的公司类型，是有限责任公司的一种，是指由一个股东发起成立的特殊有限责任公司。

一人有限责任公司的股东应当一次足额缴纳公司章程规定的出资额。一个自然人只能投资设立一个一人有限责任公司，该一人有限责任公司不能投资设立新的一人有限责任公司。一人有限责任公司的股东不能证明公司财产独立于股东自己的财产的，应当对公司债务承担连带责任。

（3）合伙企业。合伙企业是指自然人、法人和其他组织依照《中华人民共和国合伙企业法》（简称《合伙企业法》）在中国境内设立的普通合伙企业和有限合伙企业。

普通合伙企业由普通合伙人组成，合伙人对合伙企业债务承担无限连带责任；有限合伙企业由普通合伙人和有限合伙人组成，普通合伙人对合伙企业债务承担无限连带责任，有限合伙人以其认缴的出资额为限对合伙企业债务承担责任。

（4）个人独资企业。个人独资企业是指由一个自然人投资，全部资产为投资人所有的营利性经济组织。个人独资企业是一种很古老的企业形式，至今仍广泛存在于商业经营中，其典型特征是个人出资、个人经营、个人自负盈亏和自担风险。

个人独资企业的投资人以其个人财产对企业债务承担无限责任，无论是企业经营期间还是企业因各种原因而解散时，对经营中所产生的债务如不能以企业财产清偿，则投资人必须以其个人所有的其他财产清偿。

（5）个体工商户。根据《中华人民共和国民法通则》（简称《民法通则》）规定，公民在法律允许的范围内，依法经核准登记，从事工商业经营的，为个体工商户。

个体工商户享有从事个体工商业经营的民事权利能力和民事行为能力。个体工商户的正当经营活动受法律保护，对其经营的资产和合法收益，个体工商户享有所有权。个体工商户可以在银行开设账户，有权申请商标专用权，有权签订劳动合同等。

虽然个人独资企业和个体工商户都是自然人出资，但是二者还是存在明显的差别的。个人独资企业仅能以个人出资设立；个体工商户则可以是一个自然人设立，也可以是家庭出资设立。个人独资企业，投资人以其个人财产对企业债务承担无限责任，仅在企业设立登记时明确以其家庭共有财产作为个人出资的，才依法以家庭共有财产对企业债务承担无限责任；而根据《民法通则》第二十九条的规定，个体工商户的债务如属个人经营的，以个人财产承担，属家庭经营的，以家庭财产承担。二者依据的法律不同，个人独资企业依照《中华人民共和国个人独资企业法》（简称《个人独资企业法》）设立；个体工商户依照《民法通则》《个体工商户条例》及其实施细则的规定设立。个人独资企业是经营实体，是种企业组织形态，性质上属于非法人组织，具有团体人格的组织体属性；个体工商户是不具有法人资格的。

以上几种企业形式除了在法律上的定义差别外，更多地体现在具体细节方面，表 12-1 对有限责任公司、合伙企业、个人独资企业的具体差别分别作了对比。

第12章 开办新企业

表 12-1 有限责任公司、合伙企业、个人独资企业差别

项目	有限责任公司	合伙企业	个人独资企业
法律依据	《公司法》	《合伙企业法》	《个人独资企业法》
法律基础	公司章程	合伙协议	无章程或协议
法律地位	企业法人	非法人营利性组织	非法人经营主体
责任形式	有限责任	无限连带责任,其中有限合伙企业中的有限合伙人承担有限责任	无限责任
投资者	无特别要求,法人、自然人皆可	具有完全民事行为能力的自然人,法律、行政法规禁止从事营利性活动的人除外	具有完全民事行为能力的自然人,法律、行政法规禁止从事营利性活动的人除外
注册资本	全体股东认缴的出资额	依约定	投资者申报
出资	法定:货币、实物、工业产权、非专利技术、土地使用权	约定:货币、实物、土地使用权、知识产权或者其他财产权利、劳务	投资者申报
出资评估	必须委托评估机构	可协商确定或评估	投资者决定
成立日期	营业执照签发日	营业执照签发日	营业执照签发日
章程或协议生效条件	公司成立	合伙人签章	无
财产权性质	法人财产权	合伙人共有	投资者个人所有
财产管理使用	公司机关	全体合伙人	投资者
出资转让	股东过半数同意	一致同意	可继承
经营主体	股东不一定参与经营	合伙人共同经营	投资者及其委托人
事务决定权	股东会	全体合伙人或从约定	投资者个人
事务执行	公司机关,一般股东无权代表	合伙人权利同等	投资者或其委托人
利亏分担	投资比例	约定,未约定则均分	投资者个人
解散程序	注销并公告	注销	注销
解散后义务	无	5年内承担责任	5年内承担责任

12.2　创业者选择企业法律形式的方式

大学生创业可选择的法律形式较为灵活，可以根据创业大学生数量、自身所具备的资金条件以及大学生创业者个人风险偏好等不同因素选择不同的企业法律形式。

12.2.1　根据创业者数量

创业往往可以根据创业者数量分为团队创业和个人创业。根据相关规定，大学生团队创业可选择的企业法律形式包括一般有限责任公司、合伙企业，其中一般有限责任公司创业者承担有限责任，出资方式灵活且知识产权出资比例最高可达70%。有限责任公司公司治理结构健全，因此适合拥有资金、掌握专利技术的大学生，还要拥有管理、经营、财会等多方面专长的人才加入，特别适合由导师引领创业。合伙企业创业者以各合伙人财产承担无限责任，但也可以成为有限合伙人，可以劳务出资，而无须缴纳法人所得税，大学生创业者只需交纳个人所得税即可，因此适合创业资金缺乏、无专利技术，但勤劳肯干的大学生创业团队。这类合伙企业经过发展可以在资金充足、技术完备后转为一般有限责任公司。

大学生个人创业可选择的企业法律形式包括一人有限责任公司、个人独资企业和个体工商户，其中一人有限责任公司创业者承担有限责任，但对于出资额度、缴纳期限、财会审核制度、经营管理都较为严格，特别是当个人财产与公司财产混同时，会产生大学生个人对公司债务承担无限连带责任的法律后果，因此适合资金雄厚且经营、管理、财会能力较强的大学生个人创业者。

个人独资企业创业者以个人财产承担无限连带责任，对于创办者的资金要求不高，企业经营方式灵活，创业者可聘任有管理经验的专门人员经营管理，企业无须缴纳法人所得税，而只需交纳个人所得税即可，因此适合资金较少、缺乏一定经营管理经验的大学生个人创业者。

个体工商户以户为单位承担无限连带责任，对于创业者本身资金要求也不高，其经营灵活，通常个体工商户的经营者以自己或者家人为主（也可以根据需求雇用员工），在经营中管理相对容易，能够根据市场需求情况及时做出调整。此外，个体工商户仅需要交纳个人所得税，且税务部门根据个体工商户的实际情况采用不同的纳税方式。对于资金较少且经验不足的大学生创业者，个体工商户是一种低门槛的创业模式。

12.2.2 根据创业者所具备的资金条件

不同的企业法律形式，在注册资金上存在着不同的规定和要求。个体工商户并无最低资金要求，只需要交纳一定的登记费，而该费用非常低，甚至在部分地区已经被取消。因此，在大学生创业时，申请设立个体工商户并没有最低资金限制，但是个体工商户需要有一定的经营启动资金，这往往取决于所从事的行业性质。对于个人创业者来讲，有时候可以依靠独自的资金启动小规模个体经营，但是对于需要较多资金的经营行为则会因力量较为薄弱而不足以启动经营。

对于个人独资企业，法律没有设立最低出资额，具体额度由投资人自主申报。同时也没有对具体出资形式做出明确规定，即大学生创业者可以用货币、实物出资，也可以用土地使用权、知识产权等无形资产出资，还可以用其他财产权利等非货币资产出资。对于资金较少，拥有某种专利技术的大学生创业者来讲，这是一种较为合适的企业法律形式。但是法律要求个人独资企业要有固定的经营场所，这对于大学生创业者来讲，获得固定的经营场所必然需要一定量的资金支持，而资金恰恰是多数大学生创业的一大瓶颈。对于资金力量不足的大学生来说，需要慎重选择这种创业企业的法律形式。

《合伙企业法》对于合伙企业的注册资金没有做出具体规定，合伙人可以根据合伙企业需要或者自身条件，与其他合伙人达成协议出资。对具体合伙人出资额度没有明确规定，而对于出资方式，合伙人可以用货币、实物、知识产权、土地使用权或者其他财产权利出资，也可以用劳务出资。由此可见，合伙企业的出资限额和出资方式更为灵活，对于大学生合伙创业者来讲，该种出资来源较广，出资方式较为灵活，最重要的是可以以劳务（对于大学生来说，可以以其知识或者智力劳动）出资。对于合伙企业来讲，可以吸引不同的出资者（或者以不同的方式出资的出资人）入伙，共同从事某项经营活动，相对个人创业者来讲，这种方式的资金来源方式多样，可以有效弥补个人力量不足的缺陷。合伙创业形式是目前大学生创业时选择的一种重要法律形式。

2018年新修订的《公司法》规定一般有限责任公司的注册资本为公司登记机关登记的全体股东认缴的出资额。因此，对于资金有限的大学生而言，与合伙企业类似，一般有限责任公司的注册资本可以来源于较多的出资人。法律对于一般有限责任公司注册资金的放宽也意在鼓励更多的人走上创业的道路，尤其对于就业出现各种不利因素的大学生群体。

对于一人有限责任公司，在一人有限公司的股东不能证明公司财产独立于股东自己的财产时，要对公司债务承担连带责任。所以这种企业形式需要学生个人创业者慎重选择。

12.2.3　根据创业者的风险偏好

对于不同的企业法律形式，创业者所承担的法律责任并不相同，其所承担的风险也不尽相同。

个体工商户对于经营过程中所发生的债务承担无限连带责任，债务的偿还以"户"为单位；若在经营过程中发生严重的债务问题，则个体工商户不仅需要以个人目前所拥有的财产进行偿还，而且当目前财产不足以偿还时还需要以个体工商户未来的收益作为还债资金来源。可以说，个体工商户的债务风险较大，创业者需要有一定的风险承担能力。

如果个体工商户、个人独资企业的投资人对外承担无限责任，即当个人独资企业的财产不足以清偿其所欠债务时，投资人就必须以个人的其他财产承担无限清偿责任。合伙企业是典型的合作企业，普通合伙人承担无限连带责任，这也大大加大了普通合伙人的个人责任和承担风险的责任，若选择此类法律形式，大学生创业者则要具备坚忍的心理素质。团队创业的大学生如果采纳普通合伙企业的方式，就将以其全部个人财产对外承担无限连带责任，这对大学生来说存在较大的创业风险。由于大学生资本实力较低，亦不利于对外产生良好的经济交往信用，大学生创业者应对此种法律形式谨慎选择。

对于一些拥有专利技术的大学生，可与社会上一些有着较雄厚资金的个人或企业成立有限合伙企业，成为有限合伙人，因为有限合伙人可以用知识产权作价出资，且一般情况下不用承担企业事务的管理工作，大学生既发挥了自身的聪明才智，又克服了自身管理经验的缺乏，同时对企业对外债务只以其出资额为限承担有限责任，可谓"一石三鸟"。很多大学生创业者在创业时会寻找创业合作伙伴，尤其是与自己志同道合的同学一起创业就更显得顺理成章，但是大学生人生经验不足，常感情用事，对于企业中出现的经营方向、用人或财务问题大都以忍让、和解的方式处理，而忽视了必备的契约签订和严格的约束制度，从而使合伙人之间容易产生问题，关系也较难处理。而且大学生正值盛年，在创业中容易出现自以为是、刚愎自用的问题。现实社会中我们也不难听到、见到一些亲戚朋友合伙创业后反目成仇、企业倒闭的事件，这对于大学生创业者而言是个警示。

一般有限责任公司和一人有限责任公司的股东对于公司债务承担有限责任，仅以其出资额为限对公司债务承担责任。当公司发生的债务超过公司的资产时，并不需要股东以其个人财产进行偿付,因此,一旦创业者选择有限责任公司这种法律形式,则其所承担的风险最大为自己的出资额,可以说有限责任公司的股东承担的风险有限。这对于那些不愿意承担太大风险又愿意创业的大学生来讲,不失为一种规避风险的选择。大学生创业者成立一人有限责任公司对其个人的经营管理能力提出了更高的要求,原因有两点:一是突破传统的公司治理结构,即只有股东一人集决策、执行、监管、财会于一身,要求大学生拥有各方面知识,包括管理、法律、财会等;二是《公司法》规定"一人有限责任公司应当在每一会计年度终了时编制财务会计报告,并经会计师事务所审计",因此,要求公司必须有更为严格的财务审核制度。提醒有志创立一人有限责任公司的大学生在校期间就应广泛涉猎相关知识,并积极参加相关的创业竞赛,多去类似公司实习以积蓄能量。

12.3 新企业注册登记时应准备提交的文件

很多创业者把企业注册看作一种形式,无论是注册公司还是私营企业,各种文件的准备都显得草率,好像是为了应付工商局的审查而做的。有的创业者干脆让工商服务中心代为起草章程或者取一个样本依样画葫芦写一份,对自己的权利和义务不甚了然,根本就没有推敲其中的细节,从而导致以后出现经济纠纷。许多创业者在出现经济纠纷之后才发现公司章程条款或合伙人协议条款对自己极为不利。因此创业者在注册时对各项文件的准备一定要慎重。

【阅读材料】

A 和 B 两人就某一项目约定成立某有限责任公司进行开发,双方签订了开发协议,对双方的投入和利润分配进行了详细的规定。双方在注册登记有限公司时,只是根据工商局提供的格式化章程进行了简单的修改,在修改的新章程里没有完全将双方协议中的投资和利润分配的详细条款纳入公司章程。后来双方对投资和利润分配方式产生不同意见,A 要求依据章程,B 则要求依据合作协议,最终导致项目停顿,公司也无法经营下去。

【点评精要】

这个案子对 B 来讲是非常不利的,他过分重视合作协议,而忽视了公司章程的重要性。公司章程是指公司必须具备的由发起设立公司的投资者制定的,并对公司、股东、公司经营管理人员具有约束力的调整公司内部组织关系和经营行为的自治规则。B 认为章程只是为工商登记走的一个过场，实际却恰恰相反，公司章程相当于公司的根本法则，是公司运作过程中所有行为的规范性指引，公司及其股东、董事、管理机构、管理人员的一切行为都不得违反公司章程的规定，否则要么无效，要么必须承担相应的法律责任。绝大部分公司的公司章程都存在过于简单化的缺点，基本都是依据工商局提供的格式章程进行简单的"填空"，导致遗漏需要进行特殊约定的事项。而格式条款通常和特殊事项是不一致的，一旦出现纠纷，尤其是股东之间的纠纷，只能依据章程，必然导致其中一方遭受意想不到的损失。一个好的章程是公司规范运作的好的开始，也是公司股东、董事、管理层的护身符。当年新浪抛出的"毒丸"计划就是利用其章程的有关规定，最终让盛大斥巨资收购新浪股份却无法实施对新浪的控制。

（1）个人独资企业登记注册时应提交的文件。

1）投资人签署的《个人独资企业设立登记申请书》。

2）投资人身份证明。

3）企业住所证明。

4）《企业名称预先核准通知书》。

5）国家工商行政管理总局规定提交的其他文件。

6）委托代理人申请设立登记的，应当提交投资人的委托人和代理的身份证明或资格证明。

7）经营范围涉及法律、行政法规规定必须报经前置审批的项目，还应提交有关部门的批准文件或许可证明。

（2）合伙企业登记注册时应提交的文件。

1）《企业名称预先核准通知书》。

2）全体合伙人签署的设立登记书。

3）全体合伙人共同委托的代理人的委托书。

4）全体合伙人的身份证明（身份证或户籍证明复印件）。

5）合伙协议。

6）出资权属证明。

7）经营场地证明（产权证复印件、租房协议原件并附出租方产权证、土地使用证复印件）。

8）全体合伙人共同委托执行合伙企业事务的合伙人的委托书。

9）法律、法规规定提交的其他文件证件。

(3) 有限责任公司登记注册时应提交的文件。

1) 公司董事长或执行董事签署的《公司设立登记申请书》。
2)《企业（公司）申请登记委托书》。
3) 公司章程。
4) 股东的法人资格证明或者自然人身份证明。
5) 验资报告。
6) 董事、监事、经理的任职文件，董事长或执行董事的任职证明。
7) 公司董事、监事、经理身份证复印件。
8) 住所使用证明。
9)《企业名称预先核准通知书》。
10) 法律、行政法规规定设立有限责任公司必须报经审批的，提交有关部门的批准文件。公司的经营范围涉及法律、行政法规规定必须报经前置审批的项目，提交有关部门的批准文件或许可证件。

12.4 创业项目进入市场的特殊模式

12.4.1 通过新建企业进入市场

很多人希望开拓自己的事业，自己做老板，最常用的方式就是建立一个全新的企业。任何一个有经验的企业家都会说："这可不是一件容易的事。"可供选择的法律组织形式有个体工商户、个人独资企业、合伙企业、有限责任公司、股份有限公司。具体内容及方式参见本章前两节。

【阅读材料】

巨头抱团渡难关　辉瑞以 680 亿美元并购惠氏

辉瑞和惠氏的危机在于都受到了新产品研发不力、固定成本居高不下等利空因素的影响。在如今赢利药物专利即将到期、仿制药竞争的压力之下，巨头也需要抱团渡过难关。

2009 年 1 月 27 日辉瑞总部发布声明称，双方达成并购协议，辉瑞将按惠氏当前 50.19 美元股价对后者以现金加换股方式进行收购，总价值大约 680 亿美元。两家董事会已经批准这一收购。如此高价体现了辉瑞巩固市场份额的迫切心情，以及通过并购达到降本增效的意愿。辉瑞总部透露，交易的资金来源将包括现金债务和股票。多家银行组成一个财团，提供金额达225亿美元的贷款。

双方还约定如果并购失败各需赔付天价违约金。辉瑞违约的代价为45亿美元，惠氏违约金为15亿～20亿美元，足见"联姻"的忠诚度。惠氏目前也频频遭遇挫折，其治疗抑郁症和心绞痛的最重要的两种产品，将于2010年和2011年失去专利保护。同时被认为是公司未来希望所在的痴呆症疫苗研制，其一些临床实验表现令人失望。

国务院发展研究中心金融问题专家巴曙松表示："此次并购或将引发新一轮的并购潮。"在金融危机大背景下，医药行业统一面临销售回落、赢利下滑的压力。辉瑞和惠氏两家企业有着高度的相似性，此时合并可在短时间内起到降低成本的作用。

如果不采取此次并购行动，一两年内辉瑞将很快被葛兰素史克或罗氏超过，让出全球药业老大的宝座。辉瑞目前面临的主要问题在于：随着其拳头产品"立普安"在2011年失去专利保护，这一项占其全年营业额度1/4的收入将大幅缩水。对于许多大型制药公司而言，往往三四种产品的赢利就能占公司利润的一大块。据了解，辉瑞公司在2007年财政的收入为484亿美元，其中127亿左右的贡献来自降胆固醇药物"立普安"，比排在第二的药物高出3倍多。有美国分析师曾预计，加上其他专利将先后到期，与2007年相比，到2015年的时候辉瑞营收的来源将缩水超过70%。

辉瑞一直没有找到合适的新药，以消除"立普安"专利失效给公司赢利带来的负面影响。自2007年以来，辉瑞一直不断压缩成本，但都无法从根本上解决问题。辉瑞显然已经看到了单靠两三个拳头产品打天下的弊端。在宣布收购惠氏的声明中，辉瑞特意提到，收购将使公司具备庞大和多样化的全球产品组合，并降低对小分子产品的依赖。新公司无论在短期还是长期，都将更好地实现营收的稳定增长和每股赢利的增长。预计到2012年，任何一种药品的营收占新公司总营收的比重都将低于10%。

辉瑞通过并购实现"逆转"的历史由来已久。2000年时辉瑞以900亿美元收购华纳兰伯特公司并获得重磅药物"立普安"，首次成为全球第一大制药公司。辉瑞收购惠氏，表明其产品研发重心的转移。辉瑞目前的产品线与研发重心多集中在化学药物上。但从目前药品的市场发展趋势和未来的药物需求看，生物制药在未来有很大的市场空间。与主要竞争对手相比，辉瑞在生物科技领域并不擅长。通过买下惠氏药厂，辉瑞可强化在生物科技领域的地位，并取得惠氏众多前景看好的产品，特别是疫苗，以补强辉瑞的弱项。辉瑞在并购声明中特意提到两家联姻提供了一个改变行业的有利机会，将创造出世界上头号生物制药公司。

同时，辉瑞与惠氏的合并将它与罗氏等其他药企的竞争摆到了一个白热化的境地。消费者将面临着集中度更高的产业结构和市场结构，行业竞争将更趋激烈。

思考题

1. 分析辉瑞收购惠氏的原因。
2. 辉瑞收购惠氏后对辉瑞有什么影响？

12.4.2 通过并购现有企业进入市场

并购包括兼并和收购两层含义、两种方式。兼并（merger）是将两个或多个企业合成一个新的企业。收购（acquisition）是一个企业直截了当地购买另一个企业。国际上习惯将兼并和收购合在一起使用，统称为 M&A，在我国称为并购。企业之间的兼并与收购行为，是企业法人在平等自愿、等价有偿基础上，以一定的经济方式取得其他法人产权的行为，是企业进行资本运作和经营的一种主要形式。当创业者经过考察确认某一市场具有进入的必要时，在有资金，缺乏技术、市场及管理经验时，可以通过收购一家正在运营的公司，借助其技术、市场、经营管理等方面的优势，进行创业。为此，要了解企业并购的类型、企业并购需经历的阶段、并购程序及需注意的问题。

（1）企业并购的类型。

1）从行业角度划分，可将其分为以下三类：

A．横向并购。横向并购是指同属于一个产业或行业，或产品处于同一市场的企业之间发生的并购行为。横向并购可以扩大同类产品的生产规模，降低生产成本，消除竞争，提高市场占有率，增加并购公司的垄断实力或形成规模效应。

B．纵向并购。纵向并购是指生产过程或经营环节紧密相关的企业之间的并购行为。纵向并购是处于生产同一产品、不同生产阶段的公司间的收购。收购双方往往是原材料供应者或产成品购买者，所以对彼此的生产状况比较熟悉，有利于收购后的相互融合。纵向并购可以加速生产流程，节约运输、仓储等费用。

C．混合并购。混合并购又称复合收购，是指生产和经营彼此没有关联的产品或服务的企业之间的并购行为。混合并购的主要目的是分散经营风险，提高企业的市场适应能力。混合并购包括三种形式：产品扩张性并购，即生产相关产品的企业间的并购；市场扩张性并购，即一个企业为了扩大竞争地盘而对其他地区

生产同类产品的企业进行的并购；纯粹的并购，即生产和经营彼此毫无关系的产品或服务的若干企业之间的并购。混合并购可以降低一个企业长期从事一个行业所带来的经营风险，可以使企业的技术、原材料等各种资源得到充分利用。

2）从并购企业的行为来划分，可以分为善意并购和敌意并购。善意并购主要通过双方友好协商、互相配合，制定并购协议，目标公司主动向收购者提供必要的资料等，并且目标公司经营者还劝其股东接受公开收购要约，出售股票，从而完成收购行动的公开收购。敌意并购是指并购企业秘密收购目标企业股票等，虽然该收购行动遭到目标公司的反对，但收购者仍要强行收购；或者收购者事先未与目标公司协商，而突然提出收购要约，最后使目标企业不得不接受出售条件，从而实现控制权的转移。

（2）企业并购的动因。并购其他企业能够满足自身的几个需求，如扩张产品线、得到销售渠道、取得竞争性规模经济或扩张企业的市场区域。不同企业根据自己的发展战略，确定并购的目的，并以此为导向寻找并购目标。企业并购的具体动因有以下几个方面：

1）获取被收购企业的市场经营优势。通过收购一家理想企业，可以帮助创业者快速获取被收购企业的市场经营优势。通过收购能够取得被收购方现有的资源能力条件，这些优势条件既包括原来公司在技术、销售渠道、专利、产品管理等方面的特长，也包括其中较为优秀的运作能力以及组织能力等。

2）并购可以降低进入壁垒和企业发展的风险。企业进入一个新的行业会遇到各种各样的壁垒，包括资金、技术、渠道、顾客、经验等，这些壁垒不仅增加了企业进入这一行业的难度，而且提高了进入的成本和风险。如果企业采用并购的方式，先控制该行业原有的一个企业，则可以绕开这一系列的壁垒，以较低的成本和风险迅速进入这一行业。

3）实现合理避税。各国公司法中一般都有规定，一个企业的亏损可以用今后若干年度的利润进行抵补，抵补后再缴纳所得税。因此，如果一个企业历史上存在着未抵补完的正额亏损，而收购企业每年产生大量的利润，则收购企业可以以低价获取对这一公司的控制权。

4）收购低价资产。在证券市场中，从理论上来讲，公司的股票市价总额应当等同于公司的实际价值，但是由于环境、信息不对称和未来的不确定性等方面的影响，上市公司的价值经常被低估。如果企业认为自己可以比原来的经营者做得更好，那么该企业可以收购这家公司，通过对其经营获取更多的收益，该企业也可以将目标公司收购后重新出售，从而在短期内获得巨额收益。

第12章 开办新企业

5）政府意图。政府参与并购活动是为了保护本地的上市公司或者为了解决就业等本地的经济社会问题。还有的政府为了解决本地的困难企业或者出于自己的政绩考虑而干预并购活动。

（3）企业并购需注意的问题。并购对企业发展具有重大意义，但是从实际情况来看，许多并购案都不是很成功。为保证企业并购成功，应该注意以下几个问题：

1）在企业战略的指导下选择目标公司。企业在实施并购活动之前，必须明确本企业的发展战略，在此基础上对目标企业所从事的业务、资源状况进行调查。如果对目标企业进行收购后，其能够很好地与本企业的战略相配合，增强本企业的实力，提高整个系统的运作效率，最终增强竞争优势，才可以考虑对目标企业进行收购。反之，如果目标企业与本企业的发展战略不能很好地吻合，那么即使目标企业十分便宜，也应该慎重行事。因为对其进行收购后，不但不会通过企业间的协作、资源的共享获得竞争优势，反而会削弱购买方的力量，降低其竞争能力，最终导致并购失败。

2）并购前应对目标企业进行详细的审查。许多并购的失败是由于事先没有很好地对目标企业进行详细的审查。在并购过程中，由于信息不对称，买方很难对目标企业有充分的了解。许多企业在收购程序结束后，才发现事实并非想象中的那样，目标企业中可能存在着没有被注意到的重大问题，以前所设想的机会可能根本就不存在，或者双方的企业文化、管理制度、管理风格很难融合，因此，很难将目标公司融合到整个企业的运作体系当中，从而导致并购失败。

3）合理估计自身实力。在并购过程中，并购方的实力对于并购能否成功有着很大的影响。因为在并购中，收购方通常要向外支付大量的现金，这必须以企业的实力和良好的现金流量为支撑，否则企业就要大规模举债，造成本身财务状况的恶化，这样一来，企业很容易因为沉重的利息负担或者到期不能归还本金而破产。这种情况在并购中经常出现。

4）并购后对目标企业进行迅速有效的整合。收购目标公司后，应该迅速对其进行整合。但通常情况下，很容易形成经营混乱的局面，尤其是在敌意收购的情况下，许多管理人员纷纷离去，客户流失，生产混乱，因此，需要对目标公司采取有效的措施进行整合。可以向目标公司派驻高级管理人员稳定经营，然后对各个方面进行整合。其中，企业文化整合尤其重要，许多研究发现，很多并购案例的失败都是由双方企业文化不能很好地融合造成的。通过对目标公司的整合，使其经营重新步入正轨并与整个企业运作系统的各个部分有效配合。

（4）一般企业的并购程序。这里的一般企业是指除上市公司以外的所有企业。其并购的程序大致如下：

1）企业决策机构作出并购的决议。企业股东会或董事会根据企业发展战略，对企业并购形成一致意见，作出决议，并授权有关部门寻找并购对象。

2）确定并购对象。企业并购成功的第一步是选择正确的并购对象，这对企业今后的发展有着重大的影响。一般可以通过两种途径来选择：一种是通过产权交易市场，其信息来源于全国各地，信息面广，信息资料规范，选择余地大；另一种是并购双方直接洽谈，达成并购意向，制订并购方案并向有关部门提出申请。

3）尽职调查并提出并购的具体方案。并购企业应对目标企业所提供的一切资料，如目标企业的企业法人证明、资产和债务明细清单、职工构成等进行详细调查，逐一审核，并进行可行性论证，在此基础上提出具体的并购方案。

4）报请国有资产管理部门审批。国有企业被并购，应由具有管辖权的国有资产管理部门负责审核批准。

5）进行资产评估。对企业资产进行准确的评估，是企业并购成功的关键。并购企业应聘请国家认定的有资格的专业资产评估机构对被并购企业的现有资产进行评估，同时清理债权债务，确定资产或产权的转让底价。

6）确定成交价格。以评估价格为基础，通过产权交易市场公开挂牌，以协议、拍卖或招标的方式确定市场价格。

7）签署并购协议。在确定并购价格后，并购双方就并购的主要事宜达成一致意见，由并购双方的所有者正式签订并购协议。

8）办理产权转让的清算及法律手续。在这个过程中，并购双方按照并购协议的规定，办理资产的移交，对债权进行清理核实，同时办理产权变更登记、工商变更登记及土地使用权等转让手续。

9）发布并购公告。并购完成后，并购双方通过有关媒体发布并购公告。

12.4.3 特许经营

特许经营是指特许者将自己所拥有的商标（包括服务商标）、商号、产品、专利和专有技术、经营模式等以合同的形式授予被特许者使用，被特许者按合同规定，在特许者统一的业务模式下从事经营活动，并向特许经营者支付相应的费用。特许经营是投资购买他人智能成果而进行的创业，本质上属于收购方式创业。

特许经营一词译自英文 franchising，目前国内对 franchising 这个词的翻译和理解大致有两种：一种译为特许经营，另一种译为特许连锁。在我国，2007年国务院颁布的《商业特许经营管理条例》第三条将特许经营定义为："本条例所称商业特许经营（以下简称特许经营），是指拥有注册商标、企业标志、专利、专有技术等经营资源的企业（以下称特许人），以合同形式将其拥有的经营资源许可其他经营者（以下称被特许人）使用，被特许人按照合同约定在统一的经营模式下开展经营，并向特许人支付特许费用的经营活动。"

早期的特许经营是商品商标型特许经营，在这一阶段，特许商向加盟商提供的仅仅是商品和商标的使用权，作为回报，加盟商须定期向特许商支付费用。例如，通用汽车公司、福特公司、埃克森石油公司、壳牌公司、可口可乐公司、麦当劳公司等都采取这种方式从事经营，这也被称为第一代特许经营。

但是第一代特许经营在实践中遇到了一系列问题。如麦当劳兄弟在1937年创办汽车餐厅起家，通过改进厨房设备与生产程序，使汉堡生产制作速度大大提高，吸引了大量顾客。此后，麦当劳利用特许经营形式建立起自己的经营体系。一开始，他们采取的是第一代特许经营方式，即只在开业之初指导店铺外观和外送服务的细节，以后就两不相干了。但这种方式造成了一些危机：许多加盟商按照自己的理解改变了汉堡的口味，有的甚至增加了许多复杂的品种，这是对麦当劳经营方式的"腐蚀"。麦当劳也看到了这一点。1955年，麦当劳在芝加哥东北部开设了第一家样板店，并建立了一套严格的运营制度、运营系统，即优质服务、质佳味美、清洁卫生、提供价值。麦当劳借助这样的经营模式推行了第二代特许经营，全世界的麦当劳使用的调味品、肉和蔬菜的品质均由公司统一规定标准，制作工艺也完全一样，每推出一个新品种，都有一套规定。近年来，为了降低加盟者的风险，麦当劳甚至把自己经营的一个比较成熟的店铺直接转让给加盟者，省去加盟者选店的麻烦。这种被称为不从零经营的方式，表面上看是为了让加盟者能有平稳的收入，其实，它的根本目的是保护自己的品牌。麦当劳依靠这样的经营获得迅速发展。

（1）特许经营的基本特征。虽然不同国家、不同组织对特许经营有不同的定义，但一般而言，特许经营有如下特征：

1）特许经营是一种特许人与受许人之间的合同关系。

2）特许经营中特许人与受许人之间不存在有形资产关系，而是相互独立的法律主体。

3）特许人对双方合同涉及的授权事项拥有所有权及（或）专用权，而受许人通过合同获得使用权（或利用权）及基于该使用权的收益权。

4）特许经营中的授权是指包括知识产权在内的无形资产使用权或利用权，而非有形资产或其使用权。

5)受许人有根据双方合同向特许人缴纳费用的义务。

6)受许人应维护特许人在合同中所要求的统一性。

(2)特许经营的标的物。

1)商标。产品商标、商店字号和服务字号是一种可以明确描述自然人或法人产品或服务的标志。无论何种类型的特许经营,商标都是构成特许经营的基本因素,是其体系的基石。特许经营协议签字之后,特许商便把商标提供给加盟商使用,且负有严格维护该商标形象和声誉的义务。

2)特殊技能。特殊技能是现代特许经营的重要组成部分。欧洲共同体曾给特殊技能下过定义,即必须是秘密的、实质的和可鉴别的。所谓秘密性,即特殊技能具有独创性,如果不与特许商联系就不能获得。实质性指特殊技能对加盟商必须是有用的,能帮助其带来利益。可鉴别性指特殊技能可以用一种确切的方式描述,以证明它能满足秘密性和实质性的条件。

3)经营模式。特许商不仅提供给加盟商商标、特殊技能,而且还提供一整套营销和管理的系统,包括培训、店址选择、行为规范、财务制度等。

(3)特许经营的类型。

1)按特许权的内容划分。

A. 产品品牌特许经营(第一代特许经营)又称产品分销特许,是指特许者向被特许者转让某一特定品牌产品的制造权和经销权。特许者向被特许者提供技术、专利和商标等知识产权以及在规定范围内的使用权,对被特许者所从事的生产经营活动并不作严格规定。这类特许经营形式的典型例子有汽车经销商、加油站以及饮料装瓶和销售等。目前在国际上这种模式逐渐向经营模式特许经营演化。

B. 经营模式特许经营(第二代特许经营)不仅要求加盟店经营总店的产品和服务,还要求质量标准、经营方针等都要按照特许者规定的方式进行。被特许者缴纳加盟费和后续不断的权利金(特许权使用费),这些经费使特许者能够为被特许者提供培训、广告、研究开发和后续支持。这种模式目前正在国内外快速发展。

2)按特许双方的构成划分。

A. 制造商和批发商。如软饮料制造商建立的装瓶厂特许体系属于这种类型。具体方式是制造商授权被特许者在指定地区使用特许者所提供的糖浆并装瓶出售,装瓶厂的工作就是使用制造商的糖浆生产饮料并装瓶,再按照制造商的要求分销产品。可口可乐是最典型的例子。

B．制造商和分销商。汽车行业首先采用这种特许方式建立了特许经销网。石油公司和加油站之间有同样的特许关系，且许多特征同特许经营模式有相似之处，并且越来越接近这种方式。汽车制造商指定分销商的方式已经成为特许经营模式。

C．批发商与零售商。这种类型的业务主要包括计算机商店、药店、超级市场和汽车维修业务。

D．零售商与零售商。这种类型是典型的特许经营模式，代表企业是快餐店。

3）按特许权授权方式划分。

A．单体特许。单体特许是指特许者赋予被特许者在某个地点开设一家加盟店的权利。特许者与加盟者直接签订特许合同，被特许者亲自参与店铺的运营，加盟者的经济实力普遍较弱。目前，在该类被特许者中，相当一部分是在自己原有网点基础上加盟。单体特许适用于在较小的空间区域内发展特许网点。

B．区域开发特许。特许者赋予被特许者在规定区域、规定时间开设规定数量的加盟网点的权利。由区域开发商投资、建立、拥有和经营加盟网点；该加盟者不得再转让特许权；开发商要为获得区域开发权缴纳一笔费用；开发商要遵守开发计划。这种方式运用得最为普遍，适用于在一定的区域（如一个地区、一个省乃至一个国家）发展特许网络。

C．代理特许。特许代理商经特许者授权为特许者招募加盟者。特许代理商作为特许者的一个服务机构，代表特许者招募加盟者，为加盟者提供指导、培训、咨询、监督和支持。它是开展跨国特许的主要方式之一。特许者与特许代理商签订代理合同，特许者与加盟者签订的特许合同往往是跨国合同，必须了解和遵守所在国法律；代理商不构成特许合同的主体。

4）按业务内容划分。

A．产品特许经营。受许人保持原有商号，单一销售或在销售其他商品时推销特许人所有的产品。

B．整体业务模式特许经营。整体业务模式特许经营又称公司特许经营或交钥匙特许经营。受许人有权使用特许人的商标、商号等，受许人完全以特许人公司在公众中的形象出现。

C．制造加工业特许经营。受许人自己投资建厂，加工或制造从特许人那里取得特许权的产品，不与消费者直接联系。

（4）特许经营的优势。特许经营已有100多年的发展历史，它所取得的成功为世人瞩目。近几年,特许经营在我国也有巨大发展。这一分销方式之所以长盛不衰在于其有经营优势。

1)特许商利用特许经营实行大规模的低成本扩张。为什么可口可乐能够无处不在?原因就在于它利用特许经营方式进行了大规模的低成本扩张。特许商能够在实行集中控制的同时保持较小的规模,既可赚取合理利润,又不涉及高资本风险;由于加盟店对所属地区有较深入的了解,往往更容易发掘出企业尚未涉及的业务范围;由于特许商不需要参与加盟者的员工管理工作,因而本身所必需处理的员工问题相对较少;特许商不拥有加盟商的资产,保障资产安全的责任完全落在资产所有人的身上,特许商不必承担相关责任;从事制造业或批发业的特许商可以借助特许经营建立分销网络,确保产品的市场开拓。

2)加盟商借助特许经营可分享规模效益。加盟商由于承袭了特许商的商誉,在开业、创业阶段就拥有了良好的形象,使许多工作得以顺利开展。否则,借助强大的广告攻势来树立形象是一笔大开支。对于缺乏市场经验的投资者来说,面对激烈的市场竞争环境,投资一家业绩良好且有实力的特许商,借助其品牌形象、管理模式以及其他支持系统,可以大大降低风险。同时,可以分享特许商的规模效益,包括采购规模效益、广告规模效益、经营规模效益、技术开发规模效益等。此外,加盟商可从特许商处获得多方面的支持,如培训、选择地址、资金融通、市场分析、统一广告、技术转让等。

因此,特许经营因其管理优势而受到消费者欢迎。

(5)特许经营的劣势。

1)正是因为特许,加盟商很难改变这种经营模式来适应市场的各种变化。另外,由于各个地区消费者的需求不同,特许经营也很难在任何地方都保持持续的优势。

2)加盟商的频繁变更易造成特许人、现任加盟商和以往加盟商之间的责任不清,相互推脱,这给消费者带来了疑惑。

3)特许经营只能专注于某一个领域,而不可能在各个市场都取得战略性胜利。

(6)特许经营与连锁经营的区别。一般说来,特许经营与连锁经营是两种不同的营销方式,原因如下:

1)特许经营和连锁经营的定义不同。连锁经营的核心是同一资本所有,经营同类商品和服务,由同一个总部集中管理领导,共同进行经营活动的组织化的零售企业集团。

2）特许经营和连锁经营的特点不同。特许经营的核心是特许权的转让，特许体系是通过特许人与受许人一对一签订特许合同而形成的，各个分店之间是独立的。而在连锁经营中，总部对各分店拥有所有权，对分店经营中的各项具体事务均有决定权。分店必须将营业利润按总部要求上缴，分店经理是总部的一名雇员，完全按总部意志行事。

3）特许经营和连锁经营的范围不同。特许经营的范围广，在制造业中也有大量实例；而连锁经营的范围仅限于流通业和服务业，涉及制造业。

4）特许经营和连锁经营所包含的法律关系不同。在特许经营中，特许人和受许人之间的关系是合同双方当事人的关系，双方的权利和义务在合同条款中有明确的规定。而连锁经营中不涉及这种合同（分店经理与总部的雇佣合同则另当别论），总部和分店之间由公司内部的管理规则调整关系。

5）特许经营和连锁经营的运作方式不同。特许经营业务开展的基础是一整套经营模式或某项独特的商品、商标。特许人把这些东西以特许权组合的形式转让给受许人，有了它受许人就可以独立开展业务。而连锁经营则不需要这些内容，连锁经营实际上只需足够的资金和合适的业务类型就可以进行。当然，对于连锁经营来说，充足的经营管理经验和方法对于其成功是至关重要的。

6）特许经营和连锁经营的发展方式不同。特许经营通过吸收独立的商人加入而扩大体系。在这个过程中，特许人需进行大量的营销工作吸引潜在的受许人，还需进行选择受许人的工作，并为受许人提供培训等各种服务。而连锁经营欲扩大其体系，则只需进行市场调查，选择合适的地点，并筹集到足够的资金即可。

（7）选择特许经营创业时应该注意的问题。在选择特许经营创业时，应该细看特许经营公司的简历，记住公司进行特许经营的条款和过往业绩。潜在受许方只有在了解所有相关情况之后，才能决定是否加入一个特许经营系统。具体需要注意考察的事项有：

1）良好业绩要素。

2）真实的投资成本。

3）主要经理人的经营记录。

4）特许方的过往业绩。

5）特许方提供的培训和支持水平。

6）要求受许方承担的义务。

创新教育与创业基础

12.5 新企业的社会责任

12.5.1 企业社会责任的内涵

企业社会责任问题日益受到各国政府和民众的广泛关注,我国《公司法》中明确要求,公司从事经营活动必须承担社会责任。

企业社会责任(Corporate Social Responsibility,CSR)的概念虽然被广泛接受,但就国际社会而言,还没有一个统一的定义。从国际组织对企业社会责任给出的定义可以看出,其基本内涵和外延是一致的,是指企业在创造利润、对股东利益负责的同时,还要承担起对企业利益相关者的责任,保护其权益,以获得在经济、社会、环境等多个领域的可持续发展能力。利益相关者是指企业的员工、消费者、供应商、社区和政府等。企业得以可持续经营,仅仅考虑经济因素对股东负责是远远不够的,必须同时考虑到环境和社会因素,承担起相应的环境责任和社会责任。

一些学者把企业社会责任明确归纳为四类责任,包括经济、法律、伦理和慈善的责任。

【阅读材料】

微软受罚,每天缴纳 100 万美元

微软的发迹始于 IBM PC 的流行,而 Windows 3.X 的流行则将微软送上了事业的巅峰。面对微软愈演愈烈的垄断行为,美国司法部不得不出面进行了干涉,并在 1994 年与微软签订了《承诺法令》,以此来约束微软的行为,并尽量保持市场的公平运行。仅凭一条承诺法令就想约束微软实在是有点杀牛用鸟刀的意思。1997 年 10 月 20 日,美国司法部下令让地方法院法官杰克逊每天对微软实施高达 100 万美元的重罚,理由是微软违反了自己在 1994 年签下的《承诺法令》,因为协议中规定微软不能要求使用 Windows 操作系统的 PC 厂商捆绑使用其他的微软软件,而在刚刚发布的 Windows 95 中,微软捆绑了 IE 浏览器。

(1)经济责任。企业首先是一个经济机构,它是一个以生产或提供社会需要的商品和服务为目标,并以公平的价格进行销售的机构。

（2）法律责任。社会制定一些基本原则——法律，希望企业在法律的框架内开展生产经营活动。但法律涵盖不了社会对企业的所有期望行为，应付不了企业可能面对的所有新情况和新问题，如电子商务、基因工程食品等带来的新问题；法律常常滞后于新的科技进步，如当技术可对环境污染做出更精确的测量时，则基于原来技术的相应法律就变得不合时宜；法律总是由立法者制定的，往往体现的是立法者的利益和政治动机。

（3）伦理责任。法律是重要的，但永远不够用。伦理责任包括为社会成员所期望或禁止的、尚未形成法律条文的活动和做法。如消费者、员工、股东和社区认为公平、正义的，同时也能尊重或保护利益相关者道德权利的所有规范、标准、期望等。

（4）慈善责任。企业自愿的慈善活动或行为被视为责任，是因为它们反映了公众对企业的新期望。这样的活动包括企业捐赠、赠送产品和服务、义务工作、与当地政府和其他组织的合作，以及企业及其员工自愿参与社区或其他利益相关者的活动。

虽然社会总是期望企业负起慈善责任，但总的来看，这类责任是由企业自己决定要不要承担。用更实际或更能体现管理目的的话来说，一个对社会负责的企业应该努力做到盈利、遵守法律、合乎伦理地做事、成为好的企业公民。

在欧美发达国家，企业承担社会责任已经从当初以处理劳工冲突和环保问题为主要追求，上升到实施企业社会责任战略以提升企业国际竞争力的极端。在实践中，随着企业社会责任运动的发展，越来越多的企业通过设立企业社会责任委员会或类似机构来专门处理企业社会责任事宜，越来越多的企业公开发表社会责任报告。对于西方国家的创业者及其企业来说，承担企业社会责任就是要积极参与企业社会责任运动，贯彻执行公众企业社会责任国际标准。

12.5.2　企业社会责任的承担

在我国，强化企业社会责任是一个紧迫的现实问题，是加入世界贸易组织后企业提高国际竞争力面临的一项新的挑战。我国新企业在创建伊始就应清楚地认识到推行企业社会责任是人类文明进步的标志，劳工权益保护不仅是西方国家的要求，也是现代企业的历史使命，符合我国《劳动法》等许多现行法规的要求。

创业者应该在积极参与和关注企业社会责任运动和企业社会责任国际标准的同时，从以下几个方面着手提高承担企业社会责任的意识和能力。

（1）制定实施体现企业社会责任的竞争战略。突破传统的企业竞争战略，在勇于承担企业社会责任的同时，打造企业新的竞争优势，这是我国新一代创业者的必然选择。

（2）把企业社会责任建设融入企业文化建设中。企业文化建设其实是企业发展战略的一部分，既可以提高企业竞争能力，也可以使人在工作中体会生命的价值。把企业社会责任作为新时期企业文化整合和再造的重要内容，已成为国际企业文化发展的大趋势。

（3）把企业社会责任的理念付诸实实在在的行动。在企业的日常经营管理过程中，不仅要对股东负责，对员工负责，还要对客户、供应商负责，对社会经济可持续发展负责。

小　　结

企业的法律形式包括个人独资企业、合伙企业、个体工商户以及公司。不同的企业形式在设立时都有不同的条件，创业者可以根据出资者、责任形式、开业成本、权益可转让性、法律依据、注册资本、经营主体、事务决定权、利益分担、解散程序和解散后义务等进行比较，以选出适合自己的企业形式。

第 13 章　新企业的成长

【课程目标】

使学生全面了解和掌握新企业的成长生命周期、新企业成长战略、创业企业文化的培育等相关知识。

【知识点】

1．企业成长的概念
2．企业成长的生命周期管理
3．新创企业的成长战略
4．创业企业文化的内涵及培育

【技能点】

1．学会运用企业生命周期理论并能解决创业企业管理问题。
2．学会如何选择创业企业成长战略。
3．学会如何培育创业企业文化。

【引例】

李一男和他的港湾

2000 年年底，李一男带着从华为拿到的价值 1000 万元的设备北上京城，创立北京港湾网络有限公司。2001 年，任正非在深圳市五洲宾馆大举设宴，欢送李一男成为华为"内部创业"典范创办北京港湾网络有限公司，至少有六七十个华为高层出席，场面极其感人。

李一男和他所创办的港湾公司曾经被人们当作快速成长的高科技创业的典范。可好景不长，由于双方产品重叠度越来越高，两家公司之间已然是冤家对头。2005 年 9 月 2 日，港湾网络法务部收到一封来自华为公司的律师函，华为表示将就港湾网络侵犯其知识产权提起诉讼。信件内容涉及 3G 技术知识产权。

2006 年 6 月 6 日港湾与华为就港湾转让部分资产、业务及部分人员达成意向协议并签署了《合作谅解备忘录》，转让的资产和业务包括路由器、以太网交换机、光网络、综合接入的资产、人员、业务及与业务有关的所有知识产权。有内部人士透露，收购完成后，对于港湾员工，除了华为因为业务整合需要裁掉一部分外，愿意到华为工作的可以到华为继续工作，不愿意的则按离职处理，员工没有任何补偿，原来员工持有的期权也可能无法兑现。

原本完成两次融资行动的港湾网络曾经打算于2004年9月登陆纳斯达克市场，可惜无疾而终。这次华为收购港湾恰好是在港湾上市希望破灭之时。

有内部人士称港湾公司之所以被收购是因为公司始终没有形成一个核心的价值观，也没有一个明确的方向，内部投机气氛很浓厚，经不起一点波折。

而港湾网络创始人李一男在给员工的公开信中将被收购的部分责任归在自己"知识和能力方面的欠缺"上。他说："管理层尤其是我本人在知识和能力方面的欠缺，导致公司战略的制定和内部的管理上都存在很多不足，错失了企业发展的机遇，辜负了大家对我的期望，我对此感到深深的自责。"

李一男称，将向华为出售主要业务。相关的研发、市场、供应链和支持部门人员将跟随这些业务并入华为，整合的过程预计到2006年7月底结束。

思考题：请分析港湾公司从快速发展到被收购的原因。

13.1　企业成长的生命周期管理

有调查统计显示，1995年世界排名500强的大企业，如今只剩下三分之一，大多数已经倒闭，或被别的企业兼并。这些企业从产生到衰亡，平均寿命只有40～50年，只及人的寿命的一半。其实，就世界范围而言，新成立的企业只有40%存活不到10年就夭折了。而在世界上1000家破产倒闭的大企业中，有850家（即85%）是因企业家决策失误所造成的。世界500强的境遇尚且如此，广大中小企业更面临成长的压力。

13.1.1　企业成长的概念

企业成长的目标在于利润最大化。对企业成长的研究认为，企业成长是指企业在利润性和社会性相统一的基础上，在多目标结构的引导下，为了生存和发展，与企业的经营结构、组织结构、空间结构和技术结构等结构发展变化相适应的企业规模增长。

【阅读资料】

希捷公司（Seagate）是位于美国加州斯考茨谷的风险企业，它的初始创业是在 1980 年，企业创始人首先因为研制成了可以替代 10 英寸的 5.25 英寸的硬盘驱动器之后开始创业，并继而争取到了向 IBM 和其他与 IBM 相容的 PC 制造商提供此类驱动器的机会。1980 年代中期，3.5 英寸驱动器面世时，希捷公司仍是 5.25 英寸驱动器的主要制造商，至 1986 年，其收入已经增长到 70 亿美元。

希捷公司是该行业第二家开发 3.5 英寸驱动器的厂商。到 1985 年初，公司的工程师们已经以较少的资金制造出了 80 多个模型。但是，希捷公司的主要客户 IBM 和其他替代性个人电脑制造商却对新驱动器毫无兴趣。原希捷公司和 5.25 英寸驱动器的其他制造商的员工因对公司以"顾客是上帝"的理由，迟迟不将 3.5 英寸驱动器投放市场的做法感到灰心，于是他们自己创业建立了一家新的风险企业——康纳。

新创企业如果不持续创新，就将是希捷的翻版。

13.1.2 企业成长的生命周期

在成长与老化的共同作用下，每一个企业都存在着自身的生命周期。企业的生命周期是指企业从诞生到死亡的时间过程。人的寿命由于受到自然生理因素的限制是有限的；而企业组织却不受这些限制，因而从理论上说可以无限延长，但历史上长寿的企业却并不多见。世界上年龄最长的企业大约有 700 多年，瑞士的劳力士公司和美国的杜邦公司超过 200 年，美国的通用汽车公司和西方电气公司也有 100 多年。然而更多企业的生命周期却是很短的。

【阅读资料】

据有关研究报告指出：在日本和欧洲，企业的平均生命周期为 12.5 年。在美国，有 62%的企业平均生命周期不到 5 年，存活能超过 20 年的企业只占企业总数的 10%，只有 2%的企业能活 50 年。英荷壳牌石油公司的一项调查表明，1970 年名列美国《财富》杂志前 500 强的大企业，其生命周期只有 40~50 年，到 1983 年，它们中有 1/3 已经消失。根据我国经济学家们的研究，我国的企业寿命更短，大集团企业平均寿命在 7~8 年，一般的中小企业只有 3~4 年。可见，从总体上说，世界上企业的平均生命周期都不长，企业组织整体上呈现出高死亡、短寿命的态势。

因此，认识和把握企业生命周期规律，采取积极措施应对企业衰亡的挑战，尤其是把握好新创企业成长期管理，促使企业健康成长，争取成为"百年老店"，自然成为创业者的奋斗目标和创业实践的重要课题。

13.1.3 企业生命周期的特征

生命周期理论是经济学与管理学理论中最普遍的假设之一，它描述了某种产品、技术、产业或事业都有一个从产生到消亡的周期，如同人的寿命一样，企业的创建与成长过程也存在生命周期规律。由于创业企业平均寿命短，如何做强、做久，成为许多创业者共同关心的问题。

对企业生命周期的研究首先体现在企业成长阶段的划分上，就成长阶段的划分，最基础也是最常见的划分是将企业创立与发展过程划分为四个阶段，分别是培育期、成长期、成熟期和衰退期。

（1）培育期。处于培育期的企业称为初创企业，或者说是企业的初创阶段。初创企业的产生一般有两种情况：一是在获得一定的资金或技术之后，由个人、多人合伙或国家投资创建的新企业；二是由原有企业合并、接管其他企业而形成的新企业。在这一阶段，企业的生存能力还比较弱，市场占有率低、管理水平差、市场地位还不稳定，很容易受到已存在企业的威胁，风险较大。但初创阶段的企业较有活力，富有创业精神，由生存欲望所激发的奋斗精神、创新精神、大无畏精神成为这一时期企业成长的主要动力，是精神转化为物质的阶段。

在培育期，企业要解决的首要问题不是成长问题而是生存问题。只要能在市场上站住脚，能活下来，就能为将来迅速成长创造机会和希望。

（2）成长期。企业能经过培育期存活下来，一般会较快地转入成长期。这里的"成长"是狭义的，指由小企业发展壮大为中型或大型企业的规模扩张状态。处于成长期的企业可以在比较短的时间内获得较高速发展，规模经济开始产生作用，企业经济实力增强、市场占有率提高、员工人数增加、主业日益明显、抵御市场风浪的力量得以加强。

处于成长期的企业都是行业内比较引人注目的企业，通常也处于非常激烈的竞争环境中。因而虽进入成长期，但因经营战略方面的重大失误，断送企业前程的事例不在少数。成长期的企业依然不能掉以轻心，尤其应该注意不能被众多令人耀眼的投资机会迷了眼，犯了放弃主阵地、搞盲目多元化经营的战略冒进错误。

（3）成熟期。企业经过成长期，就会进入成长速度放缓但利润率提高的收获季节。这一阶段的企业为成熟企业。现实中能进入成长期的企业不多,而能进入成熟期的企业就更是屈指可数了。绝大多数企业在成长过程中就销声匿迹了。进入成熟期的企业一般是规模较大的企业,市场占有率也较高,竞争企业已经不太容易撼动其地位,因而不需要再做大量的投入,就可以获得比较好的收益。

成熟期后期的企业一般都开始考虑多元化经营问题。追求可持续成长的企业,会有效地将成熟期回收的丰厚利润投入到新的事业领域中去。但由于原有事业已经不可能期望有满意的成长空间,企业就必须到原有事业领域以外去寻找新的增长点。这一转变被称为企业蜕变过程。

(4)衰退期。成熟期的企业如果不能成功地进行蜕变,就会成为衰退企业(当然也有未成熟先衰退的)。企业步入衰退期的原因很复杂,但以下几种原因普遍存在:一是某个关键人物(如创业者)离去;二是产品或服务市场(如电报业务)消亡;三是技术落后;四是企业组织自然老化,如患了大企业病的企业,官僚主义横行、本位主义泛滥、创新精神缺失、应变能力下降等,总之,使企业失去活力或生命力。

企业长寿或者持续成长的手段是变革创新。首先,企业可以通过不断的产品革新超越某一产品的寿命,使其持续成长。其次,企业可以通过技术的不断革新,突破某一技术的寿命周期而持续成长。再次,企业可以通过事业的追求或转换,跨越特定事业的生命周期获得持续成长。最后,企业还可以通过制度创新,不断为企业的可持续成长构建新的制度平台,为企业注入活力,使企业保持精神上的年轻。这一系列的革新过程,就是企业的"蜕变"过程。习惯上,企业界把成长过程中的重大革新阶段称为第二次创业、第三次创业。这使企业的成长过程出现一定的动荡期,或者说处于危机点。如果变革成功,企业就会进入一个新的成长期;但如果变革不成功,则进入衰退过程。

【阅读资料】

蓝色巨人 IBM 经历了成长、成熟、衰退以及重生的阶段。20 世纪 80 年代末,由于内部管理层决策失误等众多原因,IBM 快速进入衰退期,业务下滑,股票大跌,包括杰克·韦尔奇在内的很多商界精英都认为 IBM 可能没有多大希望了。

然而 IBM 在危机中却出现较大转机。1993 年的愚人节,路易斯·格斯特纳入主 IBM 任执行总裁。格斯特纳以大刀阔斧的风格迅速调整人员,削减开支。到了 1994 年,IBM 的员工从 1986 年的 40 多万人减少到 21 万人。同时,IBM 完善了售后服务管理,并在很短的时间内把公司的方向重新调整到大型主机上,把 IBM

 创新教育与创业基础

重新带回PC制造商的行列。他把长期贷款从146亿削减到99亿,并想尽办法购回了107亿美元的股份,使IBM的股票回升到了每股168美元。接下来格斯特纳需要做的就是树立IBM新的理想。格斯特纳为IBM构建了一个宏大的计划:IBM将重组网络世界,他们将调整技术发展战略,建立运行的网络系统,并最终成为计算机设计和制造的中坚力量。IBM带动的不仅仅是几家公司而是整个计算机世界的发展。从某种角度来说,格斯特纳使IBM获得新生,步入与从前一样光辉的时代,成为全美甚至全球业界信息技术的至尊霸主。原英特尔执行总裁格鲁夫说:"路易斯·格斯特纳在IBM中的地位无可替代,他重新打造了IBM。"

13.2 新企业的成长战略

建立了自身的核心竞争能力以后,创业企业应在此基础上进行有目的的外部市场交易,不断获得新的核心竞争能力。始终保持创业企业在竞争中制胜的关键是制定出合适的竞争战略,这种战略必须能够扬长避短,获得竞争优势。从成本和市场营销的角度来看,以下战略可能比较适合创业企业。

13.2.1 成本控制战略

成本控制战略要求企业积极地构建达到有效规模的生产能力,在经验基础上全力以赴降低成本,做好成本、管理费用的控制,最大限度地减少研发费用和品牌树立等方面的费用。通过对我国创业企业分布状况的研究发现,创业企业大多都集中在两种类型:一类是分散型企业,基本包括服务业、零售业、批发业、木料加工和金属组装业、农产品、风险型企业等;另一类是新兴产业,包括新技术、新材料、新能源企业。

【阅读资料】

据有关方面对我国2000家亏损国有企业的调查表明,政策性亏损占整个亏损企业的9.9%,客观原因亏损占9.2%,因经营管理不善造成的亏损占3.09%。究其原因,财务管理在企业管理中的核心作用并没有得到很好的发挥,成本控制没有落到实处,成本控制的思想没有得到贯彻执行。由此可以看出,制定合理的价格,降低成本,才能增强企业的竞争力,带动和促进整个公司管理水平的提高。不断提升自身的竞争力,才能在兼顾长期利益的前提下,力求短期利益最大化。

13.2.2 重点集中战略

创业企业一般没有能力满足大部分的市场需求，如果与行业内的大企业争夺同样的顾客群，创业企业将处于不利的地位。重点集中战略是主攻某个特定的顾客群，或某产品系列的一个细分区间，或某个地区的市场。围绕着如何很好地为某个目标市场服务这一核心，公司指定的每一项产品开发方针都要考虑自己的市场定位，把精力集中在某一目标顾客上，以提高效率。重点集中战略更适合服务业，如美国的西南航空公司，在航空业里是规模小的，但是其盈利能力却是那些大的航空公司望尘莫及的，其成功的原因就是坚持自己的服务特色和市场定位。重点集中战略也有助于降低成本费用。值得注意的是，目标市场和产品定位已经确定，就不应该频繁地改变，坚持服务自己的顾客往往要求企业敢于拒绝其他少数顾客的需要和市场机会诱惑，实行"有所为有所不为"的做法。

【阅读资料】

娃哈哈从保健食品——儿童营养液起家，1991年，娃哈哈兼并杭州罐头厂后推出了果奶、八宝粥等食品饮料，自此在食品饮料业尤其在饮料业专注发展了10余年。从儿童饮料到成人饮料，从果奶、瓶装水、碳酸饮料、茶饮料、果汁饮料、功能饮料到复合饮料（营养快线/奶咖）等，正是十年如一日的专注，成就了娃哈哈在饮料业的辉煌。

2001年，宗庆后就提出实施"三全战略"，即"全面开发市场、全面开发品种、全面启动市场"，继续巩固并提升娃哈哈在饮料业的"霸主"地位，成为"全方位饮料公司"。

全面开发市场意味着娃哈哈不仅要立足农村，更要有"攻打"城市的战略决心，实行以"农村包围城市并攻占城市"的战略决策。

全面开发品种意味着无论是主流的还是非主流的品类，无论是传统的还是时尚的品类，无论是解渴的还是保健的品类，只要是饮料品类，娃哈哈都要全面地开发，积累娃哈哈的产品线优势。

全面启动市场意味着娃哈哈将发动一轮又一轮的营销攻势，持续运用立体式广告轰炸效应来占据消费者心智，持续不断地进行渠道激励，抢占批发商、零售商的库位、资金。

企业发展如逆水行舟，不进则退。未来数年，娃哈哈的产业经营可能只有专注于饮料业，才有可能不落后于对手。

13.2.3 创业企业的发展战略

(1) 加强型战略。市场渗透、市场开发和产品开发战略统称为加强型战略，因为它们要求加强努力的程度，以提高企业现有产品的竞争地位。

1) 市场渗透战略。市场渗透战略是通过更大的市场营销努力，提高现有产品或服务在现有市场上的市场份额。这一战略被广泛地单独使用或同其他战略结合使用。市场渗透的做法包括增加营销人员、增加广告开支、采取广泛的促销手段和加强公关宣传努力。尤其适合采用市场渗透战略的五种情况是：

A．企业特定产品或服务在当前市场中还未饱和。

B．现有用户对产品的使用率还可显著提高。

C．在整个产业的销售额增长时，主要竞争者的市场份额在下降。

D．在历史上，销售额与营销费用的增高度相关。

E．规模的提高会带来很大的竞争优势。

2) 市场开发战略。市场开发战略指将现有产品或服务打入新的地区市场。特别适合采用市场开发战略的情况有如下六种：

A．可得到新的、可靠的、经济的和高质量的销售渠道。

B．企业在所经营的领域非常成功。

C．存在未开发或未饱和市场。

D．企业拥有扩大经营所需要的资金和人力资源。

E．企业存在过剩的生产能力。

F．企业的主业属于正在迅速全球化的产业。

3) 产品开发战略。产品开发战略是通过改进和改变产品或服务而增加产品销售。进行产品开发通常需要大量的研究和开发费用。例如，1998 年，大众汽车公司开发了一种轻型卡车以便在快速增长的市场中参与竞争，在美国市场上进展顺利，1999 年上半年的销售额比前一年同期增长 344.6%。推出新产品能使企业持续发展。

特别适用采用产品开发战略的五种情况如下：

A．企业拥有成功的、处于产品生命周期中成熟阶段的产品。此时可以吸引老用户试用改进了的新产品，因为他们对企业现有产品或服务已具有满意的使用经验。

B．企业所参与竞争的产业属于快速发展着的高技术产业。

C．主要竞争对手以可比价格提供更高质量的产品。

D. 企业在高速增长的产业中参与竞争。

E. 企业拥有非常强的研究与开发能力。

（2）一体化战略。一体化战略是企业成长的一种主要战略形式。一体化战略就其本质而言就是一个方向性的战略问题。企业可以选用纵向一体化，向自己的上游供应商或下游销售商扩展。企业可以对少量相关产品进行横向一体化的经营，同时利用自己的优势，拓展市场上的机会。当企业有较大的竞争优势但市场机会不多的时候，企业适合采取多样化经营战略，以将企业带向有更大发展空间的市场。进入新领域的另一方法是寻找合作或合资经营的机会。企业可以通过一体化，进入上游或者下游企业。

当一个企业发现前面环节对它的生存发展至关重要时，它就会加强对前向环节的控制。典型的实施这一战略的例子是可口可乐公司。当可口可乐公司发现决定可口可乐销售量的不仅仅是零售商和最终消费者，分装商也起了很大作用时，它就开始不断地收购国外分装商，并帮助他们提高生产和销售效率。

（3）多元化战略。多元化战略是企业扩张的一种普遍战略，是指企业在发展过程中向非主营业务领域的投资战略。关于多元化的争议从它诞生的时候就已存在，并一直伴随它的成长过程，但今天多元化经营已经成为全球顶尖企业的必然模式。多元化经营可以划分为以下几种形式：

1）集中多元化战略。增加新的但与原有业务相关的产品与服务被广泛地称为集中多元化战略。

从冰箱到空调等各类制冷家电就是集中多元化战略。实行这种战略的例子之一是，美国电话电报公司以1200亿美元收购有线电视公司，以便使美国人通过电视而不是电话线上网。该公司的集中多元经营战略还促使其与美国在线公司用户可以通过电话线上网。

2）横向多元化战略。横向多元化战略是指向同样的顾客提供新的、与原有业务不相关的产品或服务。

海尔的业务扩展从制冷家电到16种白色家电、黑色家电到小家电，都是横向多元化战略。这种战略不像混合多元化战略那样具有很大的风险，因为企业对现有用户已比较了解。

3）混合多元化战略。增加新的与原有业务不相关的产品或服务被称为混合多元化战略。

海尔进入软件和医院行业就是混合多元化战略。一些公司采取混合多元化战略是基于这样的预期：一是将过剩资源（如管理资源、制度资源或财务资源等）

充分利用、创造利润；二是降低经营单一行业的投资风险。

实施多元化战略并有效地规避风险对于创业企业的发展尤为重要，不能急于追求企业的规模。实施多元化战略应坚持以下四个基本原则：

A. 已有产业要基础扎实。

B. 新旧产业要不冲突。

C. 新产业要能够进得去。

D. 新产业要能够站得住、打得赢。

【阅读资料】

从1992年开始，海尔从一种产品开始向多种产品扩张，全面实施多元化战略。通过兼并、收购、合资、合作等手段，迅速由单一的冰箱产品进入冷柜、空调、洗衣机等白色家电领域；1997年，以生产数字彩电为标志，海尔又从白色家电领域进入黑色家电领域；1998年，海尔又涉足国外称之为米色家电领域的电脑行业。在进行扩张时，海尔以吃"休克鱼"的方式进行资本运营，坚持以无形资产盘活有形资产，即以经过实践检验的具有海尔特色的先进管理理念、管理方法盘活被兼并企业的资源，既保证了资本运营的成功率，又实现了低成本扩张，达到了在最短的时间内把海尔的规模做大，把企业做强的目的。海尔主业仍然是家电行业，销售额约占海尔总销售额的40%~70%。2001年，海尔通过在产业领域创出的品牌的信誉进入金融业，搭建了海尔的金融框架，包括入驻青岛商业银行、长江证券，成立保险代理公司、人寿保险合资公司，财务公司，为进入国际资本市场奠定基础，为集团今后的发展搭建了更为广阔的舞台。从相关多元化到不相关多元化。从制造业向服务业发展。发展纽带从类似的产业模式到服务品牌转变。在多元化发展方式上从以强扶弱的合并方式到强强联合的合资方式转变，在地域上从青岛到山东、到全国、到东南亚、到欧洲等。

13.3　新企业文化

当一个企业刚开始只有几个人的时候，实际上靠得更多的不是管理，也不是文化，而是老板的个人魅力和员工的个人能力。当企业发展到几十个人、上百人的时候，单凭老板的个人魅力已经越来越感到吃力了，这个时候，企业制度管理的作用就发挥出来了。但到了几百人、上千人，甚至更大规模的时候，老板的个人魅力、制度管理等都有了不同程度的局限性，这时，企业文化的作用就能充分地展示出来了。所以，"小企业看老板，中企业看制度，大企业看文化"是有道理的。在新的历史发展阶段，创业企业文化对于推动经济发展以及进一步改善创业环境具有重要意义。

13.3.1 创业企业文化的内涵

企业文化主要指一个企业或一个行业在历史发展中，在长期的生产、建设、经营、管理实践中逐步培育形成的，占主导地位并为全体员工所认同和遵守的共同的价值观念、行为准则、道德规范和传统习惯。

积极的企业文化具有的基本内涵主要包括：

（1）鼓励创新（技术创新、管理创新和文化创新），挑战传统。
（2）开拓进取、积极向上，具有商业冒险的勇气和激情。
（3）容许失败和勇敢面对失败。
（4）具有开放与合作意识。
（5）具有团队意识。
（6）具有学习精神。
（7）是职业道德和叛逆精神的结合。

13.3.2 创业企业文化对企业发展的作用

创业企业文化是一种能够区别于其他企业的、特有的、标志性的、统一的意识。企业文化对企业员工和企业经营业绩能产生巨大的作用，特别是当市场竞争激烈的时候，更是如此，企业文化甚至具有企业管理和经营策略所不能达到的作用。企业文化的作用具体表现为以下六个方面：

（1）指导作用。企业文化随着公司的创立发展，通过高度概括，用生动且富有哲理的口号，将全体员工的思想和行为引导、统一到企业发展的目标上，并成为企业的发展目标。信念深印在广大员工的脑海中，是企业及员工的精神支柱，无论是在企业顺利、成功时，还是在企业发展遭受挫折、遇到困难时，它都可以使广大员工锐气不减，团结一致，克服种种困难，英勇奋战，绝不会士气低落，迷失方向。它能使广大员工坚信企业发展过程中的曲折是暂时、必然的，而前途和目标是光明的，一定能够实现。如首都钢铁公司的"开拓进取，当家做主，顽强拼搏"的首钢精神。以"铁人精神"为核心的大庆精神主要包括为国分忧、为民族争气的爱国主义精神；宁肯少活二十年，拼命也要拿下大油田的忘我精神；

有条件要上,没有条件创造条件也要上的艰苦奋斗精神;要为油田负责一辈子,经得起子孙万代检验的认真负责精神;不计名利,埋头苦干的无私奉献精神。大庆精神对我国的国有企业发展起到导向作用,引导企业一代代创造出一个又一个奇迹。

(2)激励作用。激励是一种精神力量和状态。企业文化为全体员工提供良好的社会心理环境,使员工之间形成互相尊重、理解、友爱的良好人际交往和合作关系,使员工深感大家庭的温暖,在精神上有强大的支柱,从而由内心产生荣誉感、自豪感,激发工作热情。企业文化所形成的企业内部的文化氛围和价值导向能够起到精神激励的作用,将员工的积极性、主动性和创造性调动与激发出来,把员工的潜在智慧诱发出来,使员工的能力得到充分发挥,提高各部门和员工的自主管理能力和自主经营能力。

(3)凝聚作用。企业文化是企业的黏合剂,可以把员工紧紧地黏合、团结在一起,使他们目的明确、协调一致。企业员工队伍凝聚力的基础是企业的根本目标。企业的根本目标选择正确,就能够把企业的利益和绝大多数员工的利益统一起来。在此基础上,企业就能够形成强大的凝聚力。而这种凝聚力是由公司的优秀企业文化决定的。企业文化不仅给予员工物质利益,而且为企业的凝聚提供了深厚的精神基础。

(4)规范作用。俗话说:"没有规矩,不成方圆。"一个企业的发展也一样,它必须有自己的发展模式和行为规则,而优秀的企业文化在企业发展中起着行为规范作用,这种作用可以理解为两种规范性文化。一是制度性文化,另一种是观念性文化。制度性文化主要是正式组织制度的纪律、制度、操作规程等,要求公司广大员工在范围内活动,而对企业人员规范作用太大,会使员工有压抑感,不利于激发员工的积极性、创造性,也就不利于公司的发展;观念性文化是指对于人的价值观、作风、习俗、道德和礼仪等方面,可以利用引导方法来诱发广大员工自觉地遵守行为规范。优秀的企业文化显然属于观念性文化,它与人们的自尊、自爱、自强和实现自我价值是分不开的,有益于人的身心健康,其作用是持久的、稳定的。领导者本身的模范行为更是一种无声的号召,更利于公司的发展、创新,更利于铸造公司的品牌及形象,更利于增加领导者的凝聚力。

(5)导向作用。导向包括价值导向与行为导向。企业价值观与企业精神能够为企业提供具有长远意义的、在更大范围内的正确方向,为企业在市场竞争中基本竞争战略和政策的制定提供依据。企业文化创新尤其是价值观念的创新对企业的持续发展而言是首要的。在构成企业文化的诸多要素中,价值观念是决定企业文化特征的核心和基础，企业必须对此给予足够的重视并使之不断创新，与时俱进。

（6）约束作用。企业文化、企业精神为企业确立了正确的方向，对那些不利于企业长远发展的不该做或不能做的行为，常常发挥一种"软约束"的作用，为企业提供"免疫"功能。约束功能能够使员工明确工作意义和方法，提高员工的自觉性、积极性、主动性和自我约束力，提高员工的责任感和使命感。

【阅读资料】

浙江娃哈哈公司从1987年由3个人、14万元借款起家，历经10多年来的拼搏，从默默无闻的弄堂小厂，在激烈的市场竞争中铸就了全国闻名的民族品牌。该公司领导干部有同心力，中层干部有向心力，职工群众有凝聚力。同心力、向心力、凝聚力共同铸就了娃哈哈的公司文化。在干部大楼，天天灯火通明，各项决策雷厉风行；一个新产品问世，不出10天就能推向各地的销售网络。生产车间文明洁净，职工敬业爱岗。娃哈哈的文化管理已为其实现远大的奋斗目标奠定了坚实的管理基础。

【案例分析】

狼性企业文化的构建

《华为基本法》是华为企业文化的直接体现，明晰了核心能力的构成因素在企业中如何定位、如何发展等重要问题，是华为实现核心能力构建和提升的纲领性文件，全面地指导企业在各个因素上的工作。华为的核心竞争力是狼性企业文化。它所表现出来的实际核心能力，主要通过基础层的文化和载体层的制度构建，通过基础层的危机感和转换层的技术与服务提升。

华为基本法

第一章 公司的宗旨

一、核心价值观

第一条 华为的追求是在电子信息领域实现顾客的梦想，并依靠点点滴滴、锲而不舍的艰苦追求，使我们成为世界级领先企业。为了使华为成为世界一流的设备供应商，我们将永不进入信息服务业。通过无依赖的市场压力传递，使内部机制永远处于激活状态。（追求）

第二条　认真负责和管理有效的员工是华为最大的财富。尊重知识、尊重个性、集体奋斗和不迁就有功的员工，是我们事业可持续成长的内在要求。（员工）

第三条　广泛吸收世界电子信息领域的最新研究成果，虚心向国内外优秀企业学习，在独立自主的基础上，开放合作地发展领先的核心技术体系，用我们卓越的产品自立于世界通信列强之林。（技术）

第四条　爱祖国、爱人民、爱事业和爱生活是我们凝聚力的源泉。责任意识、创新精神、敬业精神与团结合作精神是我们企业文化的精髓。实事求是是我们行为的准则。（精神）

第五条　华为主张在顾客、员工与合作者之间结成利益共同体。努力探索按生产要素分配的内部动力机制。我们决不让雷锋吃亏，奉献者定当得到合理的回报。（利益）

第六条　资源是会枯竭的，唯有文化才会生生不息。一切工业产品都是人类智慧创造的。华为没有可以依存的自然资源，唯有在人脑中挖掘出大油田、大森林、大煤矿……精神是可以转化成物质的，物质文明有利于巩固精神文明。我们坚持以精神文明促进物质文明的方针。这里的文化，不仅仅包含知识、技术、管理、情操……也包含了一切促进生产力发展的无形因素。（文化）

第七条　华为以产业报国和科教兴国为己任，以公司的发展为所在社区作出贡献。为伟大祖国的繁荣昌盛，为中华民族的振兴，为自己和家人的幸福而不懈努力。（社会责任）

二、基本目标

第八条　我们的目标是以优异的产品、可靠的质量、优越的终生效能费用比和有效的服务，满足顾客日益增长的需要。（质量）

第九条　我们强调人力资本不断增值的目标优先于财务资本增值的目标。（人力资本）

第十条　我们的目标是发展拥有自主知识产权的世界领先的电子和信息技术支撑体系。（核心技术）

第十一条　我们将按照我们事业可持续成长的要求，设立每个时期的合理的利润率和利润目标，而不单纯追求利润的最大化。（利润）

三、公司的成长

第十二条　我们进入新的成长领域，应当有利于提升公司的核心技术水平，有利于发挥公司资源的综合优势，有利于带动公司的整体扩张。顺应技术发展的大趋势，顺应市场变化的大趋势，顺应社会发展的大趋势，就能使我们避免大的风险。只有当我们看准了时机和有了新的构想，确信能够在该领域中对顾客作出与众不同的贡献时，才进入市场广阔的相关领域。（成长领域）

第十三条　机会、人才、技术和产品是公司成长的主要牵引力。这四种力量之间存在着相互作用。机会牵引人才，人才牵引技术，技术牵引产品，产品牵引更多更大的机会。加大这四种力量的牵引力度，促使它们之间的良性循环，就会加快公司的成长。（成长的牵引）

第十四条　我们追求在一定利润水平上的成长的最大化。我们必须达到和保持高于行业平均的增长速度和行业中主要竞争对手的增长速度，以增强公司的活力，吸引最优秀的人才，实现公司各种经营资源的最佳配置。在电子信息产业中，要么成为领先者，要么被淘汰，没有第三条路可走。（成长速度）

第十五条　我们不单纯追求规模上的扩展，而是要使自己变得更优秀。因此，高层领导必须警惕长期高速增长有可能给公司组织造成的脆弱和隐藏的缺点，必须对成长进行有效的管理。在促使公司迅速成为一个大规模企业的同时，必须以更大的管理努力，促使公司更加灵活和更为有效。始终保持造势与做实的协调发展。（成长管理）

四、价值的分配

第十六条　我们认为，劳动、知识、企业家和资本创造了公司的全部价值。（价值创造）

第十七条　我们是用转化为资本这种形式，使劳动、知识以及企业家的管理和奉献的累积贡献得到体现和报偿；利用股权的安排，形成公司的中坚力量和保持对公司的有效控制，使公司可持续成长。知识资本化与适应技术和社会变化的有活力的产权制度，是我们不断探索的方向。

我们实行员工持股制度。一方面，普惠认同华为的模范员工，结成公司与员工的利益与命运共同体。另一方面，将不断地使最有责任心与才能的人进入公司的中坚层。（知识资本化）

第十八条　华为可分配的价值，主要为组织权力和经济利益；其分配形式是：机会、职权、工资、奖金、安全退休金、医疗保障、股权、红利，以及其他人事待遇。我们实行按劳分配与按资分配相结合的分配方式。（价值分配形式）

第十九条　效率优先，兼顾公平，可持续发展，是我们价值分配的基本原则。按劳分配的依据是：能力、责任、贡献和工作态度。按劳分配要充分拉开差距，分配曲线要保持连续和不出现拐点。股权分配的依据是：可持续性贡献、突出才能、品德和所承担的风险。股权分配要向核心层和中坚层倾斜，股权结构要保持

动态合理性。按劳分配与按资分配的比例要适当，分配数量和分配比例的增减应以公司的可持续发展为原则。（价值分配原则）

第二十条 我们遵循价值规律，坚持实事求是，在公司内部引入外部市场压力和公平竞争机制，建立公正客观的价值评价体系并不断改进，以使价值分配制度基本合理。衡量价值分配合理性的最终标准，是公司的竞争力和成就，以及全体员工的士气和对公司的归属意识。（价值分配的合理性）

（下文略）

（资料来源：https://baike.1688.com/doc/view-d9718091.html）

解读《华为基本法》：

企业文化体现一个企业的个性，千人千面，不可能有相同的企业文化。企业文化建立的核心竞争力，必然是其他企业不可完全模仿的独特能力。华为的企业文化被称为狼性企业文化，透着一股"狼性"，这在企业界是非常少见的。因为强大可以夺天下，仁爱可以夺人心，所以一般企业都在颂扬自己的强大或仁爱，不会想到向实力中等又眼露凶光的狼学习。华为能够透过世人的眼光看到狼的闪光个性，已不容易，还把这种个性炉火纯青地运用到企业的经营管理中，更让人佩服。大众性的东西较易学习和模仿，但个性化的东西就不是可以轻松模仿到的。狼性企业文化是企业文化中非常独特的一个典型，本来模仿企业文化就很困难，要模仿华为的企业文化则更是不可能。所以，华为的狼性核心能力可谓前无古人，后无来者。

托马斯·彼得斯和小罗伯特·沃特曼研究美国43家优秀公司的成功因素，发现成功的背后总有各自的管理风格，而决定这些管理风格的恰恰是各自的企业文化。企业文化并非直接在竞争中体现出竞争力，而是通过其他因素表现的，作用于企业的经营管理中。认识到它的实质功能，就不难理解为什么企业文化可以作为企业的核心竞争力。华为正是以它的企业文化作为核心能力，开创自己的经营之道，在业界获得巨大成功，它的企业文化因此得到了社会的高度关注。

《华为基本法》是华为企业文化的精华体现，是华为经验的总结和理念的探索。狼性企业文化是华为的核心竞争力，那《华为基本法》就是竞争力的基石和主导。《华为基本法》以书面的形式表现，以制度的方式约束，将核心竞争力具体地体现出来。《华为基本法》描述了构建华为核心竞争力的各因素，对基础层、载体层和转换层的因素都进行了概述，这些因素是打造核心能力的"着力点"，因而每个因素都具有不可缺少的重要作用。将竞争要素罗列出来，可以帮助企业明确战略、规范行为、督促核心能力形成，是企业获得市场竞争力的保证。这些要素被归入《华为基本法》的两个重要部分，一部分是主要与基础层因素相关的公司宗旨，另一部分是主要与载体层和转换层因素相关的基本经营政策。

《华为基本法》（公司的宗旨）部分包含四个方面：核心价值观、基本目标、公司的成长和价值的分配。核心价值观是企业生存的基础，也是企业追求成功的精神动力。美国学者特雷斯·E.迪尔和阿伦·A.肯尼迪认为，价值观贯穿于人的整个活动过程，也贯穿于管理活动的始终。所以，核心价值观在企业核心竞争力的构建、提升和发挥中全程体现，是企业文化的核心。

在业界，华为遐迩闻名，就连对手也要对其敬畏三分。特别是华为低调的性格与疯狂的行为，使这匹诡异的土狼多了几分神秘，让人琢磨不定。一个注册资金仅两万元的民营小企业，在2001年的销售额就高达255亿元，荣登电子百强前十位，成为世界级通信设备供应商，这样的佳绩，引人深思，让人想探究独辟蹊径的狼性企业文化究竟有什么样的竞争魔力。

华为创建于1988年，当时的注册资金仅仅只有两万元。在头两年，它主要代销香港的一种HAX交换机，靠价格差获利，这是种既安全又可获利的经营方式，使创业阶段的财务有了起色。当初的经营范围，主要是小型程控交换机、火灾警报器、气浮仪开发生产及有关的工程承包咨询。

华为不是我国最早进入通信领域的企业，当时与它一起打天下的其他企业早已销声匿迹，但它以迅猛之势迅速发展成了该领域的强者，凭的就是狼顽强的生存能力。

三十多年来，任正非一直在打造他的狼王国，狼性文化作为企业的核心竞争力，在发展中显示了它非凡的力量。1992年，华为销售额1亿多元；1996年，销售额26亿元；1997年，销售额41亿元；1998年，销售额89亿元；1999年，销售额120亿元；2000年，销售额220亿元；2001年，销售额255亿元。仅这一组简单的数字变化，就足以让人震惊。

目前，华为已成为世界顶尖的通信领域高科技企业。

小　　结

生命周期理论认为任何产品、技术、产业或事业都有一个从产生到消亡的过程，如同人的寿命一样，企业的创建与成长过程也存在生命周期规律。企业从创办到消亡都要经过培育期、成长期、成熟期和衰退期四个发展阶段。在新企业的成长过程中要注意控制成本，适时采取重点集中战略和多元化战略。企业文化是企业管理的历史沉淀，创立企业文化对于推动企业发展以及进一步改善创业环境具有重要意义。华为企业文化被称为狼性企业文化，表现形式是《华为基本法》，主要包含四个方面：核心价值观、基本目标、公司的成长和价值的分配。核心价值观是企业生存的基础，也是企业追求成功的精神动力，是企业文化的核心。

参考文献

[1] 张涛，熊晓云．创业管理[M]．北京：清华大学出版社，2010．

[2] 张秀娥．创业管理[M]．厦门：厦门大学出版社，2012．

[3] 杨安，兰欣，刘玉．创业管理：成功创建新企业[M]．北京：清华大学出版社，2009．

[4] 龚荒．创业管理：过程·理论·实务[M]．北京：清华大学出版社·北京交通大学出版社，2011．

[5] 郎宏文，郝婷，高晶．创业管理[M]．北京：科学出版社，2011．

[6] 浦卫忠，姜闽虹．大学生创业研究[M]．北京：北京理工大学出版社，2012．

[7] 章东辉，曾祥云，邓佳，等．创业企业注册登记和开业[M]．北京：中国劳动社会保障出版社，2011．

[8] 陈明，余来文．商业模式：创业视角[M]．厦门：厦门大学出版社，2011．

[9] 张少平，牛玉清．创业实施[M]．广州：华南理工大学出版社，2012．

[10] 李皖．大学生自主创业实务[M]．北京：北京师范大学出版社，2011．

[11] 朱炳章，朱燕空，张红保．创业研究：创业机会的发现、识别与评价[M]．北京：北京理工大学出版社，2009．

[12] 王苏生，邓运盛．创业金融学[M]．北京：清华大学出版社，2006．

[13] 陈德智．创业管理[M]．北京：清华大学出版社，2007．

[14] 万玺，李钦，黄建新．大学生创业管理：基于企业家胜任特征的视角[M]．成都：西南交通大学出版社，2011．

[15] 龚荒．创业管理——过程·理论·实务[M]．清华大学出版社，2011．

[16] 钟田丽，荆丽晶．中小企业融资市场失灵的原因及对策[J]．财经问题，2003（2）：52．

[17] 吕宏程．大学生创业的主要风险及对策分析[J]．中国市场，2011（14）：153-158．

[18] 黄海燕．浅析创业团队的组建[J]．商场现代化，2008（9）：57-59．

[19] 彭莹莹，范京岩，段华．创业团队构建风险分析与控制[J]．科技经济市场，2007（11）：62-66．

[20] 王志敏．虚拟企业的特点及其运行模式研究[J]．商业时代，2007（8）：97-102．

[21] 罗珉．论组织理论的新范式[J]．科学研究，2005（6）：184-189．

[22] 江丕寅．海尔公司多元化经营战略分析[J]．企业管理，2008（7）：201-205．

[23] 罗伯特·巴隆，斯科特·谢恩. 创业管理：基于过程的观点[J]. 张玉利，译. 北京：机械工业出版社，2005.

[24] 布鲁斯·R.巴林格，R.杜安·爱尔兰. 创业管理：成功创建新企业[M]. 杨俊，薛红志，译. 北京：机械工业出版社，2006.

[25] Robert C Ronstadt. Entrepreneurship. New Hampshire :Lord Publishing Co.，1984：28.

[26] Timmons J A. New Venture Creation: Entrepreneurship for 21th Century. New York: McGram-Hill press, 1999：23.